新编21世纪职业教育精品教材
适用于婴幼儿照护类专业

吉林省“十四五”职业教育规划教材

婴幼儿教育学

黄洪兰 / 编著

中国人民大学出版社
· 北京 ·

图书在版编目（CIP）数据

婴幼儿教育学 / 黄洪兰编著. -- 北京 : 中国人民大学出版社，2023.5
新编 21 世纪职业教育精品教材
ISBN 978-7-300-31657-4

Ⅰ. ①婴… Ⅱ. ①黄… Ⅲ. ①幼儿教育学－职业教育－教材 Ⅳ. ① G610

中国国家版本馆 CIP 数据核字（2023）第 074518 号

吉林省“十四五”职业教育规划教材
新编 21 世纪职业教育精品教材
适用于婴幼儿照护类专业

婴幼儿教育学

黄洪兰　编著

Yingyou'er Jiaoyuxue

出版发行	中国人民大学出版社		
社　址	北京中关村大街 31 号	邮政编码	100080
电　话	010－62511242（总编室）		010－62511770（质管部）
	010－82501766（邮购部）		010－62514148（门市部）
	010－62515195（发行公司）		010－62515275（盗版举报）
网　址	http://www.crup.com.cn		
经　销	新华书店		
印　刷	天津鑫丰华印务有限公司		
开　本	787 mm × 1092 mm　1/16	版　次	2023 年 5 月第 1 版
印　张	14	印　次	2025 年 1 月第 3 次印刷
字　数	260 000	定　价	39.00 元

前 言

我国现代著名的教育家、儿童心理学家陈鹤琴指出："幼稚期（自生至 7 岁）是人生最重要的一个时期，什么习惯、言语、技能、思想、态度、情绪都要在此时期打下一个基础，若基础打得不稳固，那健全的人格就不容易形成了。"教育家熊希龄在一次演说中这样说："人民是国家的根本，小孩子是人民的基础，况且已经长成了人的，好坏都是定规了，没有法子再来改进，惟有小孩子是没有凿开的一个大璞，没有污染的一张白纸，只要下些功夫，把他教训好，个个都是健全国民，这是多么紧要的问题呢。"可见，0 ～ 3 岁是生命的起点，是个体发展的开端，"在重要性上，超过人整个一生中的任何阶段"。

新时期党中央和国务院高度重视 3 岁以下婴幼儿照护服务。党的十九大报告中就把"幼有所育"作为保障和改善民生工作的重要内容。十九届五中全会作出"发展普惠托育服务体系"的战略部署。党的二十大报告提出"优化人口发展战略，建立生育支持政策体系，降低生育、养育、教育成本"。而大力发展普惠托育，正是降低家庭生育、养育、教育负担的重要途径。此外，通过颁布《国务院办公厅关于促进 3 岁以下婴幼儿照护服务发展的指导意见》《托育机构设置标准（试行）》《托育机构管理规范（试行）》《托育机构保育指导大纲（试行）》等一系列规范性法规政策，促进提供科学规范的照护服务。2021 年《中共中央 国务院关于优化生育政策促进人口长期均衡发展的决定》提出，推动建设一批方便可及、价格可接受、质量有保障的托育服务机构。2022 年，颁布《关于进一步完善和落实积极生育支持措施的指导意见》，进一步明确提出，增加普惠托育服务供给，降低托育机构运营成本，提升托育服务质量。国家颁布的系列政策表明未来托育服务发展中，在探索多渠道增加普惠性服务供给服务的同时，还需关注质量发展，实现增量与保质同步规划、同步建设。

提供优质、高质量的托育服务自然离不开高素质、专业化的照护人员。为适应新时代下托育机构高质量发展对照护人员的要求，建设高质量的照护人员队伍，特编写此教材。

本教材之所以命名为“婴幼儿教育学”，主要基于两点考虑：

（1）教育是连续性的活动，始于儿童出生，涉及儿童身体、社会性、情绪情感和认知发展等早期发展。3 岁以下婴幼儿时期是教育连续体中的一部分，因而 3 岁以下婴幼儿照护必须把保育和教育相结合，尽可能地支持婴幼儿的健康成长和学习。由此，婴幼儿照护服务机构也应该关注教育，为婴幼儿学习提供支持，包括入园准备，婴幼儿动作、认知、情感、社会性等促进发展，而不是简简单单地做好生活照料、安全保障。为支持婴幼儿的学习，突出教育对婴幼儿的意义，遵从教育的连续性，故称为婴幼儿教育。

（2）婴幼儿教育学与学前教育学的联系与区别。在当前与婴幼儿教育学相关的话语体系中，最普遍使用的是学前教育学。何为学前教育学？普遍的解释为总结学前教育的原理、原则与方法，解释学前教育活动规律的学科。学前教育学中学前教育的年龄阶段，按照 1981 年联合国教科文组织在巴黎召开的国际学前教育协商会议对学前教育概念进行的界定，是指出生至进入小学前的儿童。我国很多学者也是把学前教育的年龄阶段划分为 0 ～ 6 岁，所以学前教育学从广义上研究从出生到 6 岁阶段儿童教育，从狭义上研究 3 ～ 6 岁幼儿的教育。实际上，多数学前教育学又专指幼儿园教育学，绝大部分内容不适用于 3 岁以下婴幼儿教育，所以为区别于传统学前教育学的研究范畴，并结合当下对 0 ～ 3 岁婴幼儿照护服务的发展，突出 3 岁以下婴幼儿教育的原理、原则、方法等，特命名为婴幼儿教育学。

本书的结构体例重点关注了学科内容之间的统一性、衔接性和差异性。学前教育学是教育科学体系中的二级学科，侧重探讨幼儿教育的基本规律、基本原理、基本方法，且学科内容基本成熟。婴幼儿教育学作为学前教育学的一部分，在编写体例上首先关照了学前教育学的体例，以达到学科内部知识之间的统一性，并在此基础上针对 3 岁以下婴幼儿教育特性，突出了 0 ～ 3 岁阶段的特有规律、原理及方法。如此，既兼顾了学科内容的统一与衔接，又体现了教育对象的特殊性。

一部好的教材是知识性、思想性及方法性的统一，所以在编写此教材的过程中发挥课程思政在编写教材中的作用，以思政的理论和技术为指导，以期达到准确表达教学内容，提高学生学习效果，培养学生良好的道德品质、职业精神。具体而言：第一，本教材在编写过程中以党中央、国务院出台的一系列政策为指导，运用课程思政的理论与技术，建立科学的课程体系，体现党中央、国务院对托育事业发展的要求，突出托育教育的时代性。第二，教材的每一章设置“知识拓展”“素养园地”“案例”栏目，将课程内容表达得更加丰富、深刻、有趣，使学生开展多维度学习。同时为增强学生和师生互动、提高学生自学能力，增设了“学习目标”“思维导图”“知识应用”。第三，教材中渗透了我国在不同时期婴幼儿教育方面的优秀思想与实践，增强学生对我国教育事业发展的自信。第四，为满足学生考级多证的需求，本教材把基础理论知识与实践知识相结合，并适当增加了实践性知识的比重，以匹配职业院校学生的学习特点和职业要求。

全书由黄洪兰负责框架设计和编写。在编写过程中借鉴并吸收了很多前人的研究成果，在此谨致谢忱。同时，在选题、框架设计、编写等方面得到了中国人民大学出版社编辑的大力支持，一并为他们的辛勤付出表示感谢。

由于时间仓促，作者本人能力有限，本教材内容可能还有不足之处，希望广大从事婴幼儿照护工作的专家、学者、教师以及同行们不吝斧正。

黄洪兰

2023 年 1 月于吉林长春

目 录

绪　　论

学习目标

知识目标

1. 了解婴幼儿教育学的含义、研究任务
2. 掌握婴幼儿教育学演进过程中教育家的贡献

能力目标

1. 能够梳理婴幼儿教育学的发展历程
2. 领会学习与研究婴幼儿教育学的意义

素养目标

1. 体会到科学的婴幼儿教育必须以理论为指导
2. 树立从事婴幼儿教育事业的理想与信念

思维导图

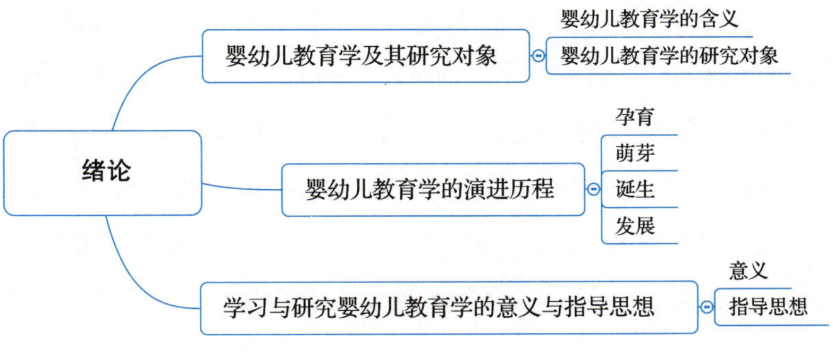

第一节　婴幼儿教育学及其研究对象

一、婴幼儿教育学的含义

任何一门学科都与一定范围的概念和范畴有关。这些概念和范畴能说明该门学科所研究的各项现象的本质和联系。婴幼儿教育学的基本概念包括婴幼儿的指示对象和教育学的基本内涵，所以想要弄清楚婴幼儿教育学的含义，必须理解婴幼儿的具体指示群体和教育学的基本内涵。

教育学在我国学界已经取得了基本共识，即是研究人类教育活动、揭示教育规律的一门科学。教育学侧重于探讨教育的基本规律、基本原理和基本方法，是教育科学体系中的一级学科。婴幼儿教育学属于教育学下面的二级学科。

婴幼儿是婴儿和幼儿的统称。根据《国务院办公厅关于促进 3 岁以下婴幼儿照护服务发展的指导意见》和《中华人民共和国学前教育法草案（征求意见稿）》中关于适用对象的年龄划分，儿童教育分为了两个阶段：0 ～ 3 岁婴幼儿的照护服务和 3 ～ 6 岁幼儿的幼儿园教育。按照法律规章制度分析，婴幼儿年龄阶段可以确定为从出生至 3 岁。但是由于婴儿与幼儿之间有紧密的联系，因此许多的儿童论著、医学论著、儿童早期教育等都将它们并起来说，把年龄扩展到 0 ～ 6 岁。

综合对上述教育学基本概念和婴幼儿教育对象的理解，我们可以把婴幼儿教育学狭义地理解为是在有中国特色的社会主义条件下，对 3 岁以下婴幼儿教育活动展开分析，揭示其内在规律，指导人们更好地开展婴幼儿教育活动的科学。从广义上来说是对 0 ～ 6 岁儿童特有的内在规律性的阐释与说明。本书采用狭义的理解。

二、婴幼儿教育学的研究对象

研究对象是区分不同理论或学科的本质特征的重要依据。婴幼儿教育学作为一门社会科学有自己的研究对象，也就有一定的科学认识领域。这个领域就是婴幼儿教育。教育的本质是培养人的活动，所以婴幼儿教育学的研究对象是 0 ～ 3 岁婴幼儿的教育活动。教育活动是指向人的，是一种“改变‘人’的世界”的实践活动。0 ～ 3 岁婴幼儿的教育活动就是“改变婴幼儿的世界”的实践活动，是要求在保教过程中，促进体、智、德、美、劳全面发展。婴幼儿教育学在婴幼儿教育中的作用怎样？婴幼儿教育学这门科学同婴幼儿教育这种社会职能有什么联系？为了回答这些问题，必须分析婴幼儿教育活动。婴幼儿教育活动是一种较为复杂的社会存在，这种教育活动可以展示为不同层面的活动。

在个体层次上，婴幼儿教育学主要研究现实的婴幼儿个人的教育活动，即发生在社会生活中对婴幼儿的生长发展能够产生积极或消极影响的社会活动，以及探索婴幼儿发展特点基础上的社会活动。诸如探索婴幼儿发展的规律、发展的年龄特点、婴幼儿发展的影响因素等。在群体层次上，婴幼儿教育学主要研究婴幼儿群体的各种活动和保教等行为，分析研究这些行为背后的目的、组织方式和权力结构等，探讨这些行为对婴幼儿的生长发展产生影响的内在规律。诸如探索婴幼儿托育机构保育活动、婴幼儿教育机构与家庭的活动、婴幼儿教育机构与社区的活动等。在国家层次上，婴幼儿教育学主要关注的是婴幼儿教育制度、婴幼儿教育政策、婴幼儿教育事业发展等，通过研究分析婴幼儿教育与社会关系、婴幼儿教育制度发展、婴幼儿教育与教师关系来探讨宏观和中观层面上的婴幼儿教育规律。从人类社会发展的角度来看，促进全世界婴幼儿发展是终极层次。婴幼儿教育学在群体层次、国家层次上的研究具体还需以对婴幼儿个体教育活动的观察和分析为基础，最终归结为对婴幼儿教育活动的研究。所以归根结底，婴幼儿教育活动是婴幼儿教育学最具体、最基本的研究对象。

分析婴幼儿教育活动可以从两方面入手：一是婴幼儿教育现象；二是婴幼儿教育问题。如图 0-1 所示。

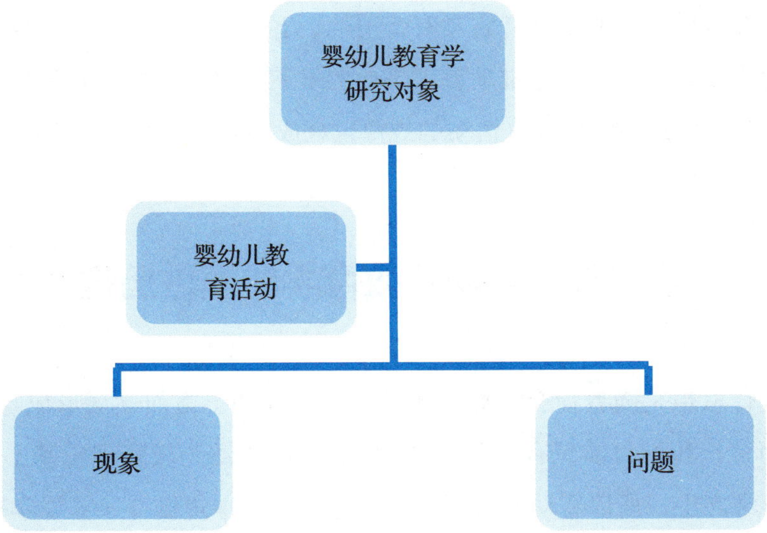

图 0-1　婴幼儿教育学研究对象

（一）婴幼儿教育现象

现象是事物的外部联系，是事物本质的外部表现。婴幼儿教育本身就是一种社会现象，所以婴幼儿教育研究必然要从婴幼儿教育现象入手。婴幼儿教育现象是婴幼儿教育活动的外在表现形式。婴幼儿教育现象有三个内涵：一是可感知、可认识的古今中外存在过或正存在于现实中的存在物，如不同的社会发展阶段的婴幼儿教育；二是婴幼儿教育实践的表现物或正从事着的教育实践，它包括各种形式、各种类型、各种模式的教育事实、教育活动、教育理论研究等，如家庭婴幼儿教育；三是以教养与被照护、学习为主体形式的客观存在，特指婴幼儿教育机构的婴幼儿教养实践。

（二）婴幼儿教育问题

直面问题和不断解决问题是推动教育学发展的内在动力，所以善于把握、提炼婴幼儿教育问题是婴幼儿教育学研究的基本功。有些婴幼儿教育现象可能永远停留在现象的性质上，有的则可能由教育现象发展成教育问题。比如，父母受教育水平高的家庭和父母受教育水平低的家庭的孩子在识字量、词汇等方面出现了明显差距，这是一种教育现象。进一步去探索这种现象的原因，并将其用于改善幼儿家庭教育指导就成为教育问题。当一个个有价值、有意义的教育问题被提出来时，教育科学研究便有了开端。当这些教育问题得到回答、解释后，人类便获得了更丰富的婴幼儿教育知识。在众多教育经验的基础上，通过抽象概括总结出来的反映婴幼儿教育本质特点或婴幼儿教育发展必然趋势的东西，即为婴幼儿教育规律。还是上面的例子，经过实验，父母的回应是造成差距的重要原因，从而得出父母要积极回应幼儿各种需求的教育规律。教育规律是对教育实践的深层次和本质联系的反映，它具有普遍性、客观性和永恒性的特点，因此用教育规律指导教育实践，才能更好地推动教育事业的发展，这正是婴幼儿教育学这门学科的价值所在。因此，探索和解释教育活动的规律也就成为婴幼儿教育学的根本任务。

第二节　婴幼儿教育学的演进历程

婴幼儿教育思想是随着社会发展和人类教育经验的丰富而逐渐形成与发展起来的。从学科体系而言，我们目前只有学前教育学，3 岁前婴幼儿教育理论基本融合在 0 ～ 6 岁的学前教育学之中，所以婴幼儿教育学的演进历程基本遵循 0 ～ 6 岁学前教育学的发展历程。参照 0 ～ 6 岁学前教育学的发展阶段，婴幼儿教育学经历了四个阶段。

一、婴幼儿教育学的孕育

婴幼儿教育学的孕育可以追溯到古代社会教育成为人类独立的社会活动之后，伴随着教育实践的不断发展和教育经验的日益增多，在哲学、伦理学、政治学著作中出现了对婴幼儿教育和养育问题的思考。

（一）古代中国

中国古代婴幼儿教育的发展源远流长，留下了丰富的宝藏，就连我们今天使用的“婴幼儿”的概念都有古代的印记，如中国古代对不同年龄段的儿童称呼就有“儿”“婴”“幼”“童”“蒙”等概念。

在古代典籍里还有关于婴幼儿教育实施的计划。《礼记·内则》是西周王公贵族在家庭中对儿童实施的教育计划，是中国教育史上最早的关于学前教育的记录，不仅是当时学前教育发展的一个标志，而且对中国封建社会的学前教育实施产生过一定影响。[①]先秦时期的典籍《周易》中也提到“物生必蒙，故受之以蒙，蒙者，蒙也，物之稚也，物稚不可不养”的早期教育思想。

此外，中国封建社会时期贾谊、颜之推、朱熹、王守仁也都提出过儿童教育思想。比如：汉代贾谊主要针对皇太子的教育提出了“早谕教”“选左右”的婴幼儿早期教育思想，对封建社会早期教育理论的发展起到不可缺少的桥梁作用；南宋朱熹重视蒙养教育，编写《小学》《童蒙须知》；明代王守仁提出关注儿童兴趣，倡导自然教育，他说：“大抵童子之情，乐嬉游而惮拘检，如草木之始萌芽，舒畅之则条达，摧挠之则衰痿。今教童子，必使其趋向鼓舞，中心喜悦，则其进自不能已；譬之时雨春风，沾被卉木，莫不萌动发越，自然日长月化。”

（二）古代欧洲

古希腊和古罗马是西方文明的源头，在奠定教育理论基础的过程中，古希腊著名的哲学家柏拉图、亚里士多德和古罗马昆体良的观点具有特殊意义。

（1）柏拉图第一次较为系统地阐述了儿童的教育问题，主张儿童公育，提出了对自由民子女从幼年起由国家负责教育的思想，并指出游戏是教育的重要手段，对从事教育儿童的人规定了基本要求。柏拉图把儿童出生至 7 岁之前的教育分为两个时期：出生至 3 岁是第一个时期，在育儿场接受公共照料和管理。3 ～ 7 岁为第二个时期，到神庙的儿童游戏场上接受公共管理。

---

① 陈文华．中外学前教育史［M］．北京：科学出版社，2011：5.

（2）亚里士多德在人类教育史上第一个提出“教育要遵循自然”的论点，赋予教育的自然适应性以巨大的意义，为人类研究儿童、教育儿童指出了正确的方向。他把人从出生到 21 岁的教育过程划分为 3 个阶段：0 ～ 7 岁为幼儿教育阶段，以幼儿身体生长发育为主；7 ～ 14 岁为初级学校教育阶段，以情感道德教育为主；14 ～ 21 岁为高级学校教育阶段，以智力教育为主。亚里士多德认为，合理的教育就应该遵循人的自然发展过程：首先确保身体健康发育，其次给予情感的训练、培养良好的思想意识，最后给予理性指导、促进思维发展。按他的意见，幼儿教育阶段除了各种各样的游戏外，还应当利用讲故事的方法来发展儿童的智慧，而且从 5 岁开始就要目的明确地使儿童做好入学的准备。

（3）罗马教育家昆体良所写的西方第一部专门论述教育的著作《雄辩术原理》，对于奠定婴幼儿教育理论的基础起了重要作用。他认为，幼儿教育可以在德行和知识方面为雄辩家的培养打下初步基础。因此，昆体良强调了周围环境对儿童最初观念形成的重大影响。昆体良在谈到婴幼儿教育时，特别提到了父母和教育者的身体健康、高尚的品德和很好的正确语言的要求。提出选择教育者是极复杂的事情，因为儿童从教育者那里既要获得关于世界的知识，也要得到关于道德标准的概念。昆体良认为在小学前有可能对儿童进行系统的教学。但同时所传授的知识范围不应当太广，传授知识的方法应当使儿童感到高兴，引起他们的兴趣，“使他们不至厌恶还没有爱上的那种学习”，等等。

二、婴幼儿教育学的萌芽

随着人文主义的兴起和近代生产、科学和普通教育理论的发展，婴幼儿教育理论也得到发展。但此时的婴幼儿教育理论更多融合在家庭教育或者普通教育理论之中，并未独立出来。

（一）夸美纽斯与《母育学校》

捷克教育家夸美纽斯（J.A.Comenius，1592—1670）第一次把幼儿教育纳入其具有民主色彩的单轨学制，提出 0 ～ 6 岁为婴幼儿期，在家庭接受母亲的教育。为此，夸美纽斯撰写了世界上第一部系统论述幼儿教育的专著《母育学校》。这是历史上第一部幼儿教育专著，也可称作历史上第一部家庭幼儿教育学著作。《母育学校》详细论述了在家庭中母亲进行幼儿教育的各个问题，成为母亲教育启蒙期儿童的指南，为西方近代幼儿教育理论的发展奠定了基础。夸美纽斯提出对幼儿的教育宜尽早开始并抓住教育时机，如父母怀抱婴儿时即可向他们说："看，那有一匹马、一只鸟"；1654 年完成了世界上第一本图文并茂的儿童读物《世界图解》。

（二）洛克与《教育漫话》

约翰·洛克（John Locke，1632—1704），医学博士、英国心理学家、经济学家、博物学家、教育家，著有《教育漫话》，认为教育的目的就是培养绅士，即健康、有德行、举止优雅、拥有智慧和实干才能的人。《教育漫话》原为洛克与其友人爱德华·克拉克讨论教育问题的通信。后来为了帮助英国上流社会家庭培养绅士，洛克将这些信札加以整理、结集，于 1693 年公开出版了《教育漫话》。洛克倡导婴幼儿家庭教育，并提出"白板说"，即人出生后心灵如同一块白板，对自我和世界的信息一无所知，一切知识都建立在经验基础上。但同时又认为婴幼儿拥有认识世界和形成自我的必要才能和倾向，所以婴幼儿对知识的获取从婴儿期一直延续到成年期。为此，洛克提倡为婴幼儿提供"趁早"的教育。比如，从出生起就训练幼儿克制自己的欲望，不让婴幼儿怀有不切实际的妄想。如果幼儿想要不适于他们得到的东西，或者做他们不该做的事情时，就应该阻止他们，不要因为他们小就纵容他们。婴幼儿应该明白，他们之所以能得到某样东西，不是因为他们喜欢这样东西，而是因为他们适合得到它。

（三）卢梭与《爱弥儿》

卢梭（Jean-Jacques Rousseau，1712—1778），法国杰出的启蒙思想家、教育家，著有《爱弥儿》。《爱弥儿》通过所假设的教育对象爱弥儿的教育过程，把受教育者按照年龄特征划分为四个阶段教育：2 岁以前的婴幼儿的体育教育；2 ～ 12 岁儿童的感官教育；12 ～ 15 岁儿童的智育；15 ～ 20 岁儿童的德育教育。通过对爱弥儿的教育，强调教育回归自然，主张顺应幼儿天性发展的自然教育。自然教育就是要听任人的身心的自由发展，其目的是要培养天性自由发展的自然人。因此，他认为，教育的手段就是生活和实践，让幼儿从生活和实践的切身体验中，通过感官的感受去获得他所需要的知识。比如，新生的婴儿就应该享受活动和伸展肢体的自由；婴儿应该享受母乳哺育，感受母爱，培养孝顺的天性等。卢梭的自然教育思想成为传统教育和现代教育的分水岭，对后世幼儿教育思想的发展有极其重要的影响。至此，教育从封闭走向开放，强调教育要适合幼儿，而不是使幼儿去适应教育。

三、婴幼儿教育学的诞生

婴幼儿教育学作为一个独立科学的最终确立，是由德国教育家福禄培尔（F.W.A.

Froebel，1782—1852）实现的。这主要缘于两点：第一，福禄培尔创立了幼儿园工作理论。福禄培尔基于对“上帝统一体”、人性即神性以及人的发展的理解，阐述了幼儿期教育的重要性，讨论了幼儿园教育的意义与目的，论述了“自我活动”的教育原则，设计了由“恩物”、游戏和作业组成的幼儿园活动手段，提出了游戏的重要教育价值，从而建立起比较完整的、系统的幼儿教育理论，完成了学前教育学科的独立使命。1861年，兰格将福禄培尔生前发表的15篇有关幼儿园教育的论文汇集出版，取名《幼儿园教育学》。这是世界上第一本以“幼儿园教育学”命名的著作。由此，婴幼儿教育理论从普通教育学中分化出来，由笼统的认识到建立起独立的范畴和体系，成为一门独立的学科，为专门研究幼儿教育开辟了道路。第二，福禄培尔在19世纪三四十年代开办了公共学前教育机构，成为世界上第一所“促进儿童创造性活动本能的机构”，在1840年正式命名为“幼儿园”，并一直沿用到现在。

四、婴幼儿教育学的发展

进入20世纪，婴幼儿教育学在前人研究基础上，通过教育实验和教育实践获得初步发展。

在意大利，蒙台梭利（M.Montessori，1870—1952）在罗马创办“儿童之家”，并总结了她在儿童之家的幼儿教育方法，提出了一套幼儿教育理论，使她成为福禄培尔之后在幼儿教育方面影响最大的一个人，被称为“幼儿园的改革家”。

在美国，以杜威（J.Dewey，1859—1952）实用主义教育思想为指导的进步主义儿童教育理论对福禄培尔和蒙台梭利的幼儿教育理论展开反思，提出“儿童中心论”。

在比利时，奥维德·德可乐利对儿童传统教育提出尖锐批判，创立了“德可乐利儿童教学方法”，旨在让儿童在生活中预备生活。取消传统的分科教学体系，以儿童对食宿、保护、防御和活动的四种兴趣为中心，安排综合课程和教学体系。教学方法为观察、联想和表达。

在苏联，以克鲁普斯卡娅（1869—1939）为代表的学者，在马克思主义教育理论指导下，建构了社会主义的幼儿教育理论。如沃多沃佐娃批判了福禄培尔的体系，提出了自己独特的指导幼儿游戏和作业的方法。在对游戏的选择和作业的安排上，她总是做到使幼儿生活饶有趣味、富有内容而又具有传统特点，注重民族性。

在中国，陶行知、张雪门、陈鹤琴、张宗麟等人于20世纪20—40年代，在学习借鉴国外幼儿教育理论的基础上，结合当时我国国情，探索中国化的幼儿教育理论与实践，推动了中国近代婴幼儿教育学的发展。

20世纪下半叶以来，随着科技发展和人类社会的变革，传统的婴幼儿教育学以哲学和心理学为理论基础一统天下的局面被打破，一些新兴学科如社会学、人类学、脑科学、神经科学、生态学等的发展，婴幼儿教育学呈现纵深发展。第一，学前教育理论呈多样化的发展态势，出现了新行为主义、人本主义、结构主义、多元智力等多样化的幼儿教育理论和意大利的瑞吉欧教育、美国发展适宜性教育、中国安吉教育的婴幼儿教育实践。第二，婴幼儿教育学发展出现了交叉学科发展与研究的态势。例如，当代神经科学、脑科学等多学科领域专家共同研究婴幼儿大脑发展特点以及对婴幼儿发展影响，使婴幼儿教育理论得到科学研究与方法支撑，更加科学化。再如，其他专业学科的高层次的物理学家、化学家、生物学家等也亲自到幼儿园参与幼儿活动研究，以便改进启蒙的方法等。第三，越来越多的科学研究和实证案例都表明，在学习和健康方面拥有一个良好开端的儿童，长大以后会发展得更好。为此婴幼儿教育研究对象提前到了3岁之前，早期儿童（0～3岁）保育与福利越来越受到各国政府重视。我国3岁前的婴幼儿托育服务体系也逐步形成。未来0～3岁托育服务和3～6岁幼儿园教育将逐步实现有效衔接，并向托幼一体化方向发展，构建起从出生到6岁的整个周期的教育理论。

知识拓展

婴幼儿记忆力

科学家们已经开始解开记忆的复杂网络，并提出记忆有多种类型。其中一种记忆被称为“内隐记忆”。“内隐记忆”在婴幼儿出生时就存在，是一种早期记忆，是非言语的，因为记忆的内容只是作为一种感觉来回忆而非作为一个故事来叙述，所以也被研究者认为是身体记忆（Siegel，2012）。

一名新生儿被放在两套护理垫之间，一套是他的母亲使用过的，另一套是另一位母亲使用过的，新生儿会转向有自己母亲气味的护理垫（Porter&Winberg，1999）。这就说明婴幼儿天生就具有收集周围世界信息并将之储存在记忆中的技能。

资料来源：玛丽·简·马圭尔－方（Mary Jane Maguire-Fong）．与0～3岁婴幼儿一起学习：支持主动的意义建构者［M］．北京：中国轻工业出版社，2020：33-34．

第三节 学习与研究婴幼儿教育学的意义与指导思想

任何事物的存在都有其自身的价值。婴幼儿教育学的学习与研究也是如此。婴幼儿教育学学习与研究的价值可以从对从业者的意义和婴幼儿教育学理论体系建设两个维度来认识。

一、学习与研究婴幼儿教育学的意义

（一）树立正确的教育观、教师观、儿童观

0～3岁婴幼儿教育是儿童发展的开端，在人的发展中占有独特地位。要想促进3岁前的婴幼儿健康发展，并为今后的发展奠定良好的基础，就必须提供适宜于3岁前婴幼儿身心发展特点和规律的教育。通过学习婴幼儿教育学，能够系统地学习幼儿教育理论方面的专业知识，掌握婴幼儿身心发展特点和规律，了解托育教育的性质与任务，明确保育师的职责与角色，从而树立科学的婴幼儿教育观、儿童观、教师观，形成婴幼儿教育职业的科学认知，为今后从事婴幼儿教育与保育工作树立高尚的职业道德。

（二）学习与发展婴幼儿教育基本理论

从课程而言，“婴幼儿教育学”是高职高专托育专业的专业核心课程，也是托育专业的专业技能课的理论基础课程。通过该课程的学习，能够掌握托育服务的一般原理、原则及教育思想等，为专业技能训练奠定理论基础。

从学科而言，婴幼儿教育学还是教育学下的分支学科，是非常年轻的学科。婴幼儿教育学作为一门学科，必须构建自身的知识体系，确切地指明婴幼儿教育的原则、原理、方法等。但是，没有一门学科是完全孤立发展的，婴幼儿教育学也一样。婴幼儿教育学必须利用其他学科的发现，比如脑科学、神经科学等，并使用其他学科形成的研究方法，研究婴幼儿问题。在汲取其他的学科成果的过程中，不断丰富和完善婴幼儿教育学的知识体系，提高理论水平。

（三）指导婴幼儿教育实践

理论来源于实践，还需应用于实践。3岁以下婴幼儿托育服务不再是传统意义上的“看孩子”，而是具有专业化特点，其开展的实践活动都必须以婴幼儿的发展规律和个性化特点为依循，以婴幼儿动作、认知、语言、情感和社会性发展等为目的。婴幼儿教育

学就是这样一门为教育工作者提供科学的婴幼儿教育理论体系，建构婴幼儿全面和谐发展“解决方案”的学科，能够指导教育工作者更好地开展婴幼儿教育实践活动，从而提高婴幼儿托育服务的专业化水平，提高婴幼儿教育质量的整体提升。

二、学习与研究婴幼儿教育学的指导思想

在历史和人民的选择中，马克思主义成为我国社会主义教育最鲜亮的底色，也成为我国教育改革发展的旗帜和灵魂。我国社会主义教育，包括婴幼儿教育必须坚持以马克思列宁主义、毛泽东思想、邓小平理论、“三个代表”重要思想、科学发展观、习近平新时代中国特色社会主义思想为指导。

（一）坚持马克思主义关于人的全面发展的学说

马克思第一次科学论证了人的全面和谐的发展是客观需要，提出了人的全面发展学说，指出只有这样的教育才能真正保证每个人显露出自己全部丰富的本性，发展自己的一切素质和才能。但同时，马克思主义的人的全面发展的思想，绝不是指所有人的素质和才能本身的发展都是相同的，或者是使他们的精神发展和身体发展取得某种均衡。而是强调，每个人都应当有不受阻碍地发展的可能。我国婴幼儿教育学的学习与研究也要基于婴幼儿全面发展的理论，探索建立一些对所有婴幼儿一视同仁的条件，并在这些条件下按照婴幼儿年龄特征，保证每个婴幼儿的天资和能力得到表现和发挥。

（二）坚持马克思主义方法论和科学社会主义理论

辩证唯物主义和历史唯物主义是马克思主义方法论，是我们认识教育问题的最基本的思想方法，科学社会主义理论是指导我国社会主义教育改革和发展实践最重要的科学理论。我们在研究我国婴幼儿教育学过程中，坚持马克思主义方法论和科学社会主义理论，将我国婴幼儿教育的基本内容和原理同中国当前的婴幼儿教育形势相联系，与我国“全面建成社会主义现代化强国”的第二个百年奋斗目标相联系，努力推动中国特色幼儿教育思想理论创新，并使之不断体系化、完整化。习近平总书记在 2020 年“六一”国际儿童节向全国各民族少年儿童的节日寄语中提到，“新时代的少年儿童既是实现第一个百年奋斗目标的经历者、见证者，更是实现第二个百年奋斗目标、建设社会主义现代化强国的生力军”①。习近平总书记关于幼儿教育的重要论述，赋予了中国特色时代背景下的新的时代内涵，提出了新的幼儿教育内容。

---

① 在“六一”国际儿童节到来之际，中共中央总书记、国家主席、中央军委主席习近平代表党中央，向全国各族少年儿童致以节日的祝贺！[J]. 中国民政，2020（ 12）：2.

素养园地

与幼教结缘 70 年：热爱，可抵岁月漫长
——唐淑访谈录

唐淑，1935 年生，江苏武进人。南京师范大学（以下简称南师）学前教育系教授，我国著名学前教育史、学前课程专家。

记者： 这么多年过去，您有没有后悔过当初选择幼教这个专业？

唐淑： 没有，没有，我觉得我生来就是幼教人。有时我会想：如果我不做幼教，我可以做什么呢？我想不出还有什么工作更适合我。我的同学中也有人一开始不了解、不喜欢这个专业，但学习过后大多都非常喜欢了，这都很正常。就我而言，从事的事业正是自己一直喜欢的，所以从来没有想过改行。

我是从喜欢儿童、喜欢幼教发展到热爱儿童、热爱幼教。从南师的学生到南师的教师，我经历了幼教系的起步、初创，低谷、停顿，复建、重创的艰难历程，我与南师幼教系共成长、同发展。不管外界重视也好，不重视也罢，对我来说无所谓，我就坚持做这件事就好了。

学习、从事幼教工作 70 年来，我一直觉得自己的幸福指数是逐渐升高的，始终感到非常幸运和满足。其中赵寄石老师对我的影响很深，她是幼教界的典范，是我的榜样。赵老师从不追名逐利，也不在意外人说长道短，她心中有自己的信念，即坚持做科学的幼教。

资料来源：张凯晨．与幼教结缘 70 年：热爱，可抵岁月漫长：唐淑访谈录［J］．东方娃娃·保育与教育，2021（2）：4-7.

本章小结

1. 婴幼儿教育学的含义

婴幼儿教育学是在中国特色社会主义条件下，对 3 岁以下婴幼儿教育活动展开分析，揭示其内在规律，指导人们更好地开展婴幼儿教育活动的科学。

2. 婴幼儿教育学的研究对象

婴幼儿教育活动是婴幼儿教育学最具体、最基本的研究对象。婴幼儿教育活动可以

从两方面入手：一是婴幼儿教育现象；二是婴幼儿教育问题。

3. 夸美纽斯与《母育学校》

夸美纽斯撰写了世界上第一部系统论述幼儿教育的专著《母育学校》。这是历史上第一部幼儿教育专著，也可称作历史上第一部家庭幼儿教育学著作。

4. 洛克与《教育漫话》

洛克著有《教育漫话》，倡导婴幼儿家庭教育，培养绅士。他提出“白板说”，即人出生后心灵如同一块白板，对自我和世界的信息一无所知，一切知识都建立在经验基础上。但同时又认为婴幼儿拥有认识世界和形成自我的必要才能和倾向。

5. 卢梭与《爱弥儿》

卢梭著有《爱弥儿》，倡导婴幼儿家庭教育，主张顺应幼儿天性发展的自然教育。自然教育就是要听任人的身心的自由发展，其目的是要培养天性自由发展的自然人。至此，教育从封闭走向开放，强调教育要适合幼儿，而不是使幼儿去适应教育。

6. 福禄培尔与《幼儿园教育学》

福禄培尔建立起比较完整的、系统的幼儿教育理论，完成了学前教育学科的独立。由福禄培尔生前发表的15篇论文汇集成的《幼儿园教育学》成为世界上第一本以“幼儿园教育学”命名的著作。由此，婴幼儿教育学从普通教育学中分化出来，成为一门独立的学科，为专门研究幼儿教育开辟了道路。

7. 学习与研究婴幼儿教育学的意义

树立正确的教育观、教师观、儿童观；学习与发展婴幼儿教育基本理论；指导婴幼儿教育实践。

知识应用

一、选择题

1. 教育史上第一个承认游戏的教育价值的教育家是（　　）。

A. 蒙台梭利　　　　B. 福禄培尔

C. 杜威　　　　D. 卢梭

2.（　　）撰写了历史上第一部幼儿教育专著。

A. 夸美纽斯　　　　B. 福禄培尔

C. 洛克　　D. 卢梭

3.（　　）提出了顺应幼儿天性发展的自然教育。

A. 夸美纽斯　　B. 福禄培尔

C. 洛克　　D. 卢梭

4. 历史上第一部家庭幼儿教育学著作是（　　）。

A.《幼儿园教育学》　　B.《爱弥儿》

C.《母育学校》　　D.《雄辩术原理》

5.（　　）在19世纪三四十年代开办了公共学前教育机构，并正式命名为"幼儿园"。

A. 夸美纽斯　　B. 福禄培尔

C. 洛克　　D. 卢梭

二、判断题

1. 婴幼儿教育活动是婴幼儿教育学最具体、最基本的研究对象。（　　）
2. 婴幼儿教育学是一门无用的学科。（　　）
3. 亚里士多德的自然教育和卢梭的自然教育是一回事。（　　）
4. 在婴幼儿教育学发展过程中，中国没有贡献。（　　）
5. 所有的婴幼儿教育现象都可以发展成教育问题。（　　）

三、简答题

1. 请简述婴幼儿教育学的含义。
2. 请简述婴幼儿教育学研究对象。
3. 婴幼儿教育学作为独立学科，为什么会认为是由福禄培尔完成的？

四、阅读讨论

婴幼儿教育学发展历程中谈到多位教育家的婴幼儿教育思想。请选择你感兴趣的教育家，认真阅读他们的相关著作，然后讨论分享你的心得体会。

第一章　婴幼儿教育

学习目标

知识目标

1. 了解婴幼儿教育的内涵、要素、类型与发展演进
2. 掌握婴幼儿教育的特点、任务与教育家的主要思想

能力目标

1. 能够运用婴幼儿教育思想指导、分析教育实践
2. 结合婴幼儿发展演进预测发展趋势

素养目标

1. 继承、发展、丰富有中国特色的婴幼儿教育思想
2. 树立发展婴幼儿教育的责任感

思维导图

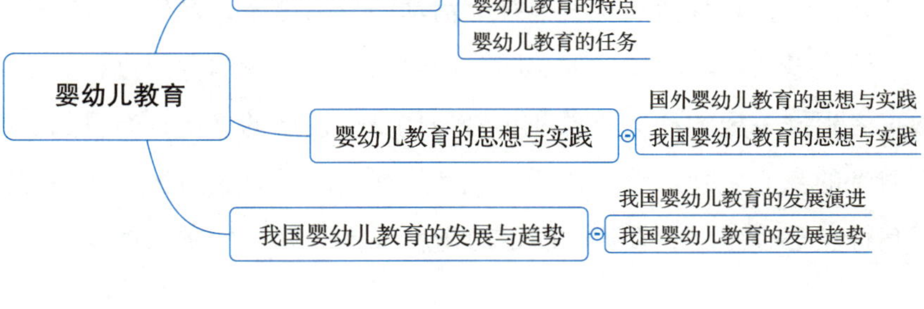

第一节　婴幼儿教育概述

依据国家卫生健康委制定印发的《托育机构保育指导大纲（试行）》，托育机构保育既包括提供精心的照顾和养育，促进婴幼儿身体和机能正常发育和良好发展，也包括有针对性地指导和培养，促进婴幼儿语言、认知、情感与社会性等方面的良好发展。只是由于3岁以下婴幼儿还不会自我照顾和自我保护，不具备独立生活能力，必须依赖于成人，因此成人为他们提供必需的生活环境与条件，给予精心的照顾与养育成为第一要务。在我国托育机构为3岁以下婴幼儿提供的科学、规范的照护服务统称为保育。但是受传统“保育”概念的影响，“婴幼儿保育”容易忽略对3岁以下婴幼儿实施语言、认知、情感与社会性等方面发展的早期教育，不能够全面把握托育机构保育的全部内容，所以在此我们用“婴幼儿教育”，一方面与教材的名称相呼应，另一方面也是突出早期学习的重要性，再则教育是连续性的活动，3岁以下婴幼儿时期是教育连续体中的一部分，称为“婴幼儿教育”也有利于人生各个阶段的教育形成统一的整体。

一、婴幼儿教育的内涵

（一）婴幼儿教育的含义

给婴幼儿教育下一个明确的定义，必须清楚三个前提：一是何为教育；二是婴幼儿群体的具体指向；三是婴幼儿教育中“教育”的基本内容。

首先，何为教育？在教育学原理课程中，从“教育”的词源、词义等多方面给出了教育的定义。总的来看，教育的概念分成广义的教育和狭义的教育。广义的教育是自有人类产生以来就已产生的教育，这种教育存在于各种生产、生活之中。所以从广义上说，凡是能增进人的知识和技能，影响人的思想观念和身心健康的活动，不管是有组织的还是无组织的、系统的或是零碎的，都是教育。狭义的教育则是人类社会发展到一定历史阶段的产物，专指教育活动从其他社会活动中分离出来，诞生了专门进行人才培养的机构——学校，以及伴随学校出现而同时产生的人才培养的专门过程。所以，狭义的教育是指教育者根据一定的社会要求和年轻一代身心发展的规律，有目的、有计划、有组织地对学习者的身心施加影响，传授知识和技能，培养思想道德，发展智力和体力的社会实践。其特点是有专门的教师、固定的场所（学校）、一定数量的学习者，以及具体的培养目标、管理制度和教育内容等。

其次，从我国婴幼儿教育所针对的教育对象来看，在我国小学入学年龄为6周岁，所以从广义而言0～6岁儿童的教育统称为学龄前教育，有时还与婴幼儿教育、学前教育、早期教育混用。但是结合《学前教育法草案（征求意见稿）》（专指3周岁到入小学前的学前儿童）和《国务院办公厅关于促进3岁以下婴幼儿照护服务发展的指导意见》（3岁以下婴幼儿简称婴幼儿）来看，我国是把0～3岁和3～6岁的教育划分开来的：针对0～3岁婴幼儿实施的教育为婴幼儿教育，针对3～6岁幼儿实施的教育为学前教育或为幼儿园教育。所以从狭义来看，婴幼儿教育的对象应该是0～3岁的婴幼儿。

最后，从婴幼儿教育中“教育”的基本内容来看，0～3岁婴幼儿是一群特殊的教育对象。一方面同其他年龄段的儿童相比，婴幼儿处于身体发展的关键时期，但没有自我照料能力，离不开成人对其日常生活的看护与照顾。另一方面，0～3岁是婴幼儿心理发展最为快速的时期，他们的情绪、情感、认知、行为、性格等处于重要发展阶段，对一生的发展都具有奠基作用，所以对婴幼儿还需施以必要的早期教育活动，促进心理的健康发展。由此，婴幼儿教育中的“教育”应该包括保育和早期教育活动。

综合上述认识，婴幼儿教育是整个教育范畴中的一个独特时期，分为广义的婴幼儿教育和狭义的婴幼儿教育。广义的婴幼儿教育是指对0～3岁婴幼儿所实施的，对其身心发展有影响的一切保育和教育活动，包括家庭教育、托育机构的教育等；狭义的婴幼儿教育是指托育机构等专门照护机构有目的、有计划、有组织地对0～3岁婴幼儿所实施的保育和教育活动。狭义的婴幼儿教育和其他学段的教育活动一样具有专业性、目的性、组织性、系统性等，不同的是必须与家庭建立紧密的合作关系，因为婴幼儿教育的主体仍然是家庭，家庭对婴幼儿照护负主体责任。

（二）婴幼儿教育的价值

婴幼儿教育作为人出生后接受的第一个阶段的教育，具有特定的价值和意义。只有肯定和认识到婴幼儿教育价值，才能更好地发展婴幼儿教育，提升婴幼儿教育质量。婴幼儿教育的价值，主要涉及婴幼儿教育活动与社会、与婴幼儿个体等之间的关系，即婴幼儿教育活动对婴幼儿个体的意义和对社会的意义。

（1）婴幼儿教育对婴幼儿个体的意义、有用性即为婴幼儿教育的内在价值，也是个体价值，是婴幼儿教育的本体功能。20世纪90年代神经科学研究的大规模扩展，已经证明婴幼儿早期教育的重要性和普遍意义。脑科学研究证明：大脑是通过在“神经网络”中的脑细胞之间形成大量的联结来发展和学习的。而这些联结绝大多数是在生命的最初几年形成的，人类大脑在出生到六岁之间增长了四倍①。而 0 ～ 3 岁是大脑发育的黄金期，对婴幼儿适当增加触觉、视觉、听觉和动作等多方面的刺激可促进大脑神经细胞间的突触联系，促进中枢神经系统的发育，从而提高智能，促进婴幼儿运动、语言、认知、情感、社会性等各方面的发展，也为婴幼儿后期的发展与学习奠定基础。

知识拓展

训练前后早教组与对照组发育商（DQ）的比较

研究表明，参加早教训练的婴幼儿在应物能、大动作、精细动作、言语能和应人能 5 个方面的发育水平上均比对照组超前。

能区	训练前			训练后		
	早教组（n=116）	对照组（n=118）	t 值	早教组（n=113）	对照组（n=110）	t 值
应物能	97 ± 5.35	98 ± 6.07	0.83	113 ± 7.61	99 ± 5.10	2.67*
大动作	89 ± 4.38	92 ± 5.24	1.24	117 ± 6.58	93 ± 3.67	4.78**
精细动作	93 ± 6.86	94 ± 7.21	0.56	115 ± 4.62	96 ± 5.13	3.87**
言语能	113 ± 7.54	108 ± 8.36	1.65	118 ± 8.48	102 ± 6.26	2.34*
应人能	95 ± 6.20	98 ± 7.76	1.27	120 ± 4.39	97 ± 6.51	3.17**

注：早教组与对照组比较，*P<0.05，**P<0.01。

资料来源：潘黎明，唐剑波，叶掌梅．湖州市 0 ～ 3 岁婴幼儿早期教育效果分析［J］．中国儿童保健杂志，2004（3）：229-231.

（2）婴幼儿教育活动对社会的意义、有用性是婴幼儿教育的工具价值，也是社会价值，是指婴幼儿教育对教育事业、家庭和整个社会发展具有促进作用。这可以具体体现在对社会政治、经济、文化、人口等多个方面的作用。如：通过婴幼儿教育质量的提升，为培养高素质的人才奠定基础，从而为社会的稳定、经济发展服务；婴幼儿托育机

① 大卫・怀特布莱德，彭尼・科尔特曼．高质量的幼儿教育：儿童早期的教与学［M］．上海：华东师范大学出版社，2019：14.

构数量和服务质量的提升，可以解决年轻父母的后顾之忧，提高社会生育率，为人口繁荣做出贡献。

二、婴幼儿教育的要素

凡是教育活动都具有教育者、学习者、教育内容和教育活动方式等基本要素，这是构成教育活动的共性。缺少了任何一个要素都不可能成为真正的教育。婴幼儿教育作为教育活动的一个阶段，也必然包含着教育要素。了解婴幼儿教育活动中的教育要素有助于剖析婴幼儿教育活动的机制，认识婴幼儿教育活动的结构，理解婴幼儿教育质量提升的重点。从微观角度看，婴幼儿教育要素包括 0 ～ 3 岁婴幼儿、照护者、早期教育服务内容和教育活动方式。

（一）0 ～ 3 岁婴幼儿

0 ～ 3 岁婴幼儿是参与婴幼儿保教活动，通过与照护者互动，直接受照护者影响，并在身体、语言、思维、认知、社会性等方面获得发展的人。0 ～ 3 岁婴幼儿是组成婴幼儿教育活动的核心要素。一般而言，孩子从出生后到进入幼儿园之前，是在家中接受保育和教育的。随着“幼有所育”“幼有善育”的提出，为最大限度地保护婴幼儿“安全健康、科学发展”，0 ～ 3 岁婴幼儿教育逐渐开始以家庭为主，托育补充。当婴幼儿进入各类托育机构以后，就成为机构中接受保育和教育的主体。与此同时，0 ～ 3 岁婴幼儿跨越了胎儿期、新生儿期、婴儿期、学步期等不同时期，在每一时期婴幼儿又有不同的发展特点和学习需要。因此，照护者必须准确认识、把握和尊重不同年龄段的婴幼儿的特点与需要，为婴幼儿提供发展适宜性教育。值得注意的是，0 ～ 3 岁的婴幼儿虽然处于低幼期，在保教活动中是被照顾和教育的对象，具有受动性，但是婴幼儿富有强烈的好奇心和求知欲望，具有能动的一面，是学习的主体。所以在保教活动中既要做好婴幼儿的身心照顾，还要注意发挥婴幼儿积极的能动性。

（二）照护者

照护者是指参与婴幼儿保育与早期发展活动，并直接或间接影响婴幼儿动作、语言、认知、情感与社会性发展的实施保育和教育的工作人员。由于婴幼儿教育始终离不开成人的照料和养育，因此婴幼儿照护者包括的范围较为广泛，包括父母和其他年长的家庭成员，托育机构的保育人员、医疗保健人员、管理人员等。他们都是设计、主导、实施婴幼儿保育与教育的主体。但是，不同人员所承担的婴幼儿保育与教育职责是不同的。婴幼儿托育机构中的保育人员、孩子的父母及其他长辈等，因为直接承担保育和教育的责任，构成了婴幼儿照护者的主体。他们的素质和能力，决定了设计、组织、实施保育和教育活动的质量，最终影响婴幼儿的发展水平。

（三）早期教育服务内容

婴幼儿教育活动中只有照护者和婴幼儿个体两个要素是不够的。婴幼儿与照护者之间只有通过一定的中介——保教内容联系起来，才能使婴幼儿教育活动、教育目标变为现实。婴幼儿教育服务内容是依据婴幼儿身心发展特点，向婴幼儿实施保育与教育的具体内容的总和，是婴幼儿和照护者之间互动和共同操作的资源与对象。早期教育服务内容作为联系婴幼儿与照护者的中介，必须关注教育内容的科学性，即符合婴幼儿个体身心发展规律。教育者必须根据 0 ～ 3 岁婴幼儿实际情况，选择、组织和实施婴幼儿教育内容，发现教育内容的价值，达到婴幼儿教育目的性与对象性的统一。而选择、组织、实施的依据是《托育机构保育指导大纲（试行）》。

（四）教育活动方式

婴幼儿教育活动方式是照护者引导婴幼儿学习保教内容所选用的交互活动方式。婴幼儿、照护者是教育活动的主体，保教内容是婴幼儿和教育者共同面对的资源客体，要使三者形成一个有目的的培养人的教育活动，就必须通过一定教育活动方式才能实现。因为教育活动方式的意义就在于，教育内容经过教育活动中介作用，转化为婴幼儿个体素质，同时婴幼儿也通过活动方式把学到的保育内容转化为自身的能力，如养成自己如厕、吃饭、睡觉等日常生活能力，所以教育活动方式也是教育活动的基本要素。没有教育活动方式作为支持，婴幼儿教育活动同样不能产生。婴幼儿教育活动的方式是灵活多样的，包括游戏、生活活动、亲子活动等。但方式方法的选择必须以尊重婴幼儿身心发展规律、学习特点和保教内容为前提，引导婴幼儿在生活和活动中，尤其是在游戏中生动、活泼、主动地学习，充分调动婴幼儿主动选择和吸收的积极性。

三、婴幼儿教育的形态

为 0 ～ 3 岁婴幼儿提供的保育与教育服务统称为照护服务。按照婴幼儿照护服务者的类型可以把婴幼儿教育划分为两种类型：

（一）家庭婴幼儿教育

家庭婴幼儿教育是 0 ～ 3 岁婴幼儿照护服务的最主要形式。这主要是因为：（1）从人自身的发展来看，婴幼儿从呱呱坠地起最先接触的环境是家庭，家庭成为婴幼儿社会化进程开始的地方。（2）从人类教育的起源与发展来看，在19世纪社会性质的婴幼儿教育机构产生以前，婴幼儿教育一直由家庭来承担。即便是机构化的婴幼儿教育出现以后，家庭婴幼儿教育仍然占据主体，成为不可替代的教育形式。（3）从当代的法律责任与规定来看，监护、抚养0～3岁婴幼儿是父母的法定责任和义务，家庭对婴幼儿照护负主体责任。综上，为婴幼儿提供照护服务仍然以家庭为主，家庭是婴幼儿教育实施的主体，也是实施婴幼儿教育的主阵地。家庭婴幼儿教育需要父母或其他家庭成员在家中对0～3岁婴幼儿实施保育和教育活动。当然，家庭婴幼儿教育形式可以是父母或家庭其他成员的全程陪护与提供教养，也可以是与托育机构一起开展婴幼儿教育，但是家庭在婴幼儿教育的过程中始终是不可或缺的。

（二）托育机构的婴幼儿教育

托育即为委托养育，它通常是指由婴幼儿的法定监护人或者直系亲属之外的人，对婴幼儿持续实施的生活照料、安全看护、早期发展的养育行为。在我国，托育机构就是经有关部门登记、卫生健康部门备案，为婴幼儿提供全日托、半日托、计时托、临时托等照护服务的机构。托育机构婴幼儿教育的特点是：（1）必须贯彻《国务院办公厅关于促进3岁以下婴幼儿照护服务发展的指导意见》，依据国家卫生健康委《托育机构设置标准（试行）》《托育机构管理规范（试行）》等规定，满足托育机构的设置要求、场地设施标准、人员规模配置，并严格执行《托育机构保育指导大纲（试行）》，为3岁以下婴幼儿提供科学、规范的照护服务，促进婴幼儿健康成长。（2）托育机构婴幼儿教育基本采用的是集体科学养育模式，旨在服务于无暇照顾婴幼儿的家庭和没有养育经验的年轻父母，为他们提供多时段的照护服务。

四、婴幼儿教育的特点

0～3岁的婴幼儿教育是学前教育的开始阶段，因为这一阶段婴幼儿的生长和发展不同于其他阶段，所以婴幼儿教育呈现出不同的特点。

（一）开端性

0～3岁是一个人出生后发展的起始阶段，婴幼儿在生理、情感、认知、社会性等各方面的发展都处在开端阶段，并影响其一生的发展。意大利幼儿教育家蒙台梭利就曾说过："儿童出生后三年的发展，在其程度和重要性上超过儿童一生的任何阶段。"据大脑生理学家们的研究报告指出：儿童的智力和性格，从出生到3岁，就已经完成了

60%，而且这三年具有天才般的吸收能力。所以如果从生命的变化来看，人的功能在0～3岁这一阶段实际上比3岁以后直到死亡的各个阶段的总和还要大。

（二）复杂性

0～3岁是人的一生中生长和发展最迅速、变化最快的时期。婴幼儿从一个只能躺着，只能运用身体和感官来认识世界的新生儿，发展成为一个能运动，开始运用思维和语言来认识周围世界的儿童。而随着他们身心的快速变化，婴幼儿的需要和兴趣也迅速变化。这导致教育的内容、方法也需快速调整。再加之0～3岁阶段婴幼儿的身体、智力、社会性和情感发展比3～6岁这一阶段更为密切地互相交错在一起，如日常的换尿布等生活照料，不仅增进健康，而且通过互相交往，能促进婴幼儿社会性与情感的发展，使得在婴幼儿的各项活动中都有较高的教育要求，增加了0～3岁婴幼儿教育的复杂性。

（三）依赖性

3岁前的婴幼儿还不具有独立生活能力，不能主动满足自己生活和身体的需要，对疾病的抵抗力较差，不能自己防御或避免危险，对不利和有害身心发展的环境的承受能力和应付能力都很差，也不具备表达需求的能力。他们从进食、身体清洁、衣着，所看、所听以及与人们和周围环境的接触等，完全依赖于照护者，决定于照护者。所以照护者在婴幼儿生长和发展过程中占有极为重要的位置。也只有在成人的精心抚育下，婴幼儿才能建立起安全感和依恋感，才能维持婴幼儿的生存，满足他们的各项需要，促进他们身心健康发展。①

五、婴幼儿教育的任务

0～3岁婴幼儿教育的主要任务就是遵循婴幼儿发展的年龄特点与个体差异，通过创设适宜环境，合理安排一日生活和活动，提供促进婴幼儿身体和心理的全面发展的保育与教育。重点包括营养与喂养、睡眠、生活与卫生习惯、动作、语言、认知、情感与社会性等，概括而言：

（一）生活照料

婴幼儿的生活主要是指每日进行的营养与喂养、睡眠、排便、盥洗等生活活动。生活活动是维护婴幼儿生命，促进婴幼儿身体正常生长发育的基本条件。由于3岁前的婴

① 黄人颂．学前教育学［M］．北京：北京师范大学出版社，2011：160-161.

幼儿需要照护者的全天候、全方面的照料，因此为婴幼儿提供生活照料，培养婴幼儿良好的生活、卫生习惯是婴幼儿教育的首要任务。

（二）安全看护

安全看护是指为婴幼儿提供一个充分安全的照护环境，包括居家安全（室内环境排除隐患）、食品安全（如母乳保存、食物清洁等）、外出安全（如安全座椅布置、户外环境风险规避等）、卫生保健（避免疾病、传染病）和心理安全（如避免忽视与虐待等），做到防范意外伤害。安全看护是保障婴幼儿健康成长的重要条件。由于3岁前的婴幼儿对外界各种变化的适应能力差，抵抗力低，无法辨识安全隐患，因此需要照护者为婴幼儿提供一个干净、安全、对身心健康没有任何危害的照护环境，保障婴幼儿在安全、温暖与支持性的养育环境中成长。

（三）早期发展

婴幼儿早期发展是指通过对3岁以下婴幼儿开展的教育活动，促进婴幼儿动作、语言、认知、情感与社会性等生理发育和心理健全。3岁以下的婴幼儿大部分时间是在日常生活活动中度过的，日常生活活动具有极强的教育性。比如母亲在给婴儿喂奶时与婴儿的眼神交流和言语交流，就有利于促进婴幼儿语言、情感的发展。更为重要的是，3岁前是婴幼儿大脑发育最快的时期，婴幼儿从出生起就不断接受外界刺激，使得动作、语言、认知、情感与社会性等不断产生和发展。因此早期发展是3岁以下婴幼儿教育中不可忽视的重要任务。

第二节 婴幼儿教育的思想与实践

在人类历史最早阶段，在原始制度下，培养儿童参加生活的基本手段就是让儿童玩狩猎和劳动工具的简陋玩具，效仿成人的操作。道德教育手段是民间口头创作的童话、传说、俗语等，并通过童话、传说、俗语等方式把各种生活情境中的行为准则和规范传授给下一代。到了古代，出现了教育理论的萌芽，但是有关儿童教育思想融合在政治学、哲学、普通教育学等其他学说之中，并未有独立的有关儿童教育的论著。直到西方文艺复兴之后，人文主义的兴起，对人性的关注，引起了儿童观点的改变，出现了专门探讨儿童教育的教育思想与实践。

一、国外婴幼儿教育的思想与实践

国外婴幼儿教育思想是伴随着普通教育思想的发展以及幼儿教育实践，尤其是社会机构性质的幼儿教育实践的兴起而发展起来的。西方文艺复兴之后，随着生产和科学的发展，诸多教育思想家开始阐明他们的教育主张。下面介绍几位在婴幼儿教育理论发展方面有独特的教育实践经验和教育思想的教育家及其思想。

（一）夸美纽斯与母育学校

1. 夸美纽斯简介

夸美纽斯（1592—1670年），17世纪捷克的教育家。他没有婴幼儿教育实践经验，但却为科学教育学和婴幼儿教育学的发展奠定了基础，是推进教育理论系统化、独立化的开创者。夸美纽斯认为作为自然生物的人处于不断的发展中，强调借助于教育“可以使任何儿童都能成为一个人”。基于这样的教育理念，夸美纽斯在婴幼儿教育方面提出母育教育思想，倡导百科全书式教育。

2. 母育教育思想

母育教育思想是夸美纽斯的核心思想。夸美纽斯根据自然适应性原则划定了年龄分期，划分0～6岁为幼年期。夸美纽斯认为幼年时期是身体迅速成长和感觉器官迅速发展的时候，幼儿教育应当在母育学校中，即在家庭中由具备教育才能和热爱自己的聪明母亲来担任。为此，夸美纽斯专门撰写了学前儿童教育指南《母育学校》，详细论述了在家庭中进行幼儿教育的各个问题。例如：

（1）号召要细心地照顾儿童的健康和身体的发育。他以当时人们的经验和医学为依据对妇女在怀孕期的生活方式给予了一系列有价值的指示，并就如何照料新生儿的饮食、衣着、生活制度等方面提出了具体建议。提倡应当为儿童身体发育创造条件，反对限制儿童的好动性，鼓励通过游戏的形式发展婴幼儿直起头、坐着、拿取、折叠、卷起、堆放等技巧。

（2）提倡培养适合社会现实条件和要求的道德品质，诸如好活动、爱劳动、诚实、整洁、有礼貌等。

（3）主张适中的、合理的纪律原则，建议以自身榜样、合理的教训、劝诫、谴责来影响儿童，反对体罚。

（4）倡导学前时期是以后在学校系统学习的准备阶段，为此要求在母育学校让学前儿童尽可能掌握关于周围世界的基本知识。例如，要求儿童到7岁时应当知道什么是火、空气、水、土、雨、雪、冰、铅、铁等自然知识；会数到20，掌握长、短、宽、窄的概念，知道主要图形、长度和容量等数学知识；懂得什么是城市、乡村、田地、果园，知道自己所在村庄或城市的名称等地理知识。主张以通俗易懂的形式，向儿童介绍历史、经济、政治的基本知识和各种社会关系等。

在世界教育学的发展中，夸美纽斯关于体育、关于语言和思维的发展、关于道德品质教育的许多原理都是重要的贡献。他所写的一部卓越著作《母育学校》，是创立学前教育理论的第一次尝试，奠定了依照幼儿的年龄特征对儿童进行有组织的教育工作的基础。

（二）裴斯泰洛齐与贫民学校

1. 裴斯泰洛齐简介

裴斯泰洛齐（1746—1827 年），瑞士著名教育家，一生致力于发展贫民教育，希望通过教育来改变人们的贫困状况。在裴斯泰洛齐看来，民众苦难的根源是缺乏教育，是他们不会安排农业生产所致。因此，他认为教育目的在于消除苦难，用教育提高他们的素质和技能，进而提高生产效率，以改善其生活状况，达到恢复人的尊严的目的。1769 年他在涅伊霍夫建立了一个“模范农场”，期望通过耕作方法实验，改善人们的状况。1774 年冬天，成立了“贫民学校”；1798 年担任斯坦兹孤儿院的管理工作。在这些教育实践中孕育和诞生了幼儿教育思想。著有教育小说《林哈德与葛笃德》，深刻表达了试图通过教育，改善人们生活和提高贫苦家庭子女教育水平的强烈愿望。

2. 儿童教育思想

裴斯泰洛齐认为，人的生活包括家庭、职业、社会三方面的生活环境，其中家庭是最重要的环境，父母是最好的教育者，所以在裴斯泰洛齐看来，家庭教育处于中心地位，学校教育和社会教育只能作为家庭教育的补充。而为了提高父母教育子女的效果，父母需要接受具备科学方法的教师的教育和培训。为此，家庭教育是裴斯泰洛齐儿童教育学说体系的中心，他的诸多思想也是围绕家庭教育而提出的。他的儿童教育思想主要包括：

（1）践行教育与生产劳动相结合。教育与生产劳动相结合是裴斯泰洛齐平民教育思想的践行，是通过教育改变人们的劳动技能从而改良生产，改变贫困状况的思想体现，也是其改造社会、实现教育目的重要途径。为此，裴斯泰洛齐认为儿童教育不能脱离劳动。裴斯泰洛齐还认为儿童劳动也是发展体力、智力和道德能力的手段，要求根据儿童的年龄特点，组织儿童从事手工和农业劳动，使他们受到多方面的劳动训练。

（2）教育心理化的思想。在西方教育史上，裴斯泰洛齐第一次明确提出教学过程心理化。他认为每个儿童生来就有渴望得到发展的素质。他依据自然适应性原则，要求教师适应儿童在年龄上所能达到的能力，要求考虑儿童心理发展的规律来组织教学过程，反对机械灌输的旧式教学方法。

（3）要素教育思想。裴斯泰洛齐认为，在一切知识中都存在着一些最简单的“要素”，教育过程应该从这些最简单的、能为儿童所理解和接受的要素开始，逐步过渡到较为复杂的要素，以促进儿童各种潜能的和谐发展。裴斯泰洛齐将教育分为德育、体育和智育。据此，他指出德育的要素是儿童对母亲的爱，体育的要素是儿童身体各关节的活动，智力的要素是计算、测量和表达。

（4）发展性教学思想。他提出在组织教学过程时，不仅要使儿童积累知识，而且要发展他们的才能，培养他们参加未来的独立活动的能力。

裴斯泰洛齐试图通过教育改变平民生活的理想，使他在教育事业上有所建树。裴斯泰洛齐是西方历史上第一位倡导教育同生产劳动相结合的教育家与实践家；教学心理化的思想和实践探索，开启了 19 世纪欧洲教育心理化运动；要素教育思想为创立初等教育的各科教学法做出贡献；等等。这为后来的福禄培尔、蒙台梭利、杜威等儿童教育思想的提出奠定了基础。

（三）欧文与幼儿学校

1. 欧文简介

罗伯特·欧文（1771—1858 年），著名的空想社会主义代表人物和教育改革家。他对于培养儿童给予了极大的注意。在他管理工厂期间，在新拉纳克成立了“性格形成新学园”，招收工人区的儿童，家长每年只支付 3 先令，由工厂每年为学园提供 1 200 英镑经费。学园中包括 1 ～ 3 岁儿童的托儿所、3 ～ 5 岁儿童的“幼儿学校”、5 ～ 10 岁儿童的小学，成功地实现了工人子女的学前公共教育的首次尝试。

2. 性格形成学说

性格形成学说是欧文从事教育活动的依据，是欧文建立幼儿学校的出发点之一。欧文认定“教育人，就是培养他的性格”，而“人的性格是环境的产物”。欧文认为儿童具有天赋能力（体、智、德等能力），并且有发展天赋能力的可能性。人所具有的天赋能力通过社会环境的作用而形成性格，所以环境是形成人性格的决定性因素。欧文目睹了工人贫穷悲惨的生活处境导致他们精神面貌和思想行为的种种缺陷，这使他认识到：这一切都是由于恶劣的环境使人的理性和性格不能正常发展的结果。因此，他认为儿童在很小的时候就应该在很好的环境中受到良好的教育，以养成如公正、诚恳、仁慈等良好的品行。为此，欧文要为幼儿创办环境良好的学校，是为了使有子女的女工们在工作期间不惦念自己的孩子，但更重要的是尽可能早些防护儿童免受周围环境的坏影响，培养儿童正直、诚实、礼貌和集体主义精神。

在“性格形成新学园”，教养员会给儿童穿上美丽的苏格兰民族服装，或类似古代罗马式的束腰紧身衣的宽大衣裙，教他们学习跳舞和唱歌，以培养儿童良好的风度和作风。儿童一天的大部分时间也都是在户外进行游戏。游戏时教养员要使儿童注意周围的自然界，在房间里要同儿童进行随意的谈话，给他们介绍周围的物体及其用途。教养员在谈话和活动时要广泛应用直观性。上小学前不教儿童学习阅读。他认为随意的谈话、观察自然、认识种种现实生活的物体和现象乃是使儿童得到发展的最有效手段。欧文对选择教养员给予特殊注意，认为教养员主要的品质不是学识，而是热爱儿童、善良和正派。

欧文在学前教育方面的活动得到了先进社会人士的很高评价。马克思和恩格斯高度评价了欧文的教育思想和社会教育活动。马克思把欧文的学说和教育实验的进步方向说成是“未来教育的萌芽”。恩格斯写道：“他发明了并且第一次在这里创办了幼儿园。孩子们从两岁起就进幼儿园；他们在那里生活得非常愉快，父母简直很难把他们领回去。”

（四）福禄培尔与幼儿园

1. 福禄培尔简介

弗里德里希·福禄培尔（1782—1852 年），德国 19 世纪著名的幼儿教育思想家和改革家。1816 年福禄培尔在家乡图林根建立“德国普通教养院”，按照裴斯泰洛齐的教育原则办学，著有《人的教育》（1826 年）总结这段教育经验。1837 年福禄培尔在德国勃兰根堡创立了一所实验学校，招收 3 ～ 7 岁幼儿，以实施他的幼儿教育理想。1840 年，他正式命名这个学校为“幼儿园”。其论文集《幼儿园教育学》（1861 年），首创了古典主义的较完整的幼儿园教育体系，为近代幼儿教育奠定了基石。

2. 幼儿园教育思想

（1）幼儿园教育目的。福禄培尔的教育体系建立在精神因素支配物质因素的唯心主义哲学的基础上。他把教育理解为发展人的四种天赋本能：活动本能、认识本能、艺术本能、宗教本能。教育的目的在于使蕴藏在儿童心中的、为人人所固有的“神的本源”显露出来。

（2）幼儿园教育的作用。福禄培尔认为幼儿时期是人生的一个最重要的阶段，是人真正教育的开始。这个时期儿童的生活方式和所受的教育将影响他整个一生。福禄培尔也认为家庭和母亲在早期教育中占有重要地位，但又指出，许多母亲没有充分的时间教育自己的子女，而且也没有受过相当的教育训练，不清楚幼儿教育的任务、内容和方法，不能胜任其子女的教育，因此，有必要建立公共的幼儿教育机构来弥补家庭教育的缺陷，由训练有素的幼儿教师承担教育职责，作为家庭教育的补充。

（3）幼儿园的任务。福禄培尔规定幼儿园教育的任务，主要有三个方面：一是通过游戏和活动，保护儿童身体和精神的健康成长，如体格、感官和语言的发展，社会态度和民族美德的养成，形成对自然和人类的认识，并为升入小学做好准备。二是培养训练有素的幼儿教师，使他们接受幼儿教育思想。三是推广幼儿教育经验。

（4）幼儿园课程。福禄培尔依据直观性、自我活动、社会参与的思想，建立起一个以游戏和恩物为主的幼儿园课程体系，包括游戏、儿歌、恩物、作业、运动、自然研究、唱歌、表演和讲故事等。福禄培尔把儿童游戏分为两大类：运动性游戏和精神性游戏。福禄培尔专门为精神性游戏设计了一系列玩具——恩物，供幼儿游戏时使用，用来发展儿童的认识能力、创造力、想象力和道德品质。作业是福禄培尔为幼儿园确立的一种以游戏的方式进行的教育活动，包括纸工、绘画、拼图、串联小珠、镶嵌、泥塑等，旨在培养儿童集中注意和认真做事的习惯。作业与恩物关系十分密切，作业是恩物的发展，是将恩物的知识运用于实践，所以恩物在先，作业在后。

（5）游戏的教育意义。福禄培尔详细论述了儿童游戏的整个体系，并且阐明了游戏在教育上的巨大意义。他认为，随着幼儿期的到来，游戏在学前教育体系中占有独特的地位，它既是组成儿童生活的一个重要方面，也是儿童发展的基本手段，能促进儿童的积极性、主动性和创造性发展，同时还能预示儿童未来能力的发展倾向。

福禄培尔的思想得到了广泛的传播，但进步的教育家们批评了他的思想，说他为儿童的活动规定了过多的规则，使练习和作业过于复杂化了，并对儿童的本性作了神秘主义的解释。但是福禄培尔的思想诸如恩物游戏中父母与儿童的互动，游戏中环境的创设以及游戏中伴随儿歌、语调和词语使用都具有实用价值。

案　例

恩物游戏

福禄培尔创造的“恩物”，基本形状是球、立方体和圆柱体。其中球是儿童的第一个玩具，因为球本身具有不同寻常的魅力和恒久的吸引力。对于儿童来说，球也是一种教育手段，因为球象征着一切事物，儿童能够通过球来培养和塑造自己。“恩物”又具体划分为6种恩物，但是只有第一种和第二种恩物供0～3岁儿童游戏之用。第一种恩物是6个不同颜色（红、绿、蓝、黄、紫、橙）的绒线球。第二种恩物是木制的球体、立方体和圆柱体，其高度和直径都是一寸半，后二者有穿孔，并附有木棒为细绳。

第一种“恩物”游戏的案例：

“看，孩子，看着球——那里，这里；那里，这里。”（比较图1-1和图1-2）。

当球停下的时候，说：“球悬挂在这里了。”（见图1-3）。

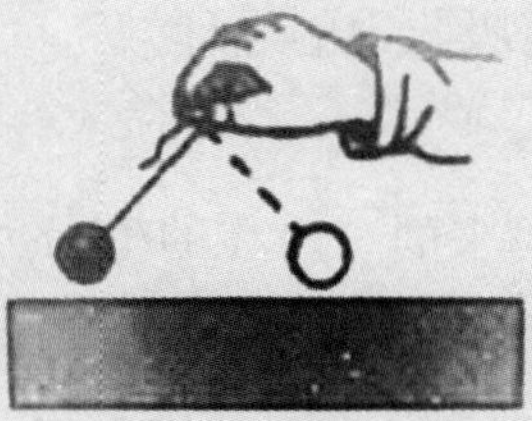
图1-1

图1-2

图1-3

让球在一个物体两边摆动（例如，交叉着的双手中的一只），一边说：“那里，这里；那里，这里；在那里，在这里。”（见图1-4）或者，将线适当地放长，球就会慢慢地摇摆起来，一会儿靠近儿童一会儿又远离他，这时候说：“近了，远了；近了，远了。”或者说：“球来了，球走了。”或者更概括地说：“它来了，它走了。”

提着系球的线慢慢地提起来和降下，这时说：“上，下。”（见图1-5）

图1-4

图1-5

通过这个十分简单的游戏，福禄培尔具体描述了儿童认识前后、左右、上下、远近、这里、那里、升降、高低、宽窄之间的关系。无疑，这对拓展儿童经验水平和发展语言能力是十分重要的，而且这个非常简单的游戏还可以通过运用不同的语调和词语而进行许多变化。因此，现在的父母和教师可以尝试这个游戏。

资料来源：弗里德里希·福禄培尔．幼儿园教育学［M］．武汉：长江少年儿童出版社，2014：18，26.

（五）蒙台梭利与儿童之家

1. 蒙台梭利简介

蒙台梭利（1870—1952 年），意大利幼儿教育家，医学博士。1906 年开办贫民学校，1907 年在贫民区正式设立“儿童之家”，随后又陆续新建一批。“儿童之家”不同于幼儿园，它免费接纳住在本幢大楼的 3 ～ 7 岁的儿童，聘请一位住在附近或本幢楼内的教师负责教育和管理儿童。“儿童之家”不单纯是一个托养孩子的地方或儿童收容所，而是用科学的教育方法教育孩子的真正学校。蒙台梭利撰写《运用于“儿童之家”的幼儿教育的科学教育方法》，总结自己的实践经验，论述了 3 ～ 6 岁儿童的教育方法。关于 0 ～ 3 岁的儿童教育的著作有《童年的秘密》《儿童的发现》《有吸收力的心理》。

2. 0 ～ 3 岁婴幼儿教育思想

（1）儿童与儿童发展观。蒙台梭利认为，儿童存在着与生俱来的“内在的生命力”（或称“内在潜力”）。这种生命力是一种积极的、活动的、发展着的存在，它具有无穷无尽的力量。她说：“生长，是由于内在的生命潜力的发展，使生命力显现出来，它的生命力量是按照遗传确定的生物学的规律发展起来的。”教育的任务是激发和促进儿童的“内在潜力”的发现，并按其自身规律获得自然的和自由的发展。她主张不应该把儿童看作是物体来对待，而应作为人来对待，儿童不是成人和教师进行灌注的容器，不是可以任意塑造的蜡或泥，也不是可以任意刻画的木块；不是父母和教师培植的花木或饲养的动物，而是一个具有生命力的、能动的、发展着的一个活生生的人。教育家、教师和父母应该仔细地观察儿童，研究儿童，了解儿童的内心世界，发现“童年的秘密”，揭示儿童的自然发展进程及规律性；热爱儿童，尊重儿童个性，在儿童自由和自发的活动中，帮助儿童智力的、精神的和身体的、个性的自然发展。①

蒙台梭利在《有吸收力的心理》中阐述了儿童生理和心理的发展进程。蒙台梭利认为人类有两个胚胎期，一个是在母体里完成的“生理胚胎期”，另一个是在母体里尚未完成的“精神胚胎期”，也称为“心理胚胎期”。蒙台梭利认为“精神胚胎”是婴儿出生时才开始发育，且具有一种生长的本能，它具有一种下意识的感受能力与鉴别能力。用蒙台梭利的话来说就是，儿童具有“有吸收力的精神”，即有一种能够吸收知识的心理。他们能够不自觉地在与周围环境中的人与物交互作用中吸收各种事物，获得各种经验与文化印象。所以教育者要设置一种适合儿童内在需要和兴趣的，能够诱发儿童自发学习、自动作业的“有准备的环境”，使儿童在周围环境中吸取营养。

---

① 蒙台梭利. 蒙台梭利幼儿教育科学方法［M］. 任代文，译. 北京：人民教育出版社，1993：11-12.

（2）儿童发展的敏感期。蒙台梭利指出儿童心理发展过程中存在敏感期。敏感期即在不同发展阶段儿童表现出对于某种事物或活动特别敏感或产生一种特殊兴趣和爱好，学习也特别容易而迅速，是教育的最好时机。但是，这种现象经过一定时间便随之消失。因此，教师和父母必须随时留心观察儿童的实际生活及其表现，发现和把握儿童在各个阶段出现的这种心理现象，并及时地进行引导、帮助和鼓励，否则将对儿童的心理发展造成难以弥补的缺陷。① 蒙台梭利认为儿童从出生到 5 岁是感觉的敏感期（2 ～ 2.5 岁时达到高峰），秩序的敏感期是 1 岁多到 4 岁左右，语言的敏感期是在出生后 2 个月到 8 岁，动作的敏感期约从出生到 6 岁。

（3）感觉教育。感觉教育在蒙台梭利的教育体系中占有重要地位，同时也是她的教育实验中的主要部分。在她看来，学前阶段的儿童各种感觉器官特别敏锐，处在各种感觉的敏感期，如果在这一时期不进行充分的感觉训练，长大后难以弥补，而且还会使其整个精神发展受到损伤。因此在幼儿阶段进行各种感觉教育显得至为重要。蒙台梭利认为感觉教育包括触觉、视觉、听觉、嗅觉和味觉等感官的训练，其主要目的是通过训练儿童的注意、比较和判断的能力使儿童的感受性更加敏捷、准确，而且还促进智力的发展。在她看来，感觉训练是初步的基本的智力活动。智力的培养首先依靠感觉，利用感觉搜集事实，并对它们进行判别。蒙台梭利为了发展儿童的感觉器官制定了相应的教学材料，将其称为蒙台梭利教具。用蒙台梭利教具进行反复练习的方式训练儿童各种感觉，以及对比、区分、处理典型物品的能力。

蒙台梭利一生从事儿童教育研究工作。如果说福禄培尔提出的幼儿园教育体系是首创的，那么蒙台梭利教育体系是唯一的一位由妇女创造的，而且建立了 0 ～ 6 岁儿童教育的独特的教育理论和方法，其对婴幼儿的认识和感觉教育思想以及各种各样的教学材料的发明具有重要的教育价值。但其提供的教具、材料由于显得有些程序化和机械化，脱离幼儿的生活，使幼儿囿于机械的操作练习，不利于幼儿的自由创造，因此也受到一定的质疑。

案　例

蒙台梭利的关于大小的视觉训练

视觉训练是蒙台梭利感觉训练的一部分。视觉训练教具中有一组 10 个立方块。第一个底面边长 10 厘米，其余依次小 1 厘米，最小的一个是 1 厘米。练习

① 蒙台梭利．蒙台梭利幼儿教育科学方法［M］．任代文，译．北京：人民教育出版社，1993：14.

的做法是把这些粉红色的立方块放在绿色地毯上，然后把它们垒成一座小塔，最大的立方块做塔底，然后按大小依次搭上去，用最小的一块做塔顶。蒙台梭利的感觉训练不是依靠教师的能力和教育，而是依靠教具的系统性，期待孩子的自发反应。所以，第一，教具提供能吸引孩子自发注意力的实物；第二，实物包含合理的刺激等级。要求教养员不要干涉儿童发展的过程，只应安排促进儿童发展的环境。

资料来源：蒙台梭利．蒙台梭利幼儿教育科学方法［M］．任代文，译．北京：人民教育出版社，1993：188.

（六）杜威与实验学校

1. 杜威简介

约翰·杜威（1859—1952年），美国著名哲学家、教育家、心理学家，美国实用主义哲学的重要代表人物。他于1896年创立实验学校，以他的哲学和心理学为根据，着手教育创新。芝加哥实验学校的经验成为杜威教育思想的一个重要来源。他著述很多，《民主主义与教育》被认为是杜威实用主义教育思想的代表作。杜威说，民主主义社会最需要教育，且为教育提供良好的条件和要求，要求教育使人获得有效地参与共同生活的经验，“使每个人都有对于社会关系和社会控制的个人兴趣，都有能促进社会的变化而不致引起社会混乱的心理习惯”①。

2. 杜威的实用主义教育观

（1）儿童中心论。杜威认为儿童出生就具有爱好活动的禀赋，并能够依凭活动结果带来的苦乐而调整其活动和控制其活动，借以适应环境的需要。儿童天赋的这种潜在动力是强烈的，教育必须尊重和利用它。他说，儿童是教育的出发点，社会是教育的归宿点，正像两点之间形成一条直线一般，在教育出发点的儿童和教育归宿点的社会之间，形成了教育历程。杜威指责当时学校把教育历程错误地理解为教师告诉和学生被告诉的事体，不激发儿童自动求知的本性，却驱使儿童被迫地诵习代表事物的符号，即书本，硬以外铄力量取代儿童潜在的动力。杜威甚至说：“现在，我们教育中将引起的改变是重心的转移。这是一种变革，一种革命，是哥白尼在天文学中从地球中心转移到太阳中心一类的革命。在这里，儿童变成了太阳，教育的一切措施要围绕他们而组织起来。”这就是他的儿童中心论。他宣扬以“儿童中心”取代“教师中心”和“教材中心”，认

---

① 杜威教育论著选．赵祥麟，王承绪，编译．上海：华东师范大学出版社，1981.

为教师应是儿童生活、生长和经验改造的启发者和诱导者，应彻底改变当时压制儿童自由和阻碍儿童发展的传统教育。

（2）教育本质。第一，教育即生活。杜威认为，教育就是儿童生活的过程，而不是将来生活的预备。所以最好的教育就是“从生活中学习、从经验中学习”。杜威反对传统教学中教育与生活的脱离，主张教育应该关注儿童目前的生活环境，把现实的日常生活和教育融为一体。在杜威看来，教育就是不问年龄大小，提供保证生长或充分生活的条件的事业。第二，教育即生长。杜威说：生活就是发展；而不断发展，不断生长，就是生活。生活的本质就是通过作用于环境的行动实现自我更新。而生活的更新或者生长需要通过传递来实现，教育就是生活的社会延续的传递方式。儿童的发展就是在生活中原始的本能生长的过程。在他看来，教育不是强迫儿童去吸收外面的东西，而是要使人类与生俱来的能力在不断生长的生活中得以生长，并设法使作用于儿童的外界力量变为自己进一步生存的手段。教育即生长从根本而言，是反对把从外面强加的目的作为儿童生长的正式目标。第三，教育即经验的改造。杜威认为，生长的理想归结为：教育是经验的继续不断的改组或改造。这种改造或改组，既能增加经验的意义，又能提高后来经验进程的能力。杜威认为，“经验是‘有机体’与环境的互动过程，就是人和环境打交道的自然的社会的过程。”也就是说，这些经验并非由外面提供的材料构成，而是由于先天的能力和环境的相互作用，这种相互作用逐步地改变着先天的能力，也逐步改变着环境，使连续不断的生活、生长成为可能。经验的改造强调经验过程中人的主动性，要求教育过程中尊重儿童身心发展的条件和水平，顾及儿童兴趣，提高儿童参与教育过程的积极性与主动性，持续不断地积累和完善经验。

（3）教学原则。怎样把实用主义教育理论付诸实施呢？杜威的方案是“学校即社会”。用杜威的话说，不能让儿童笔直地向已有的知识进军，不能由教师把现成的教本向儿童注入。那种口耳相传的方式脱离儿童的需要，使儿童缺乏学习的动机。如果以参加现实生活为媒介，让儿童在活动中学习，儿童不但兴趣盎然，而且能活学活用。适当的办法就是把学校安排成适合于儿童生活、生长的环境，让儿童生活、生长于其中，借以扩充经验的数量和提高经验的效用。很明显，儿童理想的学校不是书斋或学府，乃是快乐的生活园地。儿童在活动中的学习的方式，所采用的教学方法就是杜威提出的“做中学”。

二、我国婴幼儿教育的思想与实践

我国的婴幼儿教育思想与实践是在清朝末年“效法西洋、创办西学”的热潮中，由清政府创办官办的幼儿保教机构以及西方列强创办教会幼儿教育机构的背景下发展起来的。尤其是五四运动以后，在教育救国论的影响下，国内一批具有爱国思想和民主思想的教育人士，反对幼儿教育奴化和贵族化，积极倡导变革并躬行实践，尝试探索了中国幼稚园教育科学化和中国化。

（一）陈鹤琴与南京鼓楼幼稚园

1. 陈鹤琴简介

陈鹤琴（1892—1982 年），浙江上虞县人，现代著名的教育家、儿童心理学家和儿童教育专家，是中国历史上首个关注儿童心理发展特征，并通过亲身观察实践总结中国儿童身心发展特征的教育家，开辟了中国儿童教育的科学化道路，享有“中国现代儿童教育之父”的美誉。1923 年，他在南京创办鼓楼幼稚园。这是中国第一个幼稚教育研究基地，他基于中国儿童的发现，在教具、教材、教法等方面产出了很多实验成果，并广泛应用于幼稚教育。陈鹤琴一生致力于我国儿童教育和教育民主改革，并写下了几百万字的教育著作。这些著作包括以其长子陈一鸣为研究对象，进行儿童身心发展的观察和记录的基础上形成的《儿童心理之研究》和《家庭教育》。《儿童心理之研究》是我国第一本研究儿童心理发展的著作。《家庭教育》提出了家庭教育的 101 条原则，内容涉及儿童家庭教育的方方面面。陶行知曾称赞此书是“中国做父母的必读之书也不为过”。

2. 活教育理论

活教育理论是陈鹤琴整个教育思想的概况、总结和核心，是儿童心理研究科学化的成果。“活教育”与当时陈旧的忽视儿童心理特征的“死教育”形成鲜明的对比。陈鹤琴在《家庭教育》中讲到，儿童的心理特点是：好游戏的、好模仿的、好奇的、喜欢成功的、喜欢野外生活的、喜欢合群的、喜欢称赞的。所以活教育的“活”字要充分体现儿童的特性，以儿童为中心，遵循儿童的心理特征提供鲜活的教育。活教育的理论体系包括以下三大纲领。

（1）活教育的目的论：“做人，做中国人，做现代中国人”。陈鹤琴的活教育理论虽然坚持以儿童为中心，关注和满足儿童心理发展需求，但是他并不认为教育是无目的的。教育目的既非“教育即生长”，也不是封建的读书升学做官，认为“做人是教育最起码的任务”。他提出教育目的要以人才的培养、民族素质的提高为着眼点。他说“教育不只是传授知识，首先要教人做人，培养做人的态度，养成优良的习惯，发现内在的兴趣，训练人生的基本技能”，“自有人类历史以来，人都过着社会的生活，人不能离开社会而独立。怎样使人与人之间的关系通力合作，以谋控制自然，改进社会，使个人与全人类得到幸福。活教育要讲如何做人，以求得社会进步，人类的发展”。[①] 至于“做中国人，做现代中国人”，他明确地提出：“我们要爱国家，爱我国五千年的光荣历史，爱我国的人民，爱我国的前途，使国家进步繁荣，日新又新。爱国家、爱人民、爱真理是一致的。”[②] 活教育目的论，充分体现了陈鹤琴教育救国、振兴中华之志，体现了“幼稚教育关系到我们国家民族的未来”的思想。

素养园地

陈鹤琴提出“现代中国人”必须具备五个条件

第一个条件是要有健全的身体。他认为，身体好坏对一个人一生的生活、事业、抱负都有极大影响。不健康对个人是不幸，对国家对社会是一种损失。要强国必先强种，要强种必先强身。今日中国人责任重大，唯有健康身体才能担负起时代给予的任务。

第二个条件是要有创造的能力。他认为中国人的创造能力本来是很强的，只因近数百年来因循苟且，故步自封，科举制度，思想受束，文化学科落后。要提倡培养创造能力，并且从儿童时期培养。他针对教育的弊端感慨地说：小孩子聪明得很，小孩子中有许多瓦特、牛顿、爱迪生，可惜我们不会教，没有把小孩子的聪明才智、创造力发展出来，真不知埋没了多少人才。他说，要教会孩子用手用脑，有劳动的身手，有科学的头脑，手脑并用才能创造。

第三个条件是要有服务的精神。他认为一个人有知识有本领，只知自私自利，就失去了教育的目的。要从小教育儿童乐于助人，学会去帮助人，服务于社会。

第四个条件要有合作的态度。他说，外国人说我们中国人是一盘散沙。这种看法是错误的，抗战不是证明我们的团结力量很伟大吗？但团结不巩固、不持久，人一多就不知道怎样分工合作，互相支持，互相商量。

第五个条件要有世界的眼光。要了解世界的事物，大自然是怎样运动着，大社会是怎样发展着，唯其认识世界潮流，才能眼光远大，才能做世界人。

资料来源：陈秀云．上海文史资料第 3 辑：陈鹤琴专辑［M］．政协上虞县委员会文史工作委员会，1988：114–115.

---

① 陈秀云．上海文史资料第 3 辑：陈鹤琴专辑［M］．政协上虞县委员会文史工作委员会，1988：112–113.
② 同①113–114.

（2）活教育的方法论：“做中学，做中教，做中求进步”。“活教育”反对死板、僵化和注入式、填鸭式的教育方法。陈鹤琴认为只靠教师讲，儿童听，教师是一切教学活动的主体、中心，儿童则处于被动地位，是一种陈腐的传统教学方法，只能造成“书呆子”“木头人”，而不可能培养出有思想、有创造力、会用手用脑、有独立生活能力的一代人。所以他提出“做中学，做中教，做中求进步”的方法论，倡导以“做”为中心，就是学习要通过实践，实践的主体、中心是儿童。儿童要在实践中学，只有这样，学的兴趣才会浓厚。当然也不能忽视教师的教，有教师的指导才能使儿童获得的知识技能正确无误、少走弯路，能更快地进步和提高。但教师的教不能脱离学生的学，也不能越俎代庖，那种传统的注入式、填鸭式、牵着学生鼻子、耳提面命的教学方法，代替学生用手用脑是最有害的。它阻碍了学生肌肉、思想、智能的发展和创造力的培养；它使学生懒惰，不会劳动，没有独立工作能力，也不知世务之艰难。这种教育方法不可能培养出时代所需要的人才。他认为教师要在实践中教，在“做中教”。如此教和学有了真切的联结，教和学才有确实的效果，能够实现教学相长，“做中求进步”。

（3）活教育的课程论：“大自然大社会都是活教材”。陈鹤琴指出：“现在幼稚园的弊病在于与环境的接触太少。小孩子生来无知无识，是在与环境社会相接触渐渐稍有知识，稍有能力的。接触的机会愈多，知识愈丰富，能力也愈充分。”他主张幼稚园的课程应以自然、社会为中心，这是儿童天天要接触的。他主张要带儿童到大自然大社会中去，周围有多少鲜艳的花草、奇异的昆虫、美丽的飞鸟可以观察研究，不带他们到街上去观察人们的生活，他们哪里会晓得民生的艰难。活教育要使儿童与社会打成一片，和自然紧密结合。把教育领域扩大到社会，因为人的生活不能离开自然界，也不能离开社会，向自然界取得生活的物料，在社会群保持生活的关系。社会、自然的现象、形态、规律都是教材、教学的资料。书本知识是间接知识，固然重要，还必须有活生生的新鲜材料直接采之于大自然、大社会。大自然、大社会是知识宝库，是活教师、活教材。

知识拓展

“活教育”的十七条教学原则

“活教育”的十七条教学原则是陈鹤琴活教育理论体系中的核心部分，突出以儿童为主体的思想和一个“活”字、一个“做”字，体现了陈鹤琴的儿童观和教育观。

一、凡是儿童自己能够做的，应当让他自己做
二、凡是儿童自己能够想的，应当让他自己想
三、你要儿童怎样做，就应当教儿童怎样学
四、鼓励儿童去发现他们自己的世界
五、积极的鼓励胜于消极的制裁
六、大自然、大社会是我们的活教材
七、比较教学法
八、用比赛的方法来增进学习的效率
九、积极的暗示胜于消极的命令
十、替代教学法
十一、注意环境，利用环境
十二、分组学习，共同研究
十三、教学游戏化
十四、教学故事化
十五、教师教教师
十六、儿童教儿童
十七、精密观察

（二）陶行知与乡村幼稚园

1. 陶行知简介

陶行知（1891—1946 年），安徽省歙县人，教育家、思想家和教育改革、实践家。陶行知认为，建立一个真正民主的国家最为根本的途径是教育，只有教育才能改变人心，才能实现真正的正义与自由的理想。为此，陶行知积极投身教育中，在“五四运动”后倡导平民教育运动。在陶行知看来，“中国以农立国，十有八九住乡下，平民教育是向民间去的运动，就是到乡下去的运动。”所以他响亮地提出了“到民间去”“到乡下去”的口号。陶行知指出幼儿教育“实为人生之基础”，他说：“小学教育是建国之根本，幼儿教育尤为根本之根本。小学教育应当普及，幼儿教育也应当普及。”他从 20 世纪 20 年代起，便苦心寻求和摸索在中国普及教育的道路。他认为，我国幼儿教育机构在清末产生以后，多分布在大城市，为上层社会服务。所以中国的幼稚园害了三种大病：外国病、花钱病、富贵病。幼稚园接触的都是外国货，用外国货花钱就高，费用是

小学生的几倍，因此平民子弟进不起，幼稚园成了富贵子弟的专用品。为改革这三种弊病，他提出幼稚园要中国化、省钱化和平民化的主张，提倡要建设中国的幼稚园，建设平民的幼稚园。他感到有两个地方最需要幼稚园：一个是女工区域；另一个是农村。他提出为了儿童教育，为了女工和农妇，为了工业生产效率，为了儿童的未来，就必须在工厂附近和农村开办幼稚园，由此陶行知开辟了幼儿教育的新大陆。而适合于平民的教育，“使全国人民有受教育的机会”的教育实践与教育理念——“生活教育”也就此应运而生。

2. 生活教育理论

（1）生活即教育。“生活即教育”是生活教育理论的核心。陶行知指出：“生活教育是给生活以教育，用生活来教育，为生活向前向上的需要而教育。”在他看来，首先，生活就是教育。教育与生活原本就是密不可分的，自有人类以来，生活即教育。到处是生活便到处是教育，比如原始社会的生活教育。其次，生活决定教育。“从生活与教育的关系上说，是生活决定教育”。有生活才能有教育，过什么生活便是受什么教育。“要想受什么教育，便须过什么生活”，“生活教育是供给人生需要的教育，不是做作的与人无关的教育”。再次，教育能改造生活。生活教育，就是供给人生需要的教育，是教人生活的教育。因生活是社会的生活，改造了生活便是改造了社会。因此，“教育就是社会的改造”。教育只有和生活结合才能成为教育；教育要是脱离了生活，便不是教育。而旧的传统教育的“死读书，读死书，读书死”是教育与生活相脱离，教育必须与生活相结合，生活是教育的灵魂和生命。

（2）社会即学校。“社会即学校”是生活教育理论的重要组成部分。陶行知认为，杜威的“学校即社会”只是把社会上、生活中的东西搬一点到学校里，学校还是与社会相隔离的“大鸟笼”。他提倡“社会即学校”，就是要拆除学校与社会之间的“高墙”，把笼中的小鸟放到天空中任其自由翱翔，把学校延伸到大自然、社会中去。“整个社会是生活的场所，亦即教育的场所。”在社会这所伟大的学校里，“人人可以做我们的先生，人人可以做我们的同学，随手抓来都是活书，都是学问，都是本领”。以社会做学校，教育的材料、教育的方法、教育的工具、教育的环境，都可以大大增加；学生、先生也可以更多起来，任何人都可以做师生。陶行知提倡“社会即学校”，其目的是使劳苦大众都有受教育的机会，是其平民教育、普及教育思想的深刻体现。要普及大众教育，就必须改造传统的学校，创办一个将“工场、学校、社会打成一片”的新型学校。这样的学校就需要调动一切社会力量来办。

（3）教学做合一。“教学做合一”是晓庄师范学校的校训，是生活教育理论的教学论，或称为教育方法论，是生活即教育、社会即学校的践行。陶行知“教学做合一”既关注教师的教也关注学生的学，只是教的方式和学的方式不是传统的“死读书”，而是转向“做”，教师“做”上教，学生“做”上学，教与学都以“做”为中心，当然教与学也都是为了“做”。正如陶行知指出的：教学做是一件事，不是三件事。我们要在做上教，在做上学。事怎么做，就怎样学，怎样学就怎么教。教的法子根据学的法子，学的法子根据做的法子。在做上教的是先生；在做上学的是学生。从先生对学生的关系说：做便是教；从学生对先生的关系说：做便是学。先生拿做来教乃是真教；学生拿做来学，方是实学。不在做上用功夫，教固不成为教，学也不成为学。比如种田这件事。陶行知就认为种田是要在田里做的，所以需要教师在田里教，学生在田里学。既然“教学做合一”强调以“做”为中心，那么如何“做”呢？陶行知认为“做”不应该是单纯的“劳力”和单纯的“劳心”，而应该是“劳力”与“劳心”的结合。他认为单纯的劳力只是蛮干，单纯的劳心只是空想。蛮干和空想都不能算是“做”。“真正之做只是在劳力上劳心，用心以制力”，也就是要求手脑并用，手到心到，用思想指挥力量。

生活教育理论是陶行知的教育基本理论，与他的平民教育理想分不开，是平民教育思想的践行，符合中国实际和普及教育、平民教育思想，实现了杜威教育思想的本土化。

（三）张雪门与幼稚园

1. 张雪门简介

张雪门（1891—1973 年），浙江鄞县人，著名的学前教育专家，提出“改造民族的幼稚教育”主张。他于 1918 年在他的家乡宁波创办星荫幼稚园，是宁波市第一所中国人自办的幼稚园。此后，张雪门还到孔德学校任职。张雪门说：“如果我们研究幼教仅限于幼稚园的教育，抛弃了师范教育，这无异于清溪流者不清水源，整枝叶者不整树木，绝不是彻底的办法。”于是在 1928 年创设了孔德幼稚师范学校，开始实验其“骑马者应从马背上学”“半日实习半日授课”的幼稚人才培养理论，主张到中心幼稚园、平民幼稚园、婴儿教保园和到农村组织幼稚园等实习的方式培养幼稚园教师。孔德幼稚师范学校开办的同一年，张雪门在艺文学校创办了艺文幼稚园。1930 年，张雪门接受北平香山慈幼院熊芷邀请，创办第三幼稚师范学校（香山幼稚师范学校）。张雪门几十年从事幼儿教育实践与理论研究，写下了《幼稚园的研究》《幼稚园课程编制》《幼稚园教材研究》《幼稚园行为课程》等专著，为幼儿教育理论的发展做出了重要贡献。

2. 行为课程理论体系

张雪门对幼稚园的课程进行了长期的研究，并基于儿童本位的目标和立场形成了行为课程理论体系，为幼稚园课程建设指明了方向。

（1）行为课程的内涵。什么是行为课程？如张雪门所说：生活就是教育，五六岁的孩子们在幼稚园生活的实践，就是行为课程。这门课程包括了工作、游戏、音乐、故事等材料，和一般的课程一样。然而，这门课程完全根据于生活，它从生活而来，从生活而开展，也从生活而结束，不像一般完全限于教材的活动。行为课程是为了充实儿童的生活。所谓的生活，包括两个方面，一种是社会的生活，一种是个体的生活。社会的生活就是我们现在生存的社会群众生活，学会适应这一个社会生活的经验和能力。个体的生活就是在幼稚园的时候儿童个体发展上的生活。

（2）行为课程的内容。生活与行动（实践）是行为课程的基本要素。行为课程以生活为基础，又融入儿童的日常生活中。张雪门认为幼稚园的课程来源于“儿童自然的诸般活动”；来源于“儿童与自然界接触而生的活动”；来源于“儿童与人世间接触而生的活动”；来源于“人类聪明所产生的经验而合于儿童的需要者”。所以生活是行为课程的源泉，又是其赖以展开的舞台，还是其得以实践的基地。行为课程以实际行动为中心。幼稚园施行的行为课程较注意儿童实际行为，举凡扫地、抹桌、养鸡、养蚕，种植花草、蔬菜等，只要儿童自己能做的，都给儿童机会去做。他认为只有从行动中所得的认识，才是真实的知识；从行动中所发生的困难，才是真实的问题；从行动中获得的胜利，才是真正制驭环境的能力。游戏、故事、唱歌等教材虽然也可以表演，然而代表不了实际行为。

由此张雪门认为：幼稚园课程应以直接经验为主，打破学科的界限，让各种科目都变成儿童整体生活的一面，构成一种具体的整个活动，并以“行为”为中心设计课程的单元教学，强调“做中学”，并重视教师的指导和帮助，将儿童的活动纳入计划，以使知识、技能、兴趣、行为、习惯、态度都达到“快乐、圆满的理想”。

（3）行为课程的组织。张雪门认为组织课程、组织教材需遵守四个原则，即与儿童接触较多、范围较广、合于国情、合乎时代需要。比如，张雪门认为，若按照每月节气的变化，考察儿童环境事物的变迁，不论是自然环境还是社会环境，如动物、植物、自然现象、令节、纪念日、家庭、农作、店铺、职工、公共机关、学校、风俗、疾病、游戏等，可以找出三四十种东西来。但是只选出四个或五个与儿童接触较多、范围较广，而且更适合于国情及时代的需要的，作为每月（每周）课程的中心。然后按照每个中心再来收集和这些中心有关系的文学上、游戏上、音乐上、工作上的材料，编成预定的教材，而且这些教材也都要经过儿童和社会两方面所需要的标准去考核。这样制定出来的课程既合于儿童，也合乎社会需要。

张雪门早期的教育思想包括幼稚园课程、教材、教学的思想对当时我国北方各省的学前教育产生了很大影响，为我国幼稚园教育的发展做出了贡献。

案 例

单元教学活动：树

<table>
<tr><th colspan="2">单元名称：树</th><th>班级：中班</th><th>人数：30 人</th><th>活动时间：两周</th></tr>
<tr><td>设定单元理由</td><td colspan="4">在幼儿的生活环境中，经常看到各种大小、高矮不同的树木，幼儿经常会捡树叶、采花、摘果，或利用树木玩捉迷藏游戏。本单元之设定便是利用幼儿这种兴趣，培养幼儿喜欢观察树木、爱护树木，并辅导幼儿种植花草树木以及观察植物生长的情况。</td></tr>
<tr><td>单元目标</td><td>（一）认识树的主要部分及用途。
（二）养成喜欢观察并种植植物的习惯。
（三）养成爱护花草树木的习性。
（四）培养利用自然界的事物做游戏的喜好。</td><td>活动纲要</td><td colspan="2">（一）观察并比较树的形态。
（二）比较各种不同树的树叶、形态并能分辨新旧叶。
（三）利用各种叶子做工作。
（四）观察有些树会开花、结果实，有些树则不会。
（五）讨论树的用途。
（六）种植树木。
（七）集体布置森林。</td></tr>
</table>

活动主题	活动目标	活动内容及过程	教学资源	评量
活动一：认识树（2 天）	1. 观察后能说出树木和花草的不同。 2. 能说出树的特征。 3. 能仔细观察事物。	1. 引起动机：以“小强、小玉森林”的故事引起动机展开旅游。到校园看花，并捡落叶、花、果实。 2. 认识树：分辨树和花草并做比较。 3. 户外活动：捉迷藏及爬树。 4. 团体讨论：（第二天）以手触摸外形，并说出自己的感受。观察树后的讨论。 5. 小组活动：教唱儿歌，画树。 6. 讨论及欣赏：树的造型（分两天交换）。 7. 教唱歌曲：教唱单元歌曲。	1. 故事图片。 2. 蜡笔、彩色笔等。	1. 通过观察，以口头评量。 2. 观察幼儿对周围事物的态度。 3. 分组活动观察记录评价。
活动二：好玩的叶子（2 天）	略	略	略	略

续表

活动主题	活动目标	活动内容及过程	教学资源	评量
活动三：花的造型游戏（2天）	略	略	略	略
活动四：有用的果实（2天）	略	略	略	略
活动五：小木匠（两天）	略	略	略	略
活动六：大家来种树（2天）	略	略	略	略

资料来源：朱家雄．幼儿园课程［M］．2版．上海：华东师范大学出版社，2011：87-88.

第三节　我国婴幼儿教育的发展与趋势

一、我国婴幼儿教育的发展演进

我国0～3岁婴幼儿教育的发展是伴随着对学前教育重视和社会性学前教育机构的发展而发展起来的。到了20世纪20年代以后，我国开始有了社会性的婴幼儿教育机构。结合我国学前教育发展的历史，以及社会发展水平和社会环境变化，婴幼儿教育可以划分为以下几个时期：

（一）保守时期

保守时期主要是指鸦片战争之前的中国古代社会和封建社会。在中国古代社会中，婴幼儿教育是客观存在的。在古代中国，就有孺子室、邸舍、慈幼局、举子仓等保育机构。但是我国封建社会的生产方式是自给自足的小农经济，与经济水平和生产方式相适应，封建社会中有条件的家庭子弟入“小学”之前，主要是在家庭中接受教育，所以在中国封建社会中，学前教育尤其是0～3岁的婴幼儿教育更是一种家庭教育形态，具有自发性、无序性和封闭性等特征。封建社会的家庭教育虽然也都是儿童早期教育，但还不具备公共教育性质，更不用说 0 ～ 3 岁的婴幼儿教育了。

（二）模仿时期

模仿时期主要是指鸦片战争之后到 20 世纪 20 年代。我国自鸦片战争之后，由封建社会沦为半殖民地半封建社会。受近代世界学前教育发展趋势的影响，中国儿童早期教育打破了单一家庭教育模式，朝着建立和推广社会学前教育机构的方向发展。首先是西方列强在中国建育婴堂、孤儿院，开办幼儿教育机构。其次，国内先经洋务运动，后在维新运动的推动下，效法西洋、创办西学成为潮流。一些先进的中国人士，如康有为、梁启超在学习、介绍西方教育制度时，都注意到了学前教育问题，提出了“儿童公养公教公育”思想。再次，清政府在社会变革和学习西方的潮流下，湖广总督张之洞在湖北执掌政务期间，掀起了一股创办新式学堂的热潮。当时担任湖北巡抚的端方，在张之洞的支持下，于光绪二十九年（1903 年）八月，在武昌寻常小学堂内创立了中国第一所官立也是第一所由国人自办的社会性幼儿教育机构——湖北幼稚园。1903 年，清政府进行学制改革，颁布《奏定学堂章程》（也称癸卯学制），正式把学前教育纳入学制内，并把学前教育机构命名为蒙养院，颁布《奏定蒙养院章程及家庭教育法章程》，专为保育教导 3 ～ 7 岁的儿童。此时的蒙养院基本学习日本的幼儿教育制度和方法，师资、教材也都依赖于日本，受日本幼儿教育的影响深刻。新文化运动之后，随着福禄培尔、蒙台梭利、杜威等思想传入我国，中国学前教育从主要师法日本变为师法欧美。但此时 3 岁以下婴幼儿教育仍然由家庭承担。

（三）改造时期

改造时期主要是指 20 世纪 20 年代以后到 1949 年之间。五四运动所带来的改革意识和民族意识之下，一些具有爱国思想和民主思想的人士不满于“教会式幼稚园”和“日本式幼稚园”，开始积极探索中国幼稚园的发展模式。诸如熊希龄创办了北京香山慈幼院幼稚园，陈嘉庚创办了厦门集美幼稚园，陈鹤琴创办了南京鼓楼幼稚园，陶行知创办了燕子矶幼稚园等。中国的幼稚园开始走上了改革实验的道路。与此同时，1927 年大革命失败以后，中国老解放区在中国共产党的领导下，为了适应当时的历史环境，在特定的历史条件下采取多种形式办学，构建了寄宿制托幼机构、单位日间托儿所、母亲变工托儿所、小学附设幼稚班等多种形式的幼儿教育机构，尝试探索幼儿教育发展的新模式。老解放区因地制宜、因时制宜，采取灵活多样的形式建构的婴幼儿教育机构，为新中国成立后婴幼儿教育的发展奠定了基础。

（四）成长时期

成长时期主要是新中国成立到1956年。新中国成立后，党和政府高度重视学前教育工作。《中国人民政治协商会议共同纲领》规定："注意保护母亲、婴儿和儿童的健康。"在20世纪50—60年代，政府、工矿企业、机关、学校和社会开办了一些托儿所，收托3岁以下儿童，在教养儿童和解除女职工上班的后顾之忧上发挥了作用。托儿所由卫生部门领导，贯彻"以保为主，保教并重"的方针，把保障儿童健康作为托儿所的首要任务。

（五）迷茫时期

"大跃进"运动的兴起，使得农村学前教育的发展出现了停滞甚至退步的状态。直到1961年"调整、巩固、充实、提高"的方针的提出及匡正，我国学前教育事业发展才逐步恢复正常，但总的来说，学前质量教育仍显不高。①受到"文化大革命"的严重影响，20世纪70年代我国早期教育机构数量大幅减少，房屋被挤占，设备遭破坏，保教人员大量流失，0～3岁早期教育事业的发展出现停滞甚至是倒退。

（六）福利性发展时期

福利性发展时期主要指1979年至20世纪80年代中期。"文化大革命"结束，国家提出要重视发展托儿所，"优生优育"观念兴起，0～3岁早期教育事业重新得到发展。比如，1979年10月，中共中央、国务院转发了《全国托幼工作会议纪要》，指出："加强对婴幼儿的保健和教育工作，培养体魄健壮、品德良好和智力发达的后一代，是关系到国家和民族前途的根本大计，各级党委和各级政府应关怀和重视托幼事业，积极抓好这项工作。"1981年6月，卫生部颁布了《三岁前小儿教养大纲（草案）》，具体提出了托儿所教养工作的教养目标、原则、内容和要求。此阶段，国家积极介入婴幼儿照护的安排工作。全国人大会议、妇女工作会议均对托幼工作议题进行了多次讨论，党和国家领导人在不同场合强调了国家干预托幼服务的重要性，逐步形成共识，即托幼工作是"国事"，是社会性事业。②所以，这一阶段我国的早期教育服务为集体福利的形式，以工作组织和生产组织为提供主体，国家承担托幼服务的绝大部分成本费用，为企事业单位举办的托幼机构进行多种间接投入，家庭承担的费用所占比例非常低。

---

① 顾高燕，张姝玥．中国共产党发展学前教育的百年历程、成就及经验［J］．教育理论与实践，2021，41（31）：29-35．

② 洪秀敏．中国教育改革开放40年：学前教育卷［M］．北京：北京师范大学出版社，2019：195-197．

（七）市场化发展时期[①]

20 世纪 80 年代末，中国进入了以社会主义市场经济为主要特征的改革时期。1984 年《中共中央关于经济体制改革的决定》中“增进企业活力”的经济体制改革，使得由单位提供的 0 ～ 3 岁早期教育的福利性服务，逐渐转为由其他社会组织承担，并走向社会化、市场化。大量企业办的托儿所倒闭或收归市场，集体福利性托幼机构占比锐减，家长需要付费向社会性托育机构购买 0 ～ 3 岁早期教育服务。家庭也成为照顾儿童的主体和承担教育费用的主体。托育机构市场化的发展，使得社会力量办园方针逐步确立，强调“大力发展以社区为依托，公办与民办相结合的多种形式的学前教育和儿童早期教育服务”。而 0 ～ 3 岁早期教育服务社会化、市场化，基本上得不到国家和地方的财政支持，其营利性质直接导致了高收费现象，出现了入园难、入园贵的问题。

（八）公益性发展时期[②]

公益性发展时期主要是指 2010 年以后。随着加大学前教育的公益性和普惠性，0 ～ 3 岁早期教育事业也因此获得前所未有的发展。2010 年以来，0 ～ 3 岁早期教育服务社会公益属性逐步明确，出现了“儿童早期教育属公共责任”的观点，明确了政府在托育服务方面的责任。0 ～ 3 岁早期教育服务再次由家庭服务转向公共服务，由国家以直接举办或资助私人的市场形式推动 0 ～ 3 岁早期教育事业发展，并积极探索构建 0 ～ 3 岁早期教育发展服务体系。比如，2012 年教育部发布《国家教育事业发展第十二个五年规划》，提出：“加强对学前教育机构、早期教育指导机构的监管和教育教学的指导……积极开展公益性的 0 ～ 3 岁婴幼儿早期教育指导服务。”2019 年以来，先后颁布了《国务院办公厅关于促进 3 岁以下婴幼儿照护服务发展的指导意见》《托育机构设置标准》《托育机构管理规范（试行）》《托育机构保育指导大纲》等，促进婴幼儿照护服务供给体系的建设。

二、我国婴幼儿教育的发展趋势

诺贝尔经济学奖得主詹姆斯·赫克曼用证据表明，当国家不投资婴幼儿保教事业时，整个社会的成本会上升，如从长远来看，国家在维持公民的健康、就业以及社会经济福利等方面花费更多。而如果在学前期每投入 1 美元，将获得 7 ～ 16 美元社会收益。这说明发展并资助托育机构是明智的做法。为此，抓住当前照护服务需求，坚持公益性

---

① 洪秀敏．中国教育改革开放 40 年：学前教育卷［M］．北京：北京师范大学出版社，2019：195-197.
② 同①.

原则，进一步探索与改进 3 岁以下婴幼儿照护服务体系，为 0 ～ 6 岁学前教育事业高质量发展做出努力。

（一）发挥政府主体责任，将 0 ～ 3 岁托育服务纳入公共服务体系

公共服务体系，主要是指以政府为主导、以社会团体和私人机构等为补充的供给主体，为公民及其组织提供基本而有保障的公共服务为主要目的而建立的一系列有关服务内容、服务形式、服务机制、服务政策等的制度安排。0 ～ 3 岁早期教育服务纳入公共服务体系，首要的就是发挥政府的主体责任。2010 年以来我国 3 岁以下婴幼儿教育再次由家庭服务转向公共服务，政府责任逐渐回归，并逐步形成了多元主体供给的服务体系。但由于早期教育的整体发展底子薄，远不能满足社会、家庭、企业对 3 岁以下婴幼儿教育的需求，需要加强政府的主体责任，把握托育服务的发展方向，增加托育服务供给，引领托育事业向公益性、普惠性发展。

国内外历史发展经验也说明，只有政府发挥主体责任，把早期教育纳入公共服务体系，才能有效促进 3 岁以下婴幼儿教育的发展。早在 2002 年欧盟委员会就提出各成员国应努力提供儿童照顾设施，到 2010 年至少为 33% 的 3 岁以下儿童提供照顾设施。[①]

（二）构建多元供给主体的婴幼儿托育服务体系

发挥政府主体责任并不代表政府为唯一提供婴幼儿照护服务的主体。我国人口基数大、结构复杂、需求多元，仅凭政府的力量不能满足和负担巨大的托育需求，所以要建立政府、社会、家庭三位一体的多元供给主体。（1）政府可以通过直接提供服务或者购买服务的方式支持、鼓励、扶持 0 ～ 3 岁婴幼儿托育服务的建立和发展。比如，加大对公办园托班的专项财政补贴力度，提高公办幼儿园对 3 岁以下婴幼儿的收托能力。（2）发挥社区的作用。发挥城乡社区公共服务设施的婴幼儿照护服务功能，加强社区婴幼儿照护服务设施与社区服务中心（站）及社区卫生、文化、体育等设施的功能衔接，发挥综合效益。（3）充分发挥市场在资源配置中的决定性作用，梳理社会力量进入的堵点和难点，采取多种方式鼓励和支持社会力量举办婴幼儿照护服务机构，尤其是鼓励、支持社会力量举办非营利性婴幼儿托育服务机构。（4）鼓励发展家庭托育，按照家庭为主、托育补充、政策引导、以点带面的原则，立足居家服务，将“微托育”机构嵌入社区网络，以小规模区块服务推动托育需求化整为零。（5）鼓励有条件的企事业单位为职

---

① 和建花，蒋永萍．从支持妇女平衡家庭工作视角看中国托幼政策及现状［J］．学前教育研究，2008（8）：3-6，29.

工提供托育服务。

知识拓展

北欧国家托育制度

丹麦和瑞典是北欧模式托育制度的代表，其政策目标有三：一为给予孩童平等普及的托育，二为支持父母（尤其是母亲）就业，三为实现男女平等。丹麦和瑞典的托育制度具有社会福利性质，但是这种福利政策与劳动政策紧密相关。其做法为：规定只有在父母双方（或单亲）参与劳动的状况下，其小孩才有享受托育福利服务的权利。这项规定具有相当完善的配套措施，包括为期相当长的有薪育婴假、条件相当宽松的亲职假（用以照顾病童）、完善的再就业训练及辅导（失业者只要进入此训辅计划即能让子女继续享受公共托育服务），等等。

资料来源：刘毓秀．北欧国家托育制度［EB/OL］．（2002-12-10）［2022-06-23］．上海学前教育网．

（三）提供便利、多元的婴幼儿托育服务形式

在国家大力推进 0 ～ 3 岁婴幼儿照护公共服务体系建设之下，我国大部分城市已开展 0 ～ 3 岁幼儿托育工作，设置有多种托育服务机构，基本形成了“六种”托育模式：（1）家庭式，主要是设置在居民住宅内，招聘教师实施保育的托育形式。（2）企业式，主要是由企业自主开设或引进专业托育所，对园区内幼儿进行教育的托育形式。（3）托班式，依托公办资源优势，在公办幼儿园内开设托班，招收 2 ～ 3 岁幼儿提供托育服务的形式。（4）社区式，主要是以社区中各种设施为基础、在社区中建设、为社区居民提供托育服务的形式。（5）机构式，主要是指专业早教机构创办的有场地并依法办理营业执照提供托育服务的形式。（6）医育式，主要是指依托各级妇幼保健机构儿童保健学科和妇幼服务供给资源，打造“医疗保健 + 养育促进”的托育服务形式。但是，据调查，我国 3 岁以下婴幼儿入托率仅为 5.5% 左右，少数地区还出现“托育沙漠”的情况，婴幼儿的居住地和托育机构相隔甚远，极不便利。截至 2021 年底，我国每千人口拥有 3 岁以下婴幼儿托位数为 2.03 个，离“十四五”末达到 4.5 个的目标仍有不小差距。[①] 因此，当前各地还需多渠道增加服务供给，提供便利、多元的婴幼儿托育服务形式。综观世界各国，丹麦的托育形式有“课后活动中心”“开放式课后活动中心”“家庭式托育”，

① 赵彩侠，田玉．普惠性托育服务如何实现？［N］．中国教育报，2023-02-12（1）．

美国有“学步儿看护中心”，新西兰有“游戏中心”。这些都是不同形式、不同时间段的托育机构，具有多样、便利的特点，对我国具有借鉴意义。[①]

（四）健全婴幼儿托育服务的监督管理机制

婴幼儿的托育服务首要的就是保证婴幼儿的安全，所以对于托育服务而言，必须确保在以安全为核心的托育服务质量的基础上，推动我国0～3岁婴幼儿托育服务事业的发展。基于这种认识，加强教育行政管理部门对托育机构的监管，是目前我国婴幼儿托育事业健康有序发展必不可少的条件。为此，国家必须加强顶层设计，通过完善政策法规体系，健全我国托育服务的监管机制，保证我国婴幼儿托育服务的质量。目前我国已经出台了《托育机构设置标准（试行）》《托育机构管理规范（试行）》《托育机构保育指导大纲（试行）》等政策，规范托育机构的设置与管理，但是还需进一步健全完善。比如，在托育机构举办者的资质、托育机构的收费标准、托育机构的保育质量标准、督导评估制度、托育服务准入标准、家庭式托育员资质与质量监督等方面促进行业规范。

案　例

丹麦和日本的家庭式托育

在丹麦，家庭式托育的服务对象是0～2岁的幼儿。家庭式托育最初作为日托中心的补充服务，自1996年起被正式纳入儿童照料公共服务体系中，并由政府直接管理。当前丹麦家庭式托育呈现公私并行的特征。在管理上，所有公立的家庭托育员都受雇于当地市政府，并享有相应的年假、全薪产假、疾病津贴和养老金缴纳的福利。政府通过对家庭托育员每月一次的观察访问进行监督管理，访问的重点是儿童的发展，与同事和家长的合作，以及安全的照料环境等。在具体工作时间上，家庭托育员比在儿童照料中心工作的照料者工作的时间更长，家庭托育员的正常工作时间是每周48小时，如果是兼职工作，则为32小时。私人家庭式托育不直接受当地政府管理，由家庭托育员和儿童父母通过协议的方式进行。家庭托育员根据协商可以在自己的家中或儿童的家中照顾儿童。私人经营的家庭式托育没有工作时间的规定，可以提供夜间或日间的照顾，具体照顾时间须与儿童父母进行协商。在管理

① 罗佳欣，左瑞勇．70年来我国0～3岁婴幼儿托育服务政策的发展历程及未来展望［J］．早期教育（教育教学），2020（1）：18-21.

上，政府既不负责场所审核，也不负责家庭托育员的管理。在资金支持上，政府通过对每位幼儿照料补贴的形式，最多补贴私人家庭式托育实际运营成本的75%，且儿童父母须支付至少25%的实际运营成本。

在日本，家庭式托育主要为3岁以下的儿童提供服务，由政府负责家庭式托育的管理和监督。日本的家庭式托育由厚生省负责，并设立全国家庭福利员协会，负责家庭托育员的资格认证、审核和专业培训。其中协会的资格认定条件包括：25～60岁的健康女性、相关从业资格和知识、实际养育经验、家庭成员健康状况、家庭提供托育的场所和面积。家庭托育员在通过全国家庭福利员协会的资格认证后，由地方政府负责办理相关注册事项，并由地方政府对管理规范的执行情况进行定期监督。

资料来源：马瑜骏．发展高质量家庭式托育服务：国际经验及启示［J］．社会建设，2021，8（6）：15-24，39.

本章小结

1. 婴幼儿教育的含义与价值

广义的婴幼儿教育是指对0～3岁婴幼儿所实施的，对其身心发展有影响的一切保育和教育活动，包括家庭教育、托育机构的教育等；狭义的婴幼儿教育是指托育机构等专门照护机构有目的、有计划、有组织地对0～3岁婴幼儿所实施的保育和教育活动。婴幼儿教育活动对社会发展和婴幼儿个体发展具有重要价值。

2. 婴幼儿教育的要素与类型

从微观角度看，婴幼儿教育要素包括0～3岁婴幼儿、照护者、早期教育服务内容和教育活动方式。按照婴幼儿照护服务者的类型可以把婴幼儿教育划分为家庭婴幼儿教育和托育机构的婴幼儿教育。

3. 婴幼儿教育的特点与任务

婴幼儿教育具有开端性、复杂性、依赖性等特点。其任务是对婴幼儿实施生活照料、安全看护、早期发展。

4. 夸美纽斯的母育教育思想

母育教育思想是夸美纽斯的核心思想。夸美纽斯认为幼年时期是身体迅速成长和感觉器官迅速发展的时候，幼儿教育应当在母育学校中，即在家庭中由具备教育才能和热爱自己的聪明母亲来担任。为此，夸美纽斯专门撰写了学前儿童教育指南《母育学校》，详细论述了在家庭中进行幼儿教育的各个问题。

5. 裴斯泰洛齐的要素教育思想

裴斯泰洛齐认为，在一切知识中都存在着一些最简单的“要素”，教育过程应该从这些最简单的、能为儿童所理解和接受的要素开始，逐步过渡到较为复杂的要素，以促进儿童各种潜能的和谐发展。裴斯泰洛齐将教育分为德育、体育和智育。据此，他指出德育的要素是儿童对母亲的爱，体育的要素是儿童身体各关节的活动，智力的要素是计算、测量和表达。

6. 福禄培尔的幼儿园教育思想

福禄培尔详细论述了儿童游戏的整个体系，并且阐明了游戏在教育中的巨大意义。他认为，随着幼儿期的到来，游戏在学前教育体系中占有独特的地位，它既是组成儿童生活的一个重要方面，也是儿童发展的基本手段，能促进儿童的积极性、主动性和创造性发展，同时还能预示儿童未来能力的发展倾向。福禄培尔把儿童游戏分为两大类：运动性游戏和精神性游戏。福禄培尔专门为精神性游戏设计了一系列玩具——恩物，供幼儿游戏时使用，用来发展儿童的认识能力、创造力、想象力和道德品质。作业是福禄培尔为幼儿园确立的一种以游戏的方式进行的教育活动，包括纸工、绘画、拼图、串联小珠、镶嵌、泥塑等，旨在培养儿童集中注意和认真做事的习惯。

7. 蒙台梭利的 0～3 岁婴幼儿教育思想

蒙台梭利认为，儿童存在着与生俱来的“内在的生命力”。这种生命力是一种积极的、活动的、发展着的存在。他们能够不自觉地在与周围环境中的人与物交互作用中吸收各种事物，获得各种经验与文化印象。蒙台梭利指出儿童心理发展过程中存在敏感期。教师和父母要发现和把握儿童在各个阶段出现的这种心理现象，并及时地进行引导、帮助和鼓励。蒙台梭利特别关注感觉训练，并创造了感觉训练教具。

8. 杜威的实用主义教育观

杜威提出儿童中心论，认为教师应是儿童生活、生长和经验改造的启发者和诱导者，应彻底改变当时压制儿童自由和阻碍儿童发展的传统教育。杜威提出教育的本质是教育即生活、教育即生长、教育即经验的改造。教学原则是做中学。

9. 陈鹤琴的活教育理论

“活教育”理论是陈鹤琴整个教育思想的概况、总结和核心，是儿童心理研究科学化的成果。“活教育”与当时陈旧的、忽视儿童心理特征的“死教育”形成鲜明的对比。“活教育”的理论体系包括三大纲领：活教育的目的是“做人，做中国人，做现代中国人”；活教育的方法是“做中学，做中教，做中求进步”；活教育的课程是“大自然大社会都是活教材”。

10. 陶行知的生活教育理论

生活教育理论是陶行知的教育基本理论，与他的平民教育理想分不开，是平民教育思想的践行，符合中国实际和普及教育、平民教育思想，实现了杜威教育思想的本土化。陶行知的生活教育理论具体包括：生活即教育；社会即学校；教学做合一。

11. 张雪门的行为课程理论体系

什么是行为课程？如张雪门所说：生活就是教育，五六岁的孩子们在幼稚园生活的实践，就是行为课程。生活与行动（实践）是行为课程的基本要素。生活是行为课程的源泉，又是其赖以展开的舞台，还是其得以实践的基地。行为课程以实际行动为中心，要注意儿童实际行为，举凡扫地、抹桌、养鸡、养蚕，种植花草、蔬菜等，只要儿童自己能做的，都给儿童机会去做。

12. 我国婴幼儿教育的发展与趋势

我国婴幼儿教育经历了保守时期、模仿时期、改造时期、成长时期、迷茫时期、福利性发展时期、市场化发展时期、公益性发展时期，进入了全面构建托育服务公共服务体系的建设阶段。

知识应用

一、选择题

1.（　　）提出了要素教育思想。

A. 夸美纽斯　　B. 福禄培尔

C. 裴斯泰洛齐　　D. 卢梭

2.（　　）发明了恩物。

A. 夸美纽斯　　B. 福禄培尔

C. 裴斯泰洛齐　　D. 蒙台梭利

3. 裴斯泰洛齐提出的德育要素是（　　）。

A. 儿童对母亲的爱　　B. 儿童对自己的爱

C. 儿童对父亲的爱　　D. 儿童对同伴的爱

4.（　　）提出了儿童发展的敏感期。

A. 夸美纽斯　　B. 福禄培尔

C. 裴斯泰洛齐　　D. 蒙台梭利

5. 行为课程理论是（　　）提出来的。

A. 陈鹤琴　　B. 张宗麟

C. 陶行知　　D. 张雪门

6. 欧文提出的性格形成学说认为，人的性格是（　　）的产物。

A. 环境　　B. 活动

C. 教育　　D. 认知

二、判断题

1. 婴幼儿教育从狭义来讲是指出生到 6 岁儿童的教育。（　　）

2. 婴幼儿教育只要做好生活照料就可以了。（　　）

3. 婴幼儿教育对社会发展没有多大影响。（　　）

4. 婴幼儿教育的对象太小了，所以不需要有目的、有计划、有组织。（　　）

5. 婴幼儿教育主要是指保育。（　　）

6. 蒙台梭利的儿童教育思想没有局限性。（　　）

三、简答题

1. 请简述陈鹤琴的教育贡献。

2. 请简述陶行知生活教育的意义。

3. 请简述你对张雪门的行为课程的理解。

4. 请简述杜威的实用主义教育思想。

5. 请简述福禄培尔的幼儿教育体系。

6. 请简述蒙台梭利的 0 ～ 3 岁婴幼儿教育思想。

四、讨论题

1. 为什么婴幼儿教育要走向公益性发展？

2. 在构建婴幼儿照护公共服务体系过程中，你有什么好的想法和建议？

第二章　婴幼儿身心发展

学习目标

知识目标

1. 理解婴幼儿身心发展的内涵和影响因素
2. 掌握婴幼儿身心发展的普遍规律与一般特征

能力目标

1. 学会利用婴幼儿身心发展的影响因素促进婴幼儿的发展
2. 学会运用科学的婴幼儿观和婴幼儿发展观指导实践

素养目标

1. 学会从人格上尊重婴幼儿
2. 以科学的婴幼儿观为培养新时代人才奠定基础

思维导图

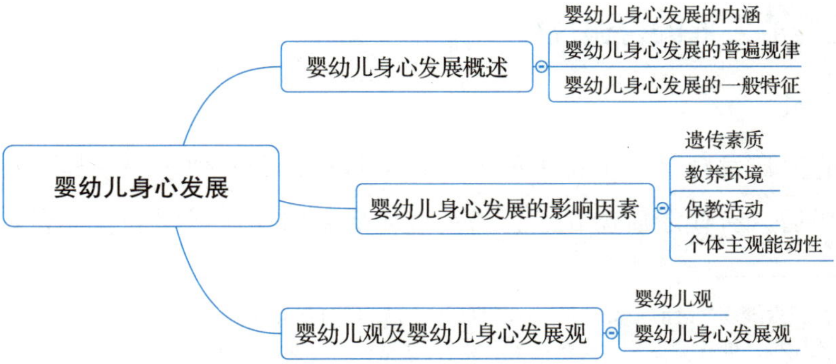

第一节 婴幼儿身心发展概述

俄国教育家乌申斯基说："如果教育学想从各个方面教育人，那么它必须从各个方面了解人。"① 我国鲁迅先生也曾说："孩子的世界，与成人截然不同，倘不先行理解，一味蛮做，便大碍于孩子的发达。" 3 岁以下婴幼儿是婴幼儿教育的核心要素。教育者若想达到促进婴幼儿发展的目的，就必须了解并掌握 3 岁以下婴幼儿身心发展的特点和规律。

一、婴幼儿身心发展的内涵

婴幼儿身心发展是指婴幼儿从出生起生理、心理和社会成熟的过程，包括先天与后天特性的全部量变和质变的过程。② 婴幼儿身心发展包括三方面：（1）婴幼儿生理发展。婴幼儿生理发展主要是指婴幼儿的身高、体重的变化，骨骼、肌肉的增长，身体器官的结构和机能的变化，以及动作协调性的完善，等等，表现为生理结构从不完善到完善的过程。（2）婴幼儿心理发展。婴幼儿心理发展是指婴幼儿认知（感觉、知觉、注意、思维、想象、记忆等）、个性（需要、兴趣、情感、意志、性格、气质等）以及个人心理特征等方面发生的变化。这种变化反映认知活动从简单到复杂，从具体到抽象，从无意识到有意识，从出生时的遗传差异到逐渐形成个性等。（3）婴幼儿走向社会成熟。社会成熟是婴幼儿在进入社会生活过程中得以实现的，表现为对社会文化知识的掌握、行为规范的习得等。

婴幼儿的生理、心理和社会性三个方面的发展是既相互独立又相互联系、相互影响、相互制约、共同发展的。正常的生理发展是心理和社会性发展的生物基础和前提，而正常的心理和社会性发展又会进一步促进生理发展。对于婴幼儿发展来说，无论哪一方面发展受到阻碍都会影响到其他方面的发展，因此在婴幼儿教育方面要做到兼顾。

二、婴幼儿身心发展的普遍规律

（一）阶段性

婴幼儿的生长发育是一个持续的矛盾运动过程，和其他事物一样，在发展过程中会不断产生矛盾。有些矛盾激化了，另一些矛盾暂时解决或缓和，或者新的矛盾又发

① B H 阿瓦涅索娃. 学龄前儿童. 北京：教育科学出版社，1983：4.
② B H 亚德什科，Φ A 索欣. 学前教育学［M］. 北京：人民教育出版社，1981：26.

生。发展过程中矛盾运动的激化或缓和，使婴幼儿发展表现出不同的阶段：（1）新生儿期（自出生时起～1个月）。新生儿期是婴儿从胎内生活到胎外生活的过渡阶段。新生儿的脑结构已像成人的脑结构，但是在重量、容积、脑机能方面的发展还很不够，所以大部分时间呈睡眠状态。（2）婴儿期（1个月～1周岁）。婴儿期是出生后生长发育最迅速的时期，也是人一生中身心发展的第一个加速时期。在此阶段，在外界环境刺激的影响下，婴儿的生理、心理发生了巨大的变化，从一个自然的、生物的个体向社会的实体迈出了第一步。比如从完全不懂语言、不会说话过渡到能运用语言进行最简单的交际，等等。（3）幼儿前期（1～3周岁）。此时婴幼儿生长速度减慢，智能发育加速，活动范围增大，接触社会事物增多，语言、思维和社交能力有明显发展。总之，3岁前婴幼儿的发展也可以清晰地划分出不同的发展阶段，这就要求在保育和教育过程中，要注意选择合适的内容，促进不同阶段的接续发展。

（二）顺序性

婴幼儿发展的顺序性是指婴幼儿个体身心发展是按照一定顺序发展的，既不能逾越，也不能互换；每一个阶段都是形成下一个阶段的必要条件，前一阶段的结构是后一阶段结构的基础，但前后两个阶段有着质的差别。当然由于环境、教育、文化以及主体的动机等各种因素的影响，具体到每一个儿童的发展阶段则可能提前或推迟，但阶段的先后次序不变。以婴幼儿的感知觉能力发展为例，婴幼儿最早出现的是皮肤感觉，如触觉、痛觉、温度感觉等，然后才会初步出现敏锐的嗅觉、味觉、视觉和听觉，以及在此基础上的知觉能力的发展，形成对物品属性的综合认识等。再如，婴幼儿的动作发展，一般是不自觉地蹬腿、挥舞胳膊等粗犷、大动作发展在先，然后到自主性手部够物和操控技能，而后到手指头的串珠等精细动作。婴幼儿发展的顺序性特征要求在婴幼儿的保育过程中，一定要遵循循序渐进的原则，避免出现让一个1岁的孩子快速捡起小豆等违背婴幼儿身心发展顺序的教育问题。

（三）不平衡性

婴幼儿的身心发展是一个连续的过程，但并非身心各个方面的发展都是等速、匀速发展的。比如，婴幼儿的体重、身高、运动、认知、情感、社会性等在不同的年龄阶段，其发展的速度和水平是不同的。一般情况下，年龄越小，身高、体重增长越快，就如出生后六个月内婴儿生长最快，一周岁以后基本稳步成长。婴儿出生后一段时间内是大脑的迅速发育期，脑神经细胞数目继续增加而后处于稳定。再如，婴幼儿各器官系统的发育也呈现快慢不同，有先后之分，神经系统是先快后慢，生殖系统发育最晚，淋巴系统是先快而后回缩，肌肉组织到学龄期才逐渐加速发育等。婴幼儿身心发展的不均衡性特征要求在保教过程中善于抓住婴幼儿身心发展的关键期，通过提供适当的环境刺激，促进特定技能或行为模式的发展。

（四）个体差异性

婴幼儿生长发育在一定程度上受先天遗传因素的影响，存在着较大的个体差异。婴幼儿个体差异反映在生理、认知、语言、动作、情感、社会性等多个方面。而具体到某个方面又表现出发展速度和水平不同。比如，有的幼儿说话比较早，有的说话比较晚；有的幼儿能够在三个月的时候自己学会翻身，而有的到四个月还不会翻身。幼儿由于生长环境与天性不同，所表现出来的个性心理倾向也不同，兴趣、爱好、性格体现出迥然差异。婴幼儿个体差异性特征就要求在保教过程中遵循因材施教原则，关注个体发展。

（五）交叉性

交叉性是指婴幼儿发展的阶段或者内容之间相互建构的现象。婴幼儿发展的交叉性表现在两个方面：（1）发展阶段的螺旋形性。在婴幼儿心理发展过程中，两个阶段之间不是截然划分的，而是有一定交叉的，尤其是婴儿期和幼儿期。婴幼儿发展并不是通过多个阶段直线性前进的过程，而是一个螺旋上升的过程。在这个过程中，一个水平上分化的形式和内容，会在更高的水平上得到重构、改组或综合。（2）发展内容的融合性。婴幼儿的发展包括生理和心理。日常的哺喂或进食，换尿布或盥洗，以及穿衣等生活活动，能够满足婴幼儿身体正常生长和发展的需要。但是如果在上述的生活活动中，教养者能够对婴幼儿给予情感、语言方面的积极回应，那么也能促进婴幼儿的情感、语言与社会性的发展。婴幼儿发展的交叉性特征就要求在保教过程中，遵循融合发展原则，在生活活动、保教活动、游戏活动中充分挖掘保教价值。

三、婴幼儿身心发展的一般特征

0～3 岁是婴幼儿生理和心理现象发生和发展的起始阶段，因此，仅理解婴幼儿身心发展的普遍规律还不够，还需进一步了解 3 岁以下婴幼儿身心发展的一般特征，以便照护者正确理解不同阶段婴幼儿的表现行为并采用适宜的教育方法。

（一）身体和运动发展的特征

婴幼儿身体和运动在婴幼儿探索和获取环境信息以及了解自我的过程中具有引领作用，所以照护者要了解婴幼儿在不同年龄阶段运动的特点，并提供相应的指导。对婴幼儿身体和运动发展的观察与研究发现，婴幼儿早期身体发育和运动能力发展表现出三个基本特征：

（1）头尾发展，也称为自上而下发展。头，即为大脑，大脑是身体机能的主控者，调节身体的生长和发育。对于刚出生的婴儿，头部是身体最发达的部位，下肢相对不发达，这就使身体运动显示出头尾发展效应。颈部和肩部力量的发展让婴儿抬起头部；脊柱和臀部的力量和控制让婴儿学会了坐；臀部、膝盖、脚踝以及脚的肌肉力量发展使婴幼儿学会了站立、行走、小跑、蹦跳等。头尾发展，使得离大脑最远的身体部位往往受到大脑控制比较弱。这时照护者要引导婴幼儿利用大脑去控制较远的身体部位。

（2）远近发展。主要是指身体中心部位的重要器官到四肢的发展顺序。婴幼儿一出生，位于身体中心部位的器官就处于活跃状态。相比之下，距离中心部位较远的双手、双脚的功能就非常有限。比如在这个阶段，手部缺乏肌肉组织，腕关节发育不全，结构功能上没有准备好。此时照护者应该通过抓握、摇摆、攀爬等活动，促进婴幼儿肩膀、手肘、手腕、手指头的肌肉发育以及运动能力发展。

（3）粗细发展。主要是指婴幼儿动作技能是从粗大动作到精细动作的发展顺序。0～3岁阶段，婴幼儿最先学会的是粗大动作的控制，比如婴幼儿能够很好地控制行走、跑跳、打击等粗大动作，而对于画画、写字、剪切、粘贴等精细动作的控制能力明显弱。这主要因为婴幼儿手腕、手部结构及功能不成熟，手腕和手部肌肉组织不够发达。而粗大动作有利于促进婴幼儿骨骼、关节成熟，促进肌肉发达，所以对于婴幼儿动作发展而言，粗大动作是精细动作的跳板，照护者要为婴幼儿提供参加粗大动作技能的机会。

综合上述婴幼儿身体与动作发展的特征，3岁以下婴幼儿表现出如下发展过程。0～1岁婴儿动作发展非常迅速，抬头、翻身、坐、爬行、站立、行走等逐步实现。身体活动为大脑发育提供了重要的刺激，促进大脑细胞之间的神经连接。随着儿童行走、跑跳等动作发展，1～2岁幼儿活动能力增强，活动范围扩大，从以前依赖性较强的被动状态逐渐变为能自动自主地活动，开始学习上下小滑梯，从高处往下跳，踩踏等动作，并且喜欢重复做某个动作。小肌肉也相应发展，能够抓握、捏、穿、搭等。他们喜欢到处探索，对细小的物体非常感兴趣。他们也特别喜欢模仿，大部分的玩耍时间可能用来模仿其他人的行为方式和活动。2～3岁的幼儿运动发展处于大肌肉发展阶段，粗大动作得到发展。手眼协调能力有了较快发展，但做事动作迟缓，身体控制力较差，运动能力仍然不够成熟，表现在力量、灵活性、平衡或速度等方面有所欠缺。

（二）语言发展特征

婴幼儿语言是众多交流方式中的一种，能够为婴幼儿学习早期课程，理解照护者指令提供支持，所以对于照护者而言，帮助婴幼儿发展语言能力应该排在心理发展的首位。

婴幼儿语言能力发展分为两部分：一是接受性语言，即倾听和理解；二是表达性语言，即表达和交流。婴幼儿的两种语言能力是婴幼儿一出生就开始发展，并不断呼应，螺旋式发展的。婴幼儿通过倾听和理解语言，做出回应；做出回应之后，继续倾听、理解……如此不断地在与对方互动中促进语言能力发展。比如，新生儿听到母亲温柔的声音后有所反应，通过声音或姿势，让父母了解自己的感受、情绪等。可以说，婴幼儿是天生的交流者，在母体里就已经埋下了最初的语言种子，出生后便能够辨别父母的声音，并能够本能地根据声音寻求眼神交流。婴幼儿表现出对人类语言的偏爱与行为模式，这能够使他们快速地与照护者建立联系，并给他们带来惊人的交流与语言学习的机会，由此 0 ～ 3 岁成为婴幼儿语言发展的关键期。

婴幼儿语言是在互动的情景中发展的，所以照护者与婴幼儿的互动对婴幼儿语言学习非常重要，照护者需要有意识地激发婴幼儿的注意，提供适量的词汇，并对婴幼儿发出的信号做出及时的回应，比如对婴幼儿注视或者手指指引等行为要特别注意并做出回应。例如，咿呀学语的小妹妹盯着哥哥在吃西瓜，好像在说：“这是什么？你在吃什么？好吃吗？”这时，照护者就要进行积极回应：这是西瓜，有点甜，但是有点凉，宝宝吃了，会影响宝宝的消化，等等。如此的互动，能够增加婴幼儿的词汇量，有利于婴幼儿表达能力的发展。照护者也可以根据维果茨基最近发展区理论，给婴幼儿提供“鹰架”，在支持婴幼儿想法的同时以丰富、扩展的形式重新表达婴幼儿的话语。

案　例

幼儿说：狗。

照护者回应说：一条白色的小狗。

幼儿继续说：狗。球。咬。

照护者继续回应说：白色的小狗在咬球呢。

知识拓展

早期教育阶段交流和语言发展的建议

儿童生来就会交流并发展语言。但是，他们需要在交流丰富的环境里学习这些技能。通过互动以及创设能使儿童交流和语言能力蓬勃发展的环境，教师可以为儿童提供敏感的和有技巧的支持。

- 与友爱的、细心的人进行热烈的、互惠式的互动。
- 有通过表情、手势和声音进行交流的机会。
- 有语言示范，包括有关每日活动的聊天、儿歌和图书。
- 支持在安静的空间中倾听和集中注意力的环境。
- 成人通过适宜水平的语言，伴以手势、生动的声音、重复和视觉线索，帮助儿童理解语言。
- 有可以谈论的事情——激励儿童参与到交流中的资源和经历。
- 有可以谈话的人——一个感兴趣的倾听者，并且能花时间去发现儿童想表达的内容。
- 让儿童的语言向前发展的支持，如通过一些策略加强或扩展语言结构及词汇量。

资料来源：大卫・怀特布莱德，彭尼・科尔特曼．高质量的幼儿教育：儿童早期的教与学［M］．上海：华东师范大学出版社，2019：111.

（三）认知发展特征

根据皮亚杰提出的儿童认知发展理论，3 岁以下的婴幼儿基本处于感知 – 运动阶段（0 ～ 2 岁）和前运算阶段（2 ～ 7 岁）的初期。根据皮亚杰的理论，0 ～ 3 岁的婴幼儿还不具备在头脑里表征外界环境的能力，婴幼儿只能凭借感觉运动器官，运用吮、舔、咬、看、摸、跑等方式尝试、探索周围事物，从质感上获得对物品的认识。所以此阶段婴幼儿处于直觉动作思维，主要以直观的、行动的方式进行。特点表现为：思维是在直接感知和实际行动中进行的，是低水平的思维，主要依赖动作和感知的概括。比如，对于六七个月的婴儿来讲，他们只能把某一个词语和某一个具体的物体联系起来。例如，当成人对六七个月的婴儿说“娃娃”的时候，对于婴儿来讲“娃娃”不是指代任何一个娃娃，而是指某一个娃娃。即使是 2 岁的幼儿，记忆及思维也都是在直接与事物的接触或在活动中进行的。他们的思考离开了具体的事物，具体的活动便很难进行，他们往往是先做后想、边做边想。如在捏泥塑之前往往说不出自己要捏什么，而常常在捏出某种形象之后才会说“苹果”“大饼”等。

2 岁以后随着幼儿对语言含义的进一步理解，对概括意义的词理解力提升，幼儿对一些经常出现的个别现象能够建立因果联系。比如，对为幼儿打针的陌生人，幼儿会问：“他是医生吗？”此时，幼儿也出现了具体形象思维，比如把一根棍子想象成一匹马，把积木想象成蛋糕等。此时你再和幼儿说“娃娃”，幼儿就不会固定在某个特定娃娃，而是会想象各种形象的娃娃。

（四）情感与社会性发展的特征

从出生到 3 岁是培养社会交往和锻炼情绪反应的关键期。婴儿从出生就开始寻求与那些提供温暖、营养的照护者建立联系。比如，婴儿更喜欢看录有母亲面孔的视频，而不是录有陌生人面孔的视频；更喜欢倾听母亲的声音而不是其他女性的声音。这样的社会行为，会令婴幼儿愉悦。婴儿 3 ～ 4 个月大时，就开始尝试着通过手势、面部表情、姿势以及声音与他人进行双向的、有目的的社会性沟通。例如，妈妈对着婴儿笑，婴儿也会对着妈妈笑，内心感到满足。等到婴儿会爬行的时候，由于他们活动的范围大了，会远离照护者，因此他们学会了去关注照护者关注的东西，以及让照护者一起关注他们所感兴趣的物体。这种共同注意本身就是一种强有力的交流工具，创造了婴幼儿与照护者之间的联系，同时也增强了婴幼儿探索的自信心。等到婴幼儿 1 岁的时候，婴幼儿开始参考他人的意见行动。比如当婴幼儿看到一个新物体，他不会急于玩耍，而是会转向照护者。如果照护者露出喜悦的表情，婴幼儿就会靠近物体；反之，就不会靠近物体。18 个月以后，婴幼儿的自我意识逐步建立，逐步理解“我的”或“他（她）的”概念，开始使用代词（“我”“你”）标示自我与他人。能够注意到他人的需要与期待，表现出对他人的关心和亲社会行为。

综上，对 3 岁以下的婴幼儿而言，情感与社会性发展是交织在一起的，显示出十分密切的关系。婴幼儿如果同父母形成安全性依恋，就会形成自信、快乐、满足以及成就感等多种多样的情感；而那些没有得到父母关爱的婴幼儿就会经常出现哭泣、恐惧、自卑、退缩等情感。婴幼儿如果与充满爱心的成人建立情感纽带，会出现更多的亲社会行为。

案　例

比较“我想要的”和“你想要的”

为了发现学步儿是否能够察觉他人的期望，研究人员（Repachoi & Gopnik，1997）对两个不同年龄组的学步儿进行了探究，分别为 14 个月大和 18 个月大的学步儿。学步儿坐在研究人员的对面，研究人员首先向学步儿展示两碗食物，一碗是饼干，另一碗是生的花椰菜。然后，研究人员将它们给学步儿。实验研究中的所有学步儿都选择了饼干而不是花椰菜。然后，在学步儿进行观察时，研究人员尝了尝食物，做出愉悦的表情并且说“好吃”，这是对食物的一种反应；而后，研究人员又做出厌恶的表情并且说“呸”，这是对食物的另一种反应。研究人员将两碗食物放在学步儿身边，伸出手问道：“你能给我一些吗？”如果研究人员表示自己喜欢饼干而不是花椰菜，14 个月大与 18 个月大的所有学步儿都会分给她饼干。然而，如果研究人员表示自己喜欢花椰菜而不是饼干，那么 14 个月大的学步儿会给她饼干，18 个月大的学步儿则给她花椰菜。

资料来源：玛丽·简·马圭尔－方（Mary Jane Maguire-Fong）. 与 0 ～ 3 岁婴幼儿一起学习：支持主动的意义建构者［M］. 北京：中国轻工业出版社，2020：113-114.

第二节　婴幼儿身心发展的影响因素

婴幼儿作为发展中的个体，其发展受到多方面因素的影响。比如，5 个月的婴儿在受到小球的视觉刺激后想抓握小球，但是由于手眼协调能力不足，无法准确抓起小球，由此婴儿在想抓住小球和无法准确抓起小球之间产生了矛盾。而这种矛盾的存在却恰恰会促进婴儿手眼协调能力和手部肌肉等的发展，成为婴儿发展的主要动力。那么试想一下，是什么在婴儿手眼协调能力和手部肌肉等的发展过程中起到了作用呢？

一、遗传素质

遗传是一种生物现象，是指由父母任何一方或双方通过基因给后代留下身体上或其他方面的特性和潜力。遗传反映的是后代与亲代的生物相似或类同。遗传不但有亲代遗传，而且有隔代遗传。遗传素质作为先天的物质存在于婴幼儿发展中，对婴幼儿的发展具有基础性作用。

（一）遗传素质提供了婴幼儿身心发展的生理条件和物质基础

婴幼儿正是通过遗传获得了作为人类的生物特征，如机体的构造、形态、感官和神经系统的特征以及作为人的言语、直立行走、思维和劳动等素质，并遵循着人类身心发展的基本过程。比如，动作的发展，儿童总是先学会坐，再学会爬，而后学会站立、走和跑跳。婴幼儿也是通过遗传父母的生理特点，如皮肤、眼睛、头发的颜色、体型、神经系统的类型等，获得家族的基因和未来发展的可能。比如，父母双方都是艺术家，那么婴幼儿身上可能也有艺术基因。所以婴幼儿发展是以从遗传获得生理结构为发展前提的。

（二）遗传素质的成熟程度影响着婴幼儿身心发展程度

遗传素质并不是固定不变的，它处于一个发展与成熟的过程，主要表现为人的身体的各种器官的形态、结构及其机能的发展变化与完善等。如身体健全的婴幼儿具有言语功能。随着言语机能与功能的不断完善，婴幼儿就持续学习讲话，6个月的婴儿咿呀学语，1岁左右产生言语，1岁半幼儿以词代句，3岁能说口头语等。可见，遗传素质的成熟程度，为一定年龄阶段的身心特点的出现提供了可能性。

（三）遗传素质决定了婴幼儿的个体发展差异

婴幼儿身心发展虽然遵循一定的规律，但是对个体而言，婴幼儿在认知、情感、动作、兴趣、社会性等方面的发展是有差异的。遗传作为先天的生理基础是婴幼儿身心发展差异的重要因素。婴幼儿通过遗传获得作为个体的与他人不同的特征。如出生后不久的新生儿，在惊跳反应的类型上、条件反射的形成上、睡眠清醒的周期上，都表现出明显的个别差异。在神经类型方面，天生敏感的孩子可能对周围的一切变化反应较为灵敏和迅速。

遗传素质对儿童的发展很重要，可以说在0～3岁阶段对婴幼儿心理发展影响很大。但是随着年龄增长，遗传和其他先天因素对人的发展影响总体上呈减弱趋势。此外，婴幼儿的发展也不是由先天的遗传素质单一决定的，如一个言语器官健全的儿童，如果出生以后与人类社会隔绝或者生活在动物群中，他就不可能学会言语，甚至不可能形成人的心理，“狼孩”就是很好的例子。

案　例

印度狼孩的故事

1920年10月，有人在印度米德那波尔地区的一个狼洞里发现了两个由狼妈妈带大的“狼孩”。大的约七岁，小的约两岁，都是女孩。人们把这两个狼孩救出来之后，首先对她们进行了身体检查，发现她们的身体除了有一点营养不良以外，其他很正常。于是研究者就在人类的正常社会环境里对其进行训练，教她们说话，教她们学习人类的基本行为方式和生活技能。

科学家详细地记录了她们重返人类社会7年间由狼孩重新变为人的全部过程。由于她们分别在野外生活了2年和7年，她们的吃、住、生活习性完全和狼一样。她们白天睡觉，夜晚活动，常常像狼一样嗥叫，她们用四肢爬着走路，用手直接抓食物送到嘴边吃。返回人类社会后，小狼孩两个月后就可以说出第一个单词，发出“波、波”的声音，表示她饥饿或者口渴了。这是由于小狼孩被狼养育的时间较短，语言最佳发展期还没有完全错过，所以学习语言的速度比较快，但遗憾的是小狼孩回到人类社会的第11个月就死了。而大狼孩进入人类社会第二年，才学会说“渴”和“饿”两个单字的发音，到第4年才能说6个单字，第7年可以说出45个单字。这是因为大狼孩被发现时已经过了人的语言最佳发展期，所以一直到她14岁去世时，语言能力才达到一岁两个月婴儿的水平，而她的其他人的能力已很难培养了。

二、教养环境

3岁以下婴幼儿教养基本以家庭为主，托育机构为辅，所以婴幼儿的教养环境主要指家庭环境和托育机构环境。婴幼儿对周围环境的适应能力是大脑一开始生长的时候就有的属性。比如，婴儿从呱呱坠地开始就感受环境变化，并做出不同的反应。当有强光射向婴儿时，他会闭上眼睛或者扭转头部，避开光线。如果一个比较大的物体出现在新生儿眼睛大约20cm处，他就会追随这个物体几秒钟，所以教养环境对婴幼儿的身心发展起着重要的影响。

（一）教养环境对婴幼儿身心发展起着诱导作用

3岁以下婴幼儿的认知水平非常低，很容易受到周围环境的影响，所以不同质量的教养环境对婴幼儿发展起到不同的影响，使婴幼儿的发展呈现出多种可能性。良好的教养环境，比如温馨的氛围，照护者与婴幼儿之间的信任与尊重，科学的养育方法等，能够为婴幼儿发展提供良好的机遇、条件，能够诱导婴幼儿道德品行、行为习惯等向健康、有益的方向发展。反之，不良教养环境则对婴幼儿发展起不到效果，或者起到不良的诱导作用。

案　例

斯科特在家里的书写经历影响研究

这项研究开始的时候，3岁4个月大的斯科特刚刚开始表现出对字母感兴趣。他把所有的字母当作数字并且会指着字母问："这个数字是什么？"斯科特经常会看到妈妈在家里写一些购物清单，他也喜欢在自己的纸上写自己的清单。可能是因为他观察到自己的父母会用蓝色圆珠笔来写字，他也更喜欢用这样的笔来写字。他知道在家里的哪个地方可以拿到写字需要的工具，他有一个画画的桌子，上面放着铅笔、蜡笔和纸，他也会把厨房里的早餐吧台当成"办公室"。斯科特会很清楚地把早餐吧台当作书写的地方，父母观察到他在这里写清单。在早餐吧台上有电话、笔和凳子，斯科特想要告诉父母"这里是我的办公室"。他的书写行为是在模仿爸爸，因为有时爸爸会在那儿工作，例如，讲电话的同时在便签本上做记录。当斯科特写字时，他很认真地拿着笔并且认真地在纸上做一些标记。……像在家里一样，在幼儿园写字时斯科特也喜欢使用圆珠笔。

资料来源：大卫·怀特布莱德，彭尼·科尔特曼．高质量的幼儿教育：儿童早期的教与学［M］．上海：华东师范大学出版社，2019：128.

（二）教养环境对婴幼儿个性发展起着促进作用

人是社会关系的总和。当研究环境对人的发展产生影响时，主要指的是对人的个性形成的影响。个性是人与社会环境频繁相互作用所形成的品质，婴幼儿个性发展也不例外。婴幼儿个性发展也是在与人们的交往以及与周围环境的相互作用中发展和形成的。其中家庭环境在婴幼儿个性形成和发展中的作用非常大，尤其是在婴幼儿阶段。家庭创造的生活条件、文化环境影响着婴幼儿情绪的发展、初步的社会和道德观念的形成以及性格的养成。即便婴幼儿进入托育机构，家庭环境的影响仍然很大。而托育机构的环境会使婴幼儿的社会交往越来越频繁，社会经验丰富起来，会加速促进婴幼儿形成个人的兴趣和需求。

知识拓展

一项著名的家庭中语言的使用研究

当婴儿准备语言学习时，并不是所有儿童都有机会生活在丰富的交流环境之中，并从中学习关键技能。一项著名的家庭中语言的使用研究（Hart & Risley，1995）发现，生活在语言丰富家庭的 3 岁儿童听到的词汇量是语言贫乏家庭儿童的 3 倍，语言丰富家庭儿童的父母给予他们的鼓励性评价是那些语言贫乏家庭儿童的 8 倍。意料之中的是，语言经验上的差距使得这些儿童在3岁时在词汇量和话语数量方面也表现出差距。英国的研究（DfE，2011）证实，儿童早期交流和语言经验上的差异还会影响其今后的学习。除了与语言发展水平密切相关的社会经济因素外，儿童交流环境的质量能够决定儿童2岁时的表达性词汇，儿童2岁时的语言发展与他们小学入学成绩存在很强的相关度。

资料来源：大卫·怀特布莱德，彭尼·科尔特曼．高质量的幼儿教育：儿童早期的教与学［M］．上海：华东师范大学出版社，2019：99.

基因和环境对儿童发展同样重要，所不同的是，我们改变不了遗传给婴幼儿的基因，但是却可以改变我们为婴幼儿准备的环境，所以在对婴幼儿保教过程中尽量创设适宜婴幼儿发展的环境。

三、保教活动

良好的教养环境能够对婴幼儿发展起到促进作用，但是并不是自发地起积极作用的，它需要借助有目的的保教活动来发挥最大效用。保教活动是一种有准备的特殊环境，在此主要指托育机构的保教活动，尤其是早期教育活动。保教活动在婴幼儿身心发展过程中起到特殊作用。

（一）保教活动促进婴幼儿全面的发展

托育机构保教活动是根据一定的社会要求，在人为设置的环境中，遵循婴幼儿身心发展的规律，采用适宜的内容和方法，有目的、有计划、有系统地引导婴幼儿进行的各种活动。其最大的特点是弥漫着科学、文化和道德规范的气息，成为婴幼儿身心发展的最重要的社会因素。比如，1939年德国心理学家斯基尔斯（Skeels）等人选择对孤儿院儿童进行了一项追踪研究，这些儿童年龄在7～30个月，智力发展都比较差。实验组儿童（13名）平均智商64，对他们改变抚养方式，送到收容所教育，由年龄大的女孩照料，并和他们讲话、做游戏，会走时送托儿所。4年后，儿童的智商都有提高，大部分儿童后来读完中学，三分之一的儿童进了大学。控制组儿童（12名）原来平均智商89，仍一直在孤儿院教养，后来大部分智力没有超过小学三年级的水平，都不能自立生活，仍留在孤儿院。[①] 该实验结果说明适宜的早期经验教育对婴幼儿智力发展产生了特殊作用。

① 黄人颂．学前教育学［M］．北京：北京师范大学出版社，2011：79.

（二）保教活动促进家庭教育水平提升

绝大部分家庭不具备专业性的保教知识与经验，很容易产生不科学的保教行为。如果托育机构在保教过程中发现婴幼儿的发展反映出家庭的不良影响时，照护者可以干预家庭教育，并为家庭提供科学的指导，提升家庭保教质量。

四、个体主观能动性

个体主观能动性是指个体积极主动地认识世界、改造世界的心理倾向和实践行动，对婴幼儿发展起决定作用。卢梭曾说：“将人区别开来的主要特点并不是人类的理解力，而是人类作为自由主体的特征。”婴幼儿作为自然人，虽然年幼无知，但先天具有自由主体的本性。这就意味着婴幼儿面对周围环境的刺激，能够根据自己的需要和兴趣作出选择，可以选择顺从或者反抗，接受自己所需要的东西或者拒绝不需要的东西。所以，婴幼儿的成长并不完全是遗传、环境、教育等外部因素形塑的。这些外部因素对婴幼儿起作用，还需婴幼儿个体在心理层面和实践层面发挥积极性、主动性。

与此同时，婴幼儿独特的心理结构和特点决定了婴幼儿认识世界是内部主动的过程。皮亚杰对此指出，婴幼儿对外界刺激做出这样或那样的反应，是由于个体具有某种图式。当图式能同化刺激时就能引起图式量的变化，当图式不能同化刺激时就产生顺应，调整自己原有图式建立新的图式，从而引起图式质的变化，达到认识上的新平衡。婴幼儿正是通过教育或外界刺激，不断进行新的同化和顺应，在如此循环往复中，认识结构得以不断的更新，心理水平也由低水平发展到高水平。意大利教育家蒙台梭利也强调：婴幼儿出生时“精神胚胎”开始发育，能够不自觉地在与周围环境中的人与物交互作用中吸收各种事物，获得各种经验与文化印象。

综上所述，婴幼儿的发展绝不是某个因素单独影响的结果，而是全部因素综合、系统影响的结果，是生物因素与社会因素、外部因素与内部因素互相结合、互相作用的过程。在对婴幼儿保育的过程中，要善于综合各个影响因素，促进婴幼儿的健康发展。

第三节　婴幼儿观及婴幼儿身心发展观

婴幼儿身心发展观，简称婴幼儿发展观。婴幼儿发展观主要是指对婴幼儿进行培养时有关方法论方面的观点。婴幼儿教育方法受到婴幼儿观的影响，所以在学习婴幼儿发展观之前需要树立科学的婴幼儿观。

一、婴幼儿观

有什么样的婴幼儿观就有什么样的教育观，就会有什么样的发展观。因此，在当代社会，要想采取科学的方法促进婴幼儿发展，首要任务就是树立科学的婴幼儿观。科学的婴幼儿观是指以符合时代需求的理性，从人的自然属性、社会属性、精神属性等方面所确立的符合婴幼儿本质的观点。结合历史上对儿童的认识，可以尝试着以符合现代科学、伦理、定律、道德等方面要求来探求科学婴幼儿观。

（一）婴幼儿是权利平等的人

3 岁以下的婴幼儿是权利平等的人，可以从两方面来理解。一是从人类学角度，从区别于其他动物的属性而言。婴幼儿作为“人”具有人类所共有的特征，如具有人类的精神世界，具有自由主体的特征，具有怜悯心等人类的情感等。二是从社会学的角度而言，婴幼儿是社会群体的一分子，和成人一样是社会的公民，是权利的主体，与成人一样具有平等的法律地位，享有基本的人权，比如具有人格权。一切侮辱婴幼儿的行为都是违法行为。照护者应尊重每个婴幼儿的人格尊严与基本权利，维护婴幼儿的合法权益。在此特别指出，婴幼儿的稚嫩、不成熟是婴幼儿期的年龄特征，并不与承认婴幼儿是人相矛盾。

素养园地

有一次，著名作家郁达夫到鲁迅的书斋。鲁迅的儿子海婴刚在这里翻看了鲁迅先生书里的插画，所以郁达夫去的时候，鲁迅正忙着整理被翻乱的书本。鲁迅一见郁达夫，便大笑说：“海婴这个小捣乱，他问我几时死。他的意思是我死了之后，这些书本都应该归他。”

一次鲁迅请朋友吃饭，饭桌上有一盘鱼丸，他的儿子海婴夹了一个尝尝，直说是坏的，可大家吃了都说挺新鲜，以为孩子是瞎嚷嚷，但鲁迅不这么认为，随即夹了海婴碟子里的鱼丸，果然是味道变了。

（二）婴幼儿是未成熟的人

马卡连柯曾提出“儿童是发展中的人”。0 ～ 3 岁是一个人出生后发展的初始阶段，婴幼儿在生理和心理等各方面正处于发展之中。也正因为婴幼儿是发展中的人，国家通过《未成年人保护法》来保障婴幼儿发展权利。我国婴幼儿享有生存权、发展权、受保护权、参与权等权利。这就要求照护者：（1）认识到儿童的身心是极其稚嫩的，是未成熟的人，需要照护者提供科学的、合理的照护。（2）0～3岁婴幼儿发展包括生理、认知、情感与社会等方面的全面、和谐发展，因此照护者必须以每一个婴幼儿的全面发展为本，使婴幼儿向一个“完整的人”发展。（3）3岁以下婴幼儿有自己独特的认识方式和成长特点，具有自我吸收知识和建构的能力，因而照护者不得把成人的一套标准强加于婴幼儿，而是要提供与婴幼儿身心发展水平相适应的教育，使他们的潜能得到充分、自由的发展。

（三）婴幼儿是天生的主动学习者

婴幼儿是天生的主动学习研究者。刚出生的婴儿虽然大脑还未开发，但是他们从出生开始就具备了多种技能。婴幼儿能够利用眼睛、耳朵、嘴巴、皮肤和鼻子瞬间从周围的世界，以及与人、物的互动中收集和组织广泛的信息，进而传递给大脑，由大脑处理这些收集的信息并赋予其意义。婴幼儿这种瞬间收集大量信息以及大脑处理信息的能力，使婴幼儿可以学习和辨认周围环境中的很多小细节，比如婴幼儿会注意照护者和他说话声音的强度、手势、表情、眼睛凝视的方向，以及对他需求的回应等并建构其意义。随着时间的推移与这些行为意义的不断重复，婴幼儿对照护者行为逐渐形成一种预期模式，影响婴幼儿对自己与他人关系的认知。比如，一个婴儿因为饿哭起来。照护者听到哭声，不仅给婴儿喂奶，而且给予温柔的对待，进行语言和眼神的交流。这样的行为反复多次，婴儿就会构建“当我需要帮助时，我擅于寻求帮助”的意义，并学会了与照护者的交流。相反，有的婴儿的哭声被忽视或引发尖锐、愤怒的责骂，那么婴儿就会建构“我不擅于满足自己的需求”的意义，并影响了与照护者关系的建立。

（四）婴幼儿具有独特的思维

婴幼儿具有与成人不同的思维方式。0～2岁的婴幼儿正处于感觉－运动阶段，也就是说，婴幼儿仅靠感觉和知觉动作的手段来适应外部环境。比如，婴儿出生后以先天的无条件反射适应环境，一个月后婴儿偶然有了一个新动作，便一再重复，如吸吮手指。行为的重复和模式表明儿童正在同化该动作，并开始形成动作的结构，但此时行为并没有什么目的。4个月以后有目的的动作逐步形成，婴儿在视觉与抓握动作之间形成了协调，经常用手触摸、摆弄周围的物体，出现了为达到某一目的而行使的动作等。所以 0 ～ 2 岁婴幼儿的思维是通过采取行动发展的。由此照护者就不能简单地认为 3 岁以下婴幼儿是一个没有思想、没有意识、没有选择性的物体。恰恰相反，婴幼儿是具有独特的思维方式的人，而且这种思维不能从外部强加培养，最好的办法就是为婴幼儿提供适宜行动的环境和方法，让婴幼儿主动行动于客观世界。

（五）婴幼儿期有独特的价值

0 ～ 3 岁是儿童期的最初阶段，是人生中的一个起始阶段，与人生发展中的幼年期、青年期、成年期、老人期相连，并为后面阶段的发展奠定基础。但是 0 ～ 3 岁阶段作为人生的特定阶段，不只是为以后发展做准备，它自身具有独立存在的价值。神经科学证明：支持个体一生学习的大脑结构是在婴儿期形成的。神经科学家和精神病学专家布鲁斯·佩里做了如下解释：童年经历……创造了人。童年经历可以造就……灵活的、负责的、有同情心的、有创造力的成人……或者冲动的、咄咄逼人的、冷酷的、有反社会倾向的个体……我们必须意识到，童年不是一个被动的时期，事实上，它是个体一生发展中最关键的时期，因而，也是社会生活中最关键的时期。与此同时，婴幼儿期是婴幼儿生命的游戏岁月，游戏活动不仅唤醒婴幼儿对生命法则的感知，也唤醒父母和照护者对生命法则的感知。[①] 婴幼儿期不仅应当使婴幼儿得到发展，而且还应当使婴幼儿欢乐。

知识拓展

历史上的主要儿童观

原始儿童观：原始社会没有把儿童当作儿童看待，而仅仅把儿童看作潜在的劳动力以及未来的氏族成员。

古代儿童观：（1）柏拉图用塑造人的金、银和铁三种不同的材料界定儿童。金质者天生是高贵的人；银质者的发展目标是武士；铁质者的天资最差，没有什么发展前途，无须接受什么教育，养成服从的品性就足够了。（2）西方中世纪“原罪说”视儿童为生而“有罪”，人生的目的就是赎罪，教育就是帮助儿童尽快赎罪的手段，因而鞭笞、体罚被视为合理合法。（3）“预成论”认为儿童就是小大人，认为儿童能够与成人一样思考和感受，只不过缺少知识和经验而已，所以以成人的标准“规训”儿童，不承认儿童的

① 福禄培尔. 幼儿园教育学［M］. 武汉：长江少年儿童出版社，2014：53.

世界，认识不到儿童有自己独特的需要。

近代儿童观：（1）夸美纽斯提出了著名的“种子论”，认为人与生俱来具有“博学、道德和虔信”的“种子”。他要求按照宇宙万物的“秩序”寻找教育工作的“秩序”。（2）英国教育家洛克的“白板说”，认为儿童是一块纯洁无瑕的白板，没有任何观念，儿童的全部知识和观念都来自后天的感觉经验。（3）18 世纪法国著名的思想家和教育家卢梭开创了西方现代儿童观。他极力推崇儿童的天性和主观能动性，认为儿童有其自身的思考方式，有他特有的看法和感情，倡导儿童自然教育。

现代的儿童观：倡导认识和研究儿童的心理特征，并根据心理特征开展实践教育活动。（1）福禄培尔的“园丁说”指出，儿童是花木，教师是园丁，认为教育者应该把园丁给以植物空间和时间，并根据它们身上的法则、规律让它们茁壮成长的道理应用于幼小的人类身上。（2）杜威和蒙台梭利都强调尊重儿童，坚信儿童的发展潜能，主张教育应当在不违背儿童自然本性的前提下进行。

素养园地

中国共产党人的儿童观

在 1938—1949 年期间，以毛泽东为代表的中国共产党人高度重视儿童的教育和发展，积极扶持保育院的发展，尤其是对儿童保育和保育院的发展指明了方向，提出了要求。

毛泽东提出“儿童万岁”的观点，这从一定意义上代表了中国共产党人对儿童的基本认识，是中国共产党人延安时期儿童观的集中体现。“儿童万岁”也是现代儿童观的重要表达。毛泽东非常关心儿童的生活和发展，对保育院提出了“好好地保育儿童”的要求。

朱德提出“耐心地培养小孩子”，体现了对儿童的关怀，对儿童保育的期待，也蕴含着对未来革命事业的期待。

林伯渠提出“新的战士在孕育中”。保育院培育儿童就是在培育革命事业的未来和希望。

徐特立在《对于边区儿童的我见》（《新中华报》，1941 年 4 月 13 日）一文中指出，“我们的儿童是新民主主义革命的参加者，将来是社会主义建设的主人翁”，“因此我们对于儿童的希望，不能满足于现有状态，尤其不应该满足于封建残余的儿童生活”，“今日的儿童转眼即青年，稍不注意就难补救了。我以为保育工作和儿童教育工作，应该进行科学研究，应分配有经验的、有学识的、有能力的干部去领导这一工作”。

资料来源：虞永平，王淑君．儿童万岁：延安时期中国共产党人的儿童观［J］．学前教育研究，2021（7）：1-4.

二、婴幼儿身心发展观

我们如何看待婴幼儿发展？采取何种方式促进婴幼儿发展？如何促进婴幼儿发展？这些问题的解答就涉及婴幼儿身心发展观。

（一）婴幼儿的发展是有价值的

婴幼儿期的发展无论是对当下发展，还是未来发展都是有价值的。从大脑发育来看，婴幼儿到 3 岁时，大脑的大小约达到成人的 90%（Peter，2002）。0～3 岁阶段婴幼儿的大脑发育取决于两个因素：基因和婴幼儿经验。其中婴幼儿经验会影响哪些基因被激活，哪些基因受到压制。基因一旦受到压制，便会影响婴幼儿的正常发展。这也就是说婴幼儿通过对经验的调整和变化，塑造大脑，为今后适应独特的生活环境、学习奠定基础。所以仅从大脑发育来看，3 岁以下婴幼儿发展就非常有价值。心理学家霍尔也提出：“没有什么东西像发展中的儿童身心那样值得爱，值得尊崇，值得服务。”

（二）婴幼儿的发展依赖于早期适宜的教育

既然婴幼儿的发展具有如此重要的价值，就要积极促进婴幼儿的发展。婴幼儿运动、语言、认知、情感与社会性发展就需要照护者提供适宜性教育。一是要在婴幼儿出生以后，在各种活动中对他们进行了解、研究，并把握婴幼儿心理发展的有关知识。正如霍尔提出的那样，一切有效的教育都应以儿童的发展为基础，而要了解儿童发展的特点，就必须对儿童进行研究。二是为婴幼儿所提供的保教活动必须符合婴幼儿年龄、思维、发展现状，适合婴幼儿个体特征和学习、发展水平，同时还能够回应婴幼儿所处的社会和文化环境。三是要关注婴幼儿教育质量，既要满足婴幼儿当前需要，又要提供“跳一跳就能战胜”的挑战，激发婴幼儿兴趣，给予他们丰富的练习新技能的机会，促使婴幼儿不断进步。

（三）婴幼儿的发展是通过活动实现的

婴幼儿的发展是通过活动实现的，活动对婴幼儿的发展至关重要。很多教育家对此都有过重要论述，比如：爱伦・凯提出，要让儿童在现实生活中成长，“应该让儿童时时刻刻和人生的真实经验相接触；玫瑰花要让他玩，刺也不要摘去”，不要使儿童处在

“不要动”“动不得”的告诫之中。杜威更明确地指出，儿童在活动中学习，从做中学，从活动中学，从经验中学。蒙台梭利也认为，必须适时地为儿童提供各种活动以及活动材料，让儿童获得更好的发展。通过活动实现儿童发展的主要原因：（1）婴幼儿是积极的学习者，婴幼儿通常都是自发地做什么，而不是被要求做什么，比如婴幼儿对周围事物的认识是通过自身的感官获取的。（2）婴幼儿通过活动建构他的世界，比如婴幼儿通过假扮游戏活动建构他对周围生活的体验与了解。（3）婴幼儿的发展起因于主客体之间的相互作用。活动是婴幼儿对自己、对事物、对他人所产生的互动。婴幼儿在互动中得到高质量发展。比如，大量研究表明，一对一的互动可以使婴幼儿和照护者在身体上和情感上保持紧密的联结，有利于婴幼儿情感与社会性发展。

（四）婴幼儿的发展是多因素的结果

影响婴幼儿发展的因素是多种多样的，那么婴幼儿的发展究竟是遗传决定的，还是环境、教育决定的，或是几种因素相互作用的产物呢？针对此问题，教育家们提出了各种不同的看法，形成了遗传决定论、环境决定论、二因素论等。比如，霍尔指出，儿童的发展是由遗传决定的，“一两的遗传胜过一吨的教育”；美国心理学家华生通过对儿童行为产生过程的探索，提出了环境决定儿童发展的观点。他说：“给我一打健全的儿童，再给我一个特殊的环境，我可以运用特殊的方法，把他们加以任意改变，或者使他们成为医生、律师、艺术家、大商家，或者使他们成为乞丐和盗贼。”德国心理学家施太伦明确地提出儿童心理的发展是受环境和遗传两个因素共同影响的“合并原则”，是儿童内在品质与外在环境合并发展的结果。后来蒙台梭利认为儿童的发展主要是内部的自然发展。皮亚杰从发生认识论的视角证明了儿童的世界既不是天性的展开，也不是文明的灌输，而是主客体相互作用主动建构的产物。事实上婴幼儿发展是多种影响因素综合作用的结果，缺一不可。遗传、环境为儿童发展提供了一定的条件和外部可能性，是一种潜在因素，但并不能决定个体发展的状态。真正使这些潜在因素转化为现实状态的决定因素是儿童个体自身的实践活动。

（五）婴幼儿的发展受到法律的保障

20 世纪人们对儿童的理解和尊重反映在儿童地位和权利的确认及其法律保障的逐渐完善方面。1959 年 11 月 20 日通过的《儿童权利宣言》，肯定儿童和成人一样，应当得到人的尊严和尊重，享有生存、生活和学习的权利，成年人和社会应当保障儿童的这些权利。1989 年通过了《儿童权利公约》，为儿童的保护和福利订立了一套全面的国际法律准则。要求保护儿童免遭忽视、虐待和剥削，肯定儿童拥有基本人权，包括生命、发展和充分参与社会、文化、教育生活以及他们个人成长与福利所必需的其他活动的权利，各国政府和社会必须保护儿童的权利。1990 年，世界儿童问题首脑会议通过了《儿童生存、保护和发展世界宣言》和《执行 90 年代儿童生存、保护和发展世界宣言行动计划》，提出了一切为了儿童的新儿童观，确认在儿童问题上的进步应成为国家全面发展的一个主要目标。

本章小结

1. 婴幼儿身心发展内涵

婴幼儿身心发展是指婴幼儿从出生起生理、心理和社会成熟的过程，包括先天与后天特性的全部量变和质变的过程。由此婴幼儿身心发展包括婴幼儿生理发展、婴幼儿心理发展、社会成熟。

2. 婴幼儿身心发展的普遍规律

婴幼儿身心发展具有阶段性、顺序性、不平衡性、个体差异性、交叉性。

3. 婴幼儿身体与运动发展的特征

婴幼儿早期身体发育和运动能力发展表现出三个基本特征：头尾发展、远近发展、粗细发展。

4. 婴幼儿语言能力发展特征

婴幼儿语言能力发展分为两部分：一是接受性语言，即倾听和理解。二是表达性语言，即表达和交流。婴幼儿语言是在互动的情景中发展的。

5. 婴幼儿认知发展特征

0 ～ 3 岁的婴幼儿还不具备在头脑里表征外界环境的能力，婴幼儿只能凭借感觉运动器官，运用吮、舔、咬、看、摸、跑等方式尝试、探索周围事物，从质感上获得对物品的认识。所以此阶段婴幼儿处于直觉动作思维，主要以直观的、行动的方式进行。

6. 情感与社会性发展的特征

从出生到 3 岁是培养婴幼儿社会交往和锻炼情绪反应的关键期。婴儿从出生就开始寻求与那些提供温暖、营养的照护者建立联系。对 3 岁以下的婴幼儿而言，情感与社会性发展是交织在一起的，显示出十分密切的关系。

7. 婴幼儿身心发展的影响因素

婴幼儿身心发展的影响因素有遗传素质、教养环境、保教活动、个体主观能动性。

遗传素质提供了婴幼儿身心发展的生理条件和物质基础，遗传素质的成熟程度影响着婴幼儿身心发展程度，遗传素质决定了婴幼儿的个体发展差异。教养环境对婴幼儿身心发展起着诱导作用，对婴幼儿个性发展起着促进作用。保教活动促进婴幼儿全面的发展，促进家庭教育水平提升。个体主观能动性对婴幼儿发展起决定作用。

8. 科学的婴幼儿观

科学的婴幼儿观是指以符合时代需求的理性，从人的自然属性、社会属性、精神属性等方面所确立的符合婴幼儿本质的观点。科学的婴幼儿观包括：婴幼儿是权利平等的人；婴幼儿是未成熟的人；婴幼儿是天生的主动学习者；婴幼儿具有独特的思维；婴幼儿期有独特的价值。

9. 婴幼儿身心发展观

婴幼儿身心发展观，简称为婴幼儿发展观。婴幼儿发展观主要是指对婴幼儿进行培养时有关方法论方面的观点。婴幼儿身心发展观包括：婴幼儿的发展是有价值的；婴幼儿的发展依赖于早期适宜的教育；婴幼儿的发展是通过活动实现的；婴幼儿的发展是多因素的结果；婴幼儿的发展受到法律的保障。

知识应用

一、选择题

1. 婴幼儿身心发展的（　　）特征要求在保教过程中善于抓住婴幼儿身心发展的关键期。

A. 阶段性　　B. 顺序性

C. 不均衡性　　D. 个体差异性

2. 婴幼儿（　　）特征要求在保教过程中遵循因材施教原则。

A. 阶段性　　B. 顺序性

C. 不均衡性　　D. 个体差异性

3. 下面（　　）不是婴幼儿早期身体发育和运动能力的基本特征。

A. 头尾发展　　B. 远近发展

C. 粗细发展　　D. 内外发展

4.（　　）提供了婴幼儿身心发展的生理条件和物质基础。

A. 遗传素质　　B. 环境

C. 个体能动性　　D. 教育

5. “给我一打健全的儿童，再给我一个特殊的环境，我可以运用特殊的方法，把他们加以任意改变，或者使他们成为医生、律师、艺术家、大商家，或者使他们成为乞丐和盗贼。”表达的是（　　）。

A. 遗传决定论　　B. 二因素论

C. 环境决定论　　D. 多因素论

二、判断题

1. 婴幼儿的发展主要是指生理发展。（　　）
2. 婴幼儿的发展无顺序性。（　　）
3. 婴幼儿身心各个方面的发展都是等速、匀速发展的。（　　）
4. 3 岁以下婴幼儿具有逻辑思维。（　　）
5. 3 岁以下婴幼儿早期教育就是一种浪费。（　　）
6. 婴幼儿不会思考，不会主动学习。（　　）

三、简答题

1. 请简述婴幼儿发展的普遍规律。
2. 婴幼儿身心发展的影响因素有哪些？各自起着怎样的作用？
3. 如何理解科学的婴幼儿观？

四、讨论题

1. 请谈一谈在今后的生活中，你会如何看待婴幼儿及婴幼儿发展。
2. 请仔细观察婴幼儿的活动，并分析婴幼儿的身心发展特征。

第三章　婴幼儿保教活动

学习目标

知识目标

1. 理解婴幼儿保教活动的概念与特点
2. 掌握婴幼儿保教的原则、方法、目标与内容

能力目标

1. 学会组织婴幼儿保教活动
2. 学会为婴幼儿的早期发展创设条件、提供支持

素养目标

1. 明确婴幼儿早期发展关系着我国教育高质量发展
2. 明确婴幼儿早期教育影响着婴幼儿未来发展

思维导图

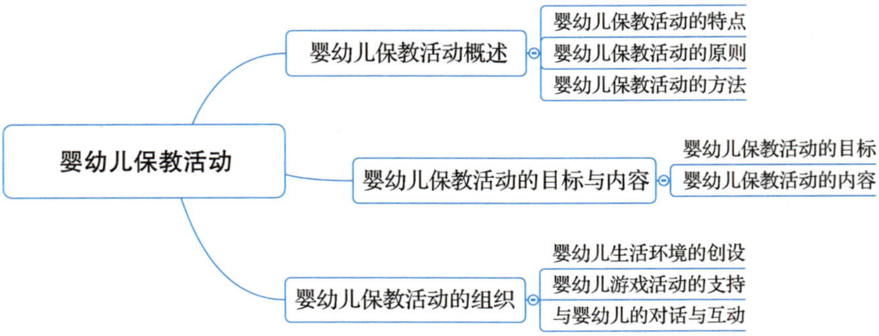

第一节　婴幼儿保教活动概述

在我国，3 岁以下婴幼儿的教育被称为“照护”或者“保育”。在传统观念中，“照护”或者“保育”重点指健康、膳食营养、身体发育、卫生、保健、安全等。但是按照现代观点，3 岁以下婴幼儿“照护”或者“保育”不但包括上述生活常规、安全保健等内容，更重要的是还包括早期学习、早期发展等内容。为避免“照护”“保育”仍受传统观念的影响，同时突出早期学习的重要性，特使用保教活动。

一、婴幼儿保教活动的内涵

保教是指托育机构对婴幼儿进行的保育和教育的总称。保育重在为婴幼儿的生存发展提供环境和条件，给予婴幼儿生活的照顾和养育，以保护和促进婴幼儿正常发育和良好发展；教育是重在通过一定形式，有计划、有目的地对婴幼儿的身心发展施加影响，促进婴幼儿的认知、动作、语言、情感与社会性的发展。由此，婴幼儿的保教活动是指以 3 岁以下婴幼儿为教育对象，以促进 3 岁以下婴幼儿身心健康发展为目的而开展的活动。这种活动既包括根据婴幼儿的年龄特点合理安排喂养等生活照料的保育活动，也包括在给婴幼儿喂奶、换尿布等的时候，有意识、有目的地与婴幼儿谈话，给婴幼儿唱歌或读书等，或者安排游戏活动发展婴幼儿的动作、认知、社会性等发展的早期发展活动。生活照料的保育活动和早期发展的教育活动都是婴幼儿发展中非常重要的活动，二者缺一不可。

二、婴幼儿保教活动的特点

（一）融合性

婴幼儿的生活具有整体性，婴幼儿阶段的生活活动与学习活动不能割裂开来。融合性是指生活的过程就是学习的过程，学习的过程融合于生活之中，二者是“我中有你，你中有我”的关系特性。比如，4 个月大的婴儿发现了手掌，并用手指触摸手掌。这是很平常的生活活动。但就是这样的日常活动能够引发婴儿伸手并抓住物体，并经过不断重复能够精确地抓握，而后开始喜欢捡拾物体，放进嘴里咬它、凝视它，获得有关物体物理属性的重要信息。这就是前期的生活活动引发了后期的学习活动。再如，照护者在进行生活常规的过程中与婴儿的对话都会引发婴儿构建前语言时期的语言库，为日后的语言发展奠定基础。

（二）生活性

生活性是指婴幼儿建构与获取知识的方式是生活性质的，是贯穿于一日生活中，在一日中开展学习自然、自发的生活活动的特性。陶行知指出："婴幼儿的课程包括全部的生活，一切课程都是生活，一切生活都是课程。"皮亚杰通过观察婴幼儿的游戏之后提出婴幼儿的三种知识，即物理知识、逻辑数理知识和社会知识。他认为婴幼儿与人、物互动并体验其物理属性时，建构了物理知识；当与人、物互动并将其置于关系中（如大小、顺序、数量或模式）时，建构了逻辑数理知识；当与周围环境互动时，建构了物理知识和逻辑数理知识；当与周围的人互动并向他们学习时，获得了社会知识。由此不难理解，婴幼儿学习主要是通过与周围环境的互动中构建了自己的知识，而并不是通过有组织、有纪律地参与认知活动而获得的。因此，婴幼儿的保教活动要倡导生活性，而不是教学性。

（三）个体性

个体性是指婴幼儿保教活动更多的是面对面、个性化服务的特性。从婴幼儿情感与社会性发展规律来看，2 岁的幼儿才开始建立多重依恋关系，包括与家人、老师和同伴之间的关系，也包含与物理环境之间建立联系。而对于 2 岁以下的幼儿，他们需要的是一对一式的相对稳定的依恋关系。同时，3 岁以下的婴幼儿还处于自我为中心阶段，不能理解外在规律要求。所以从婴幼儿情感与社会性发展来看，照护机构的早期保教活动更适宜开展面对面的个体性活动。此外，对于 3 岁以下的婴幼儿的生活常规的照护也基本是面对面、一对一的照料。而面对面、一对一的照料生活是婴幼儿与照护者互动的最佳契机，也是婴幼儿学习与发展的最佳时机。事实上，托育机构也是为家庭服务的，需要满足家庭个性化的需要，所以育儿需求不同也导致了保教活动必须突出个体性。

三、婴幼儿保教活动的原则

（一）尊重儿童的原则

婴幼儿保教活动中要遵循尊重儿童的原则。具体表现在：

（1）坚持儿童优先，保障儿童权利。保教活动要以婴幼儿身心发展为核心，保障婴幼儿的生存权、发展权、参与权和受保护权，促进每个婴幼儿全面发展。如保障婴幼儿的营养与睡眠，学会欣赏婴幼儿的咿呀学语，使婴幼儿远离伤害等。

（2）尊重儿童成长特点和规律。每个阶段的婴幼儿都会有不同的表现。只有了解了婴幼儿成长特点和规律，才能了解婴幼儿的不同表现，并做出恰当回应，有针对性地引导和培养。

（3）关注婴幼儿个体差异。每个婴幼儿都是独立的个体，有独特的需求和个性特点，所以尊重儿童就要尊重不同婴幼儿的个性特点。

（二）安全健康的原则

保障婴幼儿的安全健康是托育机构的基本责任，也是保教活动的基本原则。3 岁以下的婴幼儿身体稚嫩，没有自我膳食和保护能力，但又对周围的一切充满好奇，所以托育机构的保教活动要做到最大限度地保护婴幼儿的安全和健康。

（1）切实做好托育机构的安全防护，树立婴幼儿伤害可防可控意识，使用安全产品，创建安全生活、游戏环境。

（2）提供营养膳食，开展婴幼儿生长发育监测和评价，加强个性化营养指导，保障婴幼儿营养充足。

（3）做好疾病防控，以早产、低出生体重、贫血、肥胖、心理行为异常、视力不良、龋齿等儿童健康问题为重点，推广婴幼儿疾病防治适宜技术，建立早期筛查、诊断和干预服务机制。

（4）选择适宜、适度的保教方式、方法，保障婴幼儿的身心健康。

（三）积极回应的原则

积极回应指的就是照护者主动参与与婴幼儿的沟通，通过关切对方的语音、语调、肢体语言等来回应婴幼儿言语交流、情感信号的行为。积极的回应能让婴幼儿感到舒适、安全、愉快等，有利于婴幼儿语言、情感与社会性发展，反之就会使婴幼儿产生焦虑、恐惧、恐慌等情绪。照护者做到积极回应，就要提供支持性环境。支持性环境包括提供舒适的生活环境等物质环境的支持和开展与婴儿的对话等心理环境的支持。照护者要通过观察婴幼儿理解其生理和心理需求，并及时给予积极适宜的回应。

（四）科学规范的原则

婴幼儿保教活动遵循科学规范的原则主要体现在两个方面：

（1）保教活动设计的科学性。婴幼儿保教活动要依照尊重婴幼儿与生俱来的成熟时间表，顺应其发展规律，合理安排婴幼儿的营养与喂养、睡眠、生活与卫生习惯、动作、语言、认知、情感与社会性等七项重要内容，满足婴幼儿生长发育的需要。

（2）管理的规范性。托育机构的保教活动要根据国家的《托育机构保育指导大纲（试行）》《托育机构设置标准（试行）》《托育机构管理规范（试行）》等标准和规范要求，有目的、有计划地做好收托管理、保育管理、健康管理、安全管理等。

四、婴幼儿保教活动的方法

（一）游戏法

游戏法是指在保教过程中有意识地借助婴幼儿喜闻乐见的游乐、玩耍活动，实现保教目的的方法。游戏法是在婴幼儿保教活动中，尤其是在促进婴幼儿动作、情感与社会性等方面发展中使用的主要方法。这主要是由婴幼儿游戏的天性和游戏的特点决定的。游戏符合婴幼儿好奇、好动、好探索的特点，能够激发婴幼儿的兴趣，能够充分调动婴幼儿自主探索，在获得愉悦的同时实现全面的自我发展。在婴幼儿的保教活动中使用最多的游戏活动是动作游戏、象征游戏、建构游戏等。有关游戏的内容将在“第四章　婴幼儿游戏活动”中详细介绍。

（二）口授法

口授法是以语言为中介开展保教活动的方法。婴幼儿语言发展是需要互动的语言伙伴来发展的，所以即使是对不会说话的婴幼儿也要通过口授法促进婴幼儿语言学习。托育机构中常用的口授法分为对话法、叙述法、谈话法等几种。

1. 对话法

对话法是指照护者在日常生活中主动与婴幼儿口语交流的方法。对话法讲求双向的互动与沟通，在保教活动中比较常见，有利于婴幼儿语言发展。比如，照护者在给婴幼儿穿衣服的时候，就可以与婴幼儿对话，“今天天气怎么样？我们穿点什么好呢？”“宝宝今天的衣服真柔软啊！”等。虽然对于还不会讲话的婴幼儿来说，不能和成人形成真正的语言沟通，但是婴幼儿会通过声音、手臂挥舞、踢腿和眉毛的上下活动等形式尝试扮演与伙伴对话的角色，参与到与照护者的对话中。对于会说话的孩子，可以通过提问激发对话，并且要激发婴幼儿主动开启对话。

知识拓展

婴儿进入最佳状态

研究者科尔文·特里瓦森（Colwyn Trevarthen，2005）记录了婴儿玛丽亚在妈妈给她唱歌时的游戏状态。玛丽亚天生双目失明。当妈妈开始唱一首熟悉的歌曲时，玛丽亚笑了，并开始摇摆手臂和大腿。当妈妈继续唱这首歌时，她上下左右摆动着手臂。当特里瓦森对玛丽亚的手指、手掌和手臂的动作进行慢动作分析时，他发现玛丽亚在歌曲的每一节开始之前都会领先母亲 1/3 秒摆动手臂。他还发现，在某些情况下，玛丽亚会随着母亲声音的高低起落而上下摆动自己的手。玛丽亚手指的动作还与每行末尾词语中的尖锐辅音保持同步。玛丽亚与妈妈的歌声“合拍”，这从某种程度上说，玛丽亚已经学会了这一熟悉的催眠曲节奏，正在指挥着妈妈唱歌。

资料来源：玛丽·简·马圭尔－方（Mary Jane Maguire-Fong）. 与 0～3 岁婴幼儿一起学习：支持主动的意义建构者［M］. 北京：中国轻工业出版社，2020：181.

2. 叙述法

叙述法是指照护者通过一定的媒介采用口头语言描述、讲解的方法。媒介通常包括儿歌、童谣、故事、绘本、图画等。选取媒介的时候，要注意选择的童谣或者儿歌的节奏韵律最好符合婴幼儿的心跳节奏和呼吸节奏等。运用叙述法要注意言语的生动、形象、逼真，富有感染力，并配有恰当的表情、动作、眼神等。

3. 谈话法

谈话法分为自我谈话法和平行谈话法。自我谈话法是指照护者在进行照护时用语言描述自己正在做的事情。例如，“现在我要给你洗脸喽。”自我谈话中，即便只有成人在说话，婴幼儿也在积极地听着、看着、收集声音、记忆正在体验的情境，并在有意义的情境中理解单词与词语，学习预测将要发生的事情。例如，婴儿熟悉“现在我要给你洗脸喽”之后，他就会转动自己的头，期待着将要发生的事情。平行谈话法是指照护者用语言描述婴幼儿正在做什么。例如，“你在给大象涂颜色。涂了灰颜色的，看起来很漂亮。你好像很喜欢画大象，因为你已经涂了三只大象了”。照护者关注婴幼儿的兴趣并且花时间为婴幼儿描述正在发生的事情，能够促进婴幼儿的语言发展、思维发展。

（三）操作法

操作法是指照护者引导婴幼儿按照一定的规范和要领，反复地完成一定动作或摆弄玩具，以形成技能、技巧或行为方式的方法。操作法更多地运用于动作技能的练习以及行为习惯的养成。比如坐、爬、走、跑、跳动作的发展；粗大动作和精细动作的发展；卫生习惯、行为习惯的养成等。操作法要注意练习强度的事宜，方法的适当。

第二节　婴幼儿保教活动的目标与内容

婴幼儿的保教活动是根据婴幼儿保教活动的目标和内容来设计和开展的，在《托育机构保育指导大纲（试行）》中有明确的规定和要求。掌握托育机构保教目标和内容，对提高保育师教育自觉有不可或缺的指导作用。

一、婴幼儿保教活动的目标

（一）婴幼儿保教目标的内涵

认识婴幼儿保教目标之前，必须厘清婴幼儿保教目标的上位概念，即什么是教育目的以及我国的教育目的是什么。教育目的的概念有广义和狭义之分。广义的教育目的是指人们对受教育者的期望和要求，即人们期望受教育者接受教育后身心各方面产生怎样的积极变化或结果。在这个意义上，不管你是否是教育者，只要对学习者怀有某种期待，都可以是教育目的的体现。狭义的教育目的是在一定的历史阶段，由国家提出的教育总目的。它由政府提出，并对各级各类教育起到重要的指导和规范作用。正如我国在《教育法》中明确规定我国的教育目的是：教育必须为社会主义现代化建设服务、为人民服务，必须与生产劳动和社会实践相结合，培养德智体美劳全面发展的社会主义建设者和接班人。

国家教育目的的实现是一个长期的、连续的教育过程，而且由于各个阶段教育对象的年龄不同，发展特点不同，国家提出总目标后，各级各类教育机构还需根据自身培养需求将教育目的具体化。由此从上至下构成了：教育目的—各级各类学校培养目标—课程目标—教学目标等。其中婴幼儿保教目标的实现是国家教育目的实现的最初始目标，处于教育总目的的下位，主要是指托育机构的保教目标，是指在遵循国家教育目的的基础上，国家对托育机构所提出的培养婴幼儿的发展要求。

保教目标的规定对婴幼儿保教活动的开展具有重要意义。

第一，定向功能。保教目标规定了托育机构保育和婴幼儿发展的根本方向，是托育机构的根本指导思想，也是婴幼儿发展的总方向，是婴幼儿保育管理、健康管理、安全管理的起点和归宿，并制约其全过程。

第二，调控作用。保教目标规定了婴幼儿发展的基本要求，对婴幼儿保教内容和活动方式起选择、调节作用，对照护者的行为起协作和控制作用。

第三，评价作用。保教目标既是对托育机构培养婴幼儿的发展要求，同时也是衡量托育机构保教质量和婴幼儿发展质量的重要依据。一般来说，遵循并实现了托育机构保教目标的，其保教质量就能得到肯定。相反，偏离了托育机构保教目标的，其保教质量就有待提高。

（二）婴幼儿保教目标的内容

婴幼儿教育作为影响人发展的起始阶段，其教育目标是教育目的在婴幼儿教育阶段的具体体现，必然要反映我国的教育目的，并制约婴幼儿教育内容。当前我国婴幼儿教育主要在家庭和托育机构中实施。其中托育机构是对婴幼儿实施的是有目的、有计划的教育。我国托育机构的婴幼儿教育目标经历了两个阶段。

第一阶段，1981 年卫生部妇幼所对 0 ～ 3 岁婴幼儿保育颁发了《三岁前小儿教养大纲（草案）》。该大纲提出托儿所工作的任务和目标："培养小儿在德、智、体、美方面得到发展，为造就体魄健壮、智力发达、品德良好的社会主义新一代打下基础"，并具体化为：

（1）要发展小儿的基本动作，进行适当的体格锻炼，增强儿童的抵抗力，提高婴幼儿的健康水平，促进身心正常发展。

（2）要发展小儿模仿、理解和运用语言的能力，通过语言及认识周围环境事物，使小儿智力得到发展，并获得简单知识。

（3）要进行友爱、礼貌、诚实、勇敢等良好品德的教育。

（4）要培养小儿的饮食、睡眠、衣着、盥洗、与人交往等各个方面的文明卫生习惯及美的观念。

第二阶段，2021 年国家卫生健康委制定印发了《托育机构保育指导大纲（试行）》，明确提出，托育机构保育是婴幼儿照护服务的重要组成部分，通过创设适宜环境，合理安排一日生活和活动，提供生活照料、安全看护、平衡膳食和早期学习机会，促进婴幼儿身体和心理的全面发展，并根据保育七个方面的重点内容分别提出了具体目标。

（1）营养与喂养目标。第一，获取安全、营养的食物，达到正常生长发育水平；第二，养成良好的饮食行为习惯。

（2）睡眠目标。第一，获得充足睡眠；第二，养成独自入睡和作息规律的良好睡眠习惯。

（3）生活与卫生习惯目标。第一，学习盥洗、如厕、穿脱衣服等生活技能；第二，逐步养成良好的生活卫生习惯。

（4）动作目标。第一，掌握基本的大运动技能；第二，达到良好的精细动作发育水平。

（5）语言目标。第一，对声音和语言感兴趣，学会正确发音；第二，学会倾听和理解语言，逐步掌握词汇和简单的句子；第三，学会运用语言进行交流，表达自己的需求；第四，愿意听故事、看图书，初步发展早期阅读的兴趣和习惯。

（6）认知目标。第一，充分运用各种感官探索周围环境，有好奇心和探索欲；第二，逐步发展注意、观察、记忆、思维等认知能力；第三，学会想办法解决问题，有初步的想象力和创造力。

（7）情感与社会性目标。第一，有安全感，能够理解和表达情绪；第二，有初步的自我意识，逐步发展情绪和行为的自我控制；第三，与成人和同伴积极互动，发展初步的社会交往能力。

二、婴幼儿保教活动的内容

保教内容是实现保教目的的载体，是根据保教目的的要求，有计划、有组织地开展的旨在促进婴幼儿身体发育和心理发展的活动。根据国家卫生健康委制定印发的《托育机构保育指导大纲（试行）》，保教内容包括营养与喂养、睡眠、生活与卫生习惯、动作、语言、认知、情感与社会性等七项重要内容。

（一）营养与喂养

营养是指吸取养料以维持生命，它强调的是营养素的充足和均衡，包括蛋白质、脂类、碳水化合物、矿物质、维生素、水和膳食纤维等；喂养是给婴幼儿东西吃，并加以照料使之成长或得以生存，它包括母乳喂养、辅食添加、合理膳食、饮食行为培养。良好的营养和科学喂养有利于促进婴幼儿健康，为其一生发展奠定良好的基础。所以照护者要提高认识，采取科学的喂养行为，改善婴幼儿营养状况，减少和预防儿童营养不良和疾病发生。营养与喂养过程中要注意的几个要点见表 3-1。

表 3-1　营养与喂养保育要点

月龄	保育要点
7～12个月	（1）继续母乳喂养，不能继续母乳喂养的婴儿使用配方奶喂养。 （2）及时添加辅食，从富含铁的泥糊状食物开始，遵循由一种到多种、由少到多、由稀到稠、由细到粗的原则。辅食不添加糖、盐等调味品。 （3）每引入新食物要密切观察婴儿是否有皮疹、呕吐、腹泻等不良反应。 （4）注意观察婴儿所发出的饥饿或饱足的信号，并及时、恰当回应，不强迫喂食。 （5）鼓励婴儿尝试自己进食，培养进餐兴趣。
13～24个月	（1）继续母乳或配方奶喂养，可以引入奶制品作为辅食，每日提供多种类食物。 （2）鼓励和协助幼儿自己进食，关注幼儿以语言、肢体动作等发出进食需求，顺应喂养。 （3）培养幼儿使用水杯喝水的习惯，不提供含糖饮料。
25～36个月	（1）每日提供多种类食物。 （2）引导幼儿认识和喜爱食物，培养幼儿专注进食习惯、选择多种食物的能力。 （3）鼓励幼儿参与协助分餐、摆放餐具等活动。

知识拓展

婴幼儿喂养健康教育核心信息

1. 母乳是婴儿最理想的天然食物，0 至 6 个月婴儿提倡纯母乳喂养；

2. 母乳喂养能够有效促进母婴健康，降低患病风险；
3. 特殊情形下母乳喂养，应当听从医务人员指导；
4. 婴儿6个月起应当添加辅食，在添加辅食基础上可继续母乳喂养至2岁及以上；
5. 添加辅食坚持由少量到多量、由一种到多种，引导婴儿逐步适应；
6. 6个月至2岁期间逐步增加辅食添加的频次、种类，确保婴幼儿良好生长发育；
7. 逐渐调整辅食质地，满足6个月至2岁婴幼儿所需营养素和能量供给；
8. 耐心鼓励婴幼儿进食，培养良好饮食习惯；
9. 提倡家庭自制食物，控制婴幼儿糖和盐的摄入；
10. 定期评价婴幼儿生长发育和营养状况，及时获取科学喂养指导。

资料来源：国家卫生健康委办公厅. 婴幼儿喂养健康教育核心信息［Z］, 2020-07-29.

（二）睡眠

睡眠是与觉醒状态交替出现的机体状态。通常婴幼儿需要睡眠的时间最长。优质的睡眠质量是婴幼儿生长发育的关键，它有利于保护和发展婴幼儿神经系统，促进婴幼儿体重、身高等体格生长，使其保持愉快情绪，而且有助于学习、记忆等认知能力的发展。研究发现，出生第一天的婴儿，在沉睡时就出现生长激素的分泌。正常情况下，夜间分泌的生长激素为白天的3倍。一般睡眠后45～90分钟开始分泌生长激素，平均在睡眠后70分钟达到分泌高峰。如果入睡时间推迟，生长激素的释放便随之延迟，直到睡熟，生长激素才开始分泌。如夜间不睡觉，生长激素则分泌很少。所以为了婴幼儿正常生长发育，首先应保证婴幼儿有充足的睡眠时间，年龄越小，睡眠时间越要长。照护者在照护婴幼儿睡眠时要注意的几个要点见表3-2。

表3-2　睡眠保育要点

月龄	保育要点
7～12个月	（1）识别婴儿困倦的信号，通过常规睡前活动，培养婴儿独自入睡。 （2）帮助婴儿采用仰卧位或侧卧位姿势入睡，脸和头不被遮盖。 （3）注意观察婴儿睡眠状态，减少抱睡、摇睡等安抚行为。
13～24个月	（1）固定幼儿睡眠和唤醒时间，逐渐建立规律的睡眠模式。 （2）坚持开展睡前活动，确保幼儿进入较安静状态。 （3）培养幼儿独自入睡的习惯。
25～36个月	（1）规律作息，每日有充足的午睡时间。 （2）引导幼儿自主做好睡眠准备，养成良好的睡眠习惯。

知识拓展

关于婴儿睡眠的“三要三不要”

“三要”指的是：

1. 要在宝宝犯困时将其放到床上，培养其独自入睡能力；

2. 要让宝宝与父母同屋不同床，有助于夜晚连续睡眠；

3. 要用纸尿裤等养育行为方式提高宝宝夜晚睡眠效率。

“三不要”指的是：

1. 不要依赖拍抱或摇晃等安抚方式让宝宝入睡；

2. 不要让宝宝只有在喂奶后才能入睡；

3. 不要过度干扰宝宝夜晚睡眠。

资料来源：中国疾病预防控制中心妇幼保健中心．中国婴幼儿睡眠健康指南［Z］，2013-09-17.

（三）生活与卫生习惯

生活与卫生习惯包括日常生活方式与卫生习惯。生活方式主要是在长期反复生活活动（饮食、盥洗、睡眠等）中逐渐形成的，具有一定的规律性和节奏性。卫生习惯是在生活过程中养成的符合卫生要求的行为习惯。婴幼儿有规律的生活习惯和良好的卫生习惯对其身心健康成长非常重要。婴幼儿良好生活与卫生习惯的最初养成更多依赖于照护者在养育婴幼儿过程中对婴幼儿所给予的关怀和照料，所以照护者要时刻关注婴幼儿生活与卫生方面的需求，并做出积极回应与指导。照护者在培养婴幼儿生活与卫生习惯时，要注意的几个要点见表 3-3。

表 3-3　生活与卫生习惯养成保育要点

月龄	保育要点
7～12 个月	（1）及时更换尿布，保持臀部和身体干爽清洁。 （2）生活照护过程中，注重与婴儿互动交流。 （3）识别及回应婴儿哭闹、四肢活动等表达的需求。
13～24 个月	（1）鼓励幼儿及时表达大小便需求，形成一定的排便规律，逐渐学会自己坐便盆。 （2）协助和引导幼儿自己洗手、穿脱衣服等。 （3）引导和帮助幼儿学会咳嗽和打喷嚏的方法。
25～36 个月	（1）培养幼儿主动如厕。 （2）引导幼儿餐后漱口，使用肥皂或洗手液正确洗手，认识自己的毛巾并擦手。 （3）鼓励幼儿自己穿脱衣服。

（四）动作

婴幼儿动作发展是指全身运动和精细动作的发展。全身运动包括基本运动能力和运动技能两个方面。基本运动能力有：平衡（站立或移动时身体的稳定）、协调（对身体控制、手眼协调和脚眼协调）、力量（坐住、举起、搬运、推、拉、爬高时所需的身体力量）、耐力（持久性）、敏捷性（速度和能很快改变位置与方向）和柔韧性（如翻筋斗时所需要的）等。在3岁前这些基本运动能力只是开始在发展。运动技能有：移动身体的、不移动身体的、操作的及节奏的运动技能等。在3岁前这些运动技能大都是初步发展。移动身体的运动技能有：爬、站、走、跑、双足跳等。其中有些动作技能在3岁前开始发展，但到幼儿期才能熟练掌握。不移动身体的运动技能有：抬起下巴、竖直头、抬胸、坐等，以后逐步能弯曲与伸直、推拉等。操作的运动技能是指握住、投掷、协调或控制等动作，如抛接球、掷沙袋、走平衡木等，以及手眼协调、脚眼协调、感知和控制物体的运动能力等。节奏的运动技能是指体会并配合简单的节奏，用动作表现出来。操作的运动技能和节奏的运动技能中只有最简单的动作在3岁前开始发展。[①] 精细动作主要是指手指的活动，如用拇指和食指拾物、撕纸、用匙、涂鸦、叠积木、翻书等。照护者在发展婴幼儿运动时，要注意的几个要点见表3-4。

表3-4　动作发展保育要点

月龄	保育要点
7～12个月	（1）鼓励婴儿进行身体活动，尤其是地板上的游戏活动。 （2）鼓励婴儿自主探索从躺位变成坐位，从坐位转为爬行，逐渐到扶站、扶走。 （3）提供适宜的玩具，促进抓、捏、握等精细动作发育。
13～24个月	（1）鼓励幼儿进行形式多样的身体活动，为幼儿提供参加爬、走、跑、钻、踢、跳等活动的机会。 （2）提供多种类活动材料，促进涂画、拼搭、叠套等精细动作发育。 （3）鼓励幼儿自己喝水、用小勺吃饭、自己翻书等。
25～36个月	（1）为幼儿提供参加走直线、跑、跨越低矮障碍物、双脚跳、单足站立、原地单脚跳、上下楼梯等活动的机会。 （2）提供多种类活动材料，促进幼儿搭建、绘画、简单手工制作等精细动作发育。 （3）鼓励幼儿自己用水杯喝水、用勺吃饭、协助收纳等。

（五）语言

3岁前是婴幼儿语言启蒙的关键时期。对3岁前的婴幼儿来讲，在语言方面，不仅

---

① 黄人颂. 学前教育学［M］. 北京：北京师范大学出版社，2011：172-173.

要求生理上能发出不同声音，而且在智力上要求有注意、记忆、运用表象及符号的能力。婴幼儿的语言发展既有阶段性又有逻辑性，是一个循序渐进的过程。至于婴幼儿语言是如何发展的，有各种不同的理论。其中，行为主义者认为儿童语言发展是由于操作性条件反射，通过强化而获得的。先天论者认为儿童语言发展是由于儿童具有获得语言的天生机制，语言的产生和发展是先天赋予的。认知结构论者认为语言来源于智力中的表象的发展。这些理论能够为照护者在与婴幼儿接触的过程中发展婴幼儿语言能力提供指导。照护者在发展婴幼儿语言时，要注意的几个要点见表 3-5。

表 3-5 语言发展保育要点

月龄	保育要点
7 ～ 12 个月	（1）经常和婴儿说话，引导其对发音产生兴趣，模仿和学习简单的发音。 （2）向婴儿复述生活中常见物品和动作，帮助其逐渐理解简单的词汇。 （3）引导婴儿使用简单的声音、表情、动作、语言表达自己的需求。 （4）为婴儿选择合适的图画书，朗读简单的故事或儿歌。
13 ～ 24 个月	（1）培养幼儿正确发音，逐步将语言与实物或动作建立联系。 （2）鼓励幼儿模仿和学习使用词语或短句表达自己的需求。 （3）引导幼儿学会倾听并乐意执行简单的语言指令，积极使用语言进行交流。 （4）提供机会让幼儿多读绘本、多听故事、学念儿歌。
25 ～ 36 个月	（1）指导幼儿正确地运用词语说出简单的句子。 （2）鼓励幼儿用语言表达自己的需求和感受。 （3）创造条件和机会，使幼儿多听、多看、多说、多问、多想，谈论生活中的所见所闻。 （4）培养幼儿阅读的兴趣和能力，学讲故事、学念儿歌。

（六）认知

认知特指认知能力，认知能力是指人脑加工、储存和提取信息的能力，即我们一般所讲的智力，如观察力、记忆力、想象力、思维力、感知力、判断力等。人们认识客观世界，获得各种各样的知识，主要依赖于人的认知能力。婴幼儿认知能力的发展也就是婴幼儿观察力、记忆力、想象力、思维力、感知力、判断力等全面和谐的发展。婴幼儿认知能力的发展是婴幼儿所有能力、技能、情感、行为、习惯发展和形成的前提，是日后学习和求知的基础。照护者在发展婴幼儿认知能力时，要注意的几个要点见表 3-6。

表 3-6　发展认知能力保育要点

月龄	保育要点
7～12 个月	（1）提供有利于视、听、触摸等的材料，激发婴儿的观察兴趣。 （2）鼓励婴儿调动各种感官，感知物体的大小、形状、颜色、材质等。 （3）引导婴儿观察周围的事物，模仿所看到的某些事物的声音和动作。
13～24 个月	（1）引导幼儿运用各种感官探索周围环境，逐步发展注意、记忆、思维等认知能力。 （2）鼓励幼儿辨别生活中常见物体的大小、形状、颜色、软硬、冷热等明显特征。 （3）鼓励幼儿在操作、摆弄、模仿等活动中想办法解决问题。
25～36 个月	（1）引导幼儿运用各种感官反复持续探索周围环境，逐步巩固和加深对周围事物的认识。 （2）启发幼儿观察辨别生活中常见物体的特征和用途，进行简单的分类，并感受生活中的数学。 （3）培养幼儿在感兴趣的事情上能够保持一定的专注力。 （4）通过各种游戏和活动，鼓励幼儿主动思考、积极提问并大胆猜想，激发幼儿的想象力和创造力。

（七）情感与社会性

情感与社会性是婴幼儿健康的重要组成部分，贯穿婴幼儿的一生。情感是人们对事物情景或观念所引起的主观体现和客观表达，并通过某种外在或内在的活动以至行动表现出来。婴幼儿情感与社会性发展是相互联系的两方面。社会性即社交能力，指婴幼儿与父母、同伴、同胞或教养者直接建立积极关系的能力。婴幼儿通过情感反应，表达其需求、感觉体验，来促进其意识的产生、个性的形成。随着年龄的增长，婴幼儿内抑制能力加强，情绪反应渐趋稳定，并在与成人或同伴的交往中社会行为也不断成熟①，应对压力、管理情绪等能力得到发展。比如，自信心、信任感、共情能力，有强烈的求知欲、善于表达，以及与他人建立良好关系的能力等。照护者在发展婴幼儿情感与社会性时，要注意的几个要点见表 3-7。

表 3-7　情感与社会性发展保育要点

月龄	保育要点
7～12 个月	（1）观察了解不同月龄婴儿的需要，把握其情绪变化，尊重和满足其爱抚、亲近、搂抱等情感需求。 （2）引导婴儿理解和辨别高兴、喜欢、生气等不同情绪。 （3）敏感察觉婴儿情绪变化，理解其情感需求并及时回应。 （4）创设温暖、愉快的情绪氛围，促进婴儿交往的积极性。

① 刘国艳，张建端，时俊新，等．婴幼儿社会性和情绪发展的影响因素研究［J］．中国儿童保健杂志，2006（3）：238-240.

续表

月龄	保育要点
13～24个月	（1）引导幼儿用表情、动作、语言等方式表达自己的情绪。 （2）培养幼儿愉快的情绪，及时肯定和鼓励幼儿适宜的态度和行为。 （3）拓展交往范围，引导幼儿认识他人不同的想法和情绪。 （4）引导幼儿理解并遵守简单的规则。
25～36个月	（1）谈论日常生活中幼儿感兴趣的人和事，引导其通过语言和行为等方式表达情绪情感。 （2）鼓励幼儿进行情绪控制的尝试，指导其学会简单的情绪调节策略。 （3）创设人际交往的机会和条件，使幼儿感受与人交往的愉悦。 （4）帮助幼儿理解和遵守简单的规则，初步学习分享、轮流、等待、协商，尝试解决同伴冲突。

知识拓展

美国高瞻（HighScope）婴幼儿托育模式的素养框架

HighScope 托育模式的素养框架包括六个领域（见下表），每个领域都有“关键发展指标”。这些指标说明了婴幼儿在经过托育活动后，其身心应该达到的发展水平，也是教师开展托育工作的目标和方向。

素养框架	指标个数	关键发展指标内容
学习品质素养	3	1. 婴幼儿能够表现出主动性； 2. 婴幼儿能够在探索和游戏中解决自己遇到的问题； 3. 婴幼儿能够自己的事情自己做。
社会和情感发展素养	8	1. 婴幼儿能够区分自己与他人的差异； 2. 婴幼儿能够对主要照顾者形成依恋； 3. 婴幼儿能够与成人建立关系； 4. 婴幼儿能够与同龄人建立关系； 5. 婴幼儿能够表达情绪； 6. 婴幼儿能够对他人的感情和需要产生同情心； 7. 婴幼儿能够与其他人一起游戏； 8. 婴幼儿能够参与集体活动。

续表

素养框架	指标个数	关键发展指标内容
身体发展和健康素养	4	1. 婴幼儿能够移动身体的某个部位，例如头部的转动、抓、踢等行为动作； 2. 婴幼儿能够进行全身的活动，例如滚动、爬行、行走、跑步、平衡等行为动作； 3. 婴幼儿能够移动物体； 4. 婴幼儿能够通过稳定的节拍获得感受和经验。
沟通、语言和读写素养	6	1. 婴幼儿能够倾听和回应他人； 2. 婴幼儿能够通过非口头的方式进行沟通； 3. 婴幼儿能够参与双向的沟通； 4. 婴幼儿能够进行口语的表达； 5. 婴幼儿能够探索图画书和杂志； 6. 婴幼儿能够喜欢聆听故事、儿歌和歌曲。
认知发展素养	14	1. 婴幼儿能够探索自己的手、脚、嘴、眼睛、耳朵、鼻子等部位； 2. 婴幼儿能够对探索对象保有持久性； 3. 婴幼儿能够探索和注意到物体是相同的或不同的； 4. 婴幼儿能够获得更多的经验认识； 5. 婴幼儿能够体验一一对应的关系； 6. 婴幼儿能够体验大量的事物； 7. 婴幼儿能够探索和发现物体的位置； 8. 婴幼儿能够将物体放入容器中并取出来； 9. 婴幼儿能够把东西拆开，并把它们组合在一起； 10. 婴幼儿能够从不同的角度观察人和事物； 11. 婴幼儿能够对熟悉的事件进行预测； 12. 婴幼儿能够注意开始和结束之间的时间间隔； 13. 婴幼儿能够体验“快”和“慢”； 14. 婴幼儿能够重复行动以使某些事情再次发生，体验因果之间的关系。
创造性艺术素养	7	1. 婴幼儿能够模仿和假装； 2. 婴幼儿能够探索建筑艺术材料； 3. 婴幼儿能够识别图片和照片等视觉形象，并对其做出反应； 4. 婴幼儿能够倾听音乐； 5. 婴幼儿能够对音乐做出回应； 6. 婴幼儿能够探索和模仿声音； 7. 婴幼儿能够探究声音的音调。

资料来源：李慧，严仲连．美国 0 ～ 3 岁婴幼儿托育的素养框架与实施路径——以 HighScope 托育模式为例［J］．现代基础教育研究，2019，35（3）：109-115.

第三节　婴幼儿保教活动的组织

婴幼儿每一天的日常生活对婴幼儿发展有着微妙的力量。婴幼儿在日常生活中所感受的景象、声音、气味、颜色等都深刻影响着婴幼儿，并成为婴幼儿的一部分，留存在婴幼儿的大脑里。这是因为刚出生的婴幼儿的大脑在很大程度上还处于未开发状态，大脑的发育与周围物质环境、人文环境的输入密切相关，并对婴幼儿各方面的发展有着深远的影响。所以针对婴幼儿的一日生活与活动安排，我们不仅要安排好一日的作息时间，关注什么时间需要做什么，比如间隔多长时间换尿布，间隔多长时间喂奶，而且还要特别关照“如何做”上，比如应该为婴幼儿创设怎样的保教环境，在给婴幼儿换舒适的尿布同时，我们还应该做些什么，等等。

知识拓展

有一个孩子向前走去

【美】惠特曼

有一个孩子每天向前走去，
他看见最初的东西，他就变成那东西，
那东西就变成了他的一部分，在那一天，或者那一天的一部分，
或者几年，或者连绵很多年。
或者是早开的紫丁香，那么它会变成这个孩子的一部分，
还有那青草，那绚丽的朝霞，那红色白色的苜蓿草，以及那菲比鸟的啾鸣，
还有那三个月大的小羊羔，淡粉色的一窝小猪，小马驹和小牛犊，
还有谷仓空地上或泥泞的池塘边那叽叽喳喳的小鸡一家，
还有池中好奇的鱼儿，以及那美丽的迷人的湖水，
还有池中的水草，优雅地摇曳着，
所有的这一切，都成了这个孩子的一部分。
……
那个天天向前走的孩子，
他正在走，
他将永远天天向前。

一、婴幼儿生活环境的创设

环境总是以言语无法表达的方式向人们诉说一些内容。如当第一次进入一个陌生房间，人们总是可以通过感官从环境中收集信息，并通过解读信息以寻找行事线索。同样婴幼儿也可以从学习环境中获得感官信息构建自己的认知图式，所以保教环境对于婴幼儿学习来说是重要因素，照护者要为婴幼儿提供良好的生活环境。

（一）合理划分常规照护空间和游戏空间

托育机构中婴幼儿集体照护空间通常分为两部分：一部分是照护常规空间，即用来膳食、换尿布、睡觉的地方；另一部分是游戏空间。它们在托育机构中的位置取决于现有的管道、入口和墙壁的位置。然而，在照护者可能设计的范围内，在规划常规生活照护空间和游戏空间时，要适当考虑到婴幼儿的感受，把照护常规空间与游戏空间相邻，并且尽量使用半扇门、低隔板或低柜台分隔照护区和游戏区，让婴幼儿既可以在照护区看到游戏区中的照护者，也可以在游戏区看到照护区里的照护者。因为婴幼儿无论是在进餐等日常照护常规中，还是在游戏的时候，都希望照护者在身边。这能给婴幼儿带来心理上的安全感，有利于婴幼儿身心发展。

（二）保证照护空间的空气质量

照护者要在保证婴幼儿安全的情况下，经常通风换气，做好清洁卫生，保证空气清新，尤其是保证婴幼儿集体照护空间是无烟环境。照护者也尽量避免让婴幼儿接触二手烟。接触二手烟会给婴幼儿的健康带来一些问题，比如中耳感染、哮喘、支气管炎、肺炎等。即使照护者在远离婴幼儿的另一个房间里吸烟，婴幼儿也很可能通过成人衣服上的残留物接触到二手烟，然后将其吸入。香烟的烟雾还会污染地板上的灰尘，也会附着在家具上，使婴幼儿在地板上爬行时处于危险之中。被烟雾污染的玩具也有可能被婴幼儿放进嘴里。

（三）提供舒适的感觉刺激

托育机构要为婴幼儿提供适宜的感官环境。首先，在视觉刺激方面，尽量为婴幼儿提供自然光，减少对人造光的依赖，因为自然光能促进情感健康，可以为婴幼儿提供健康的环境。如果必须使用人造光，就将灯泡罩上，以使灯光变得柔和，避免婴幼儿注视灯泡导致眼睛疲劳。照护环境中的家具、玩具、墙壁、地板等的颜色也尽量选用低饱和度的颜色，以提供平静、舒缓的视觉环境，让婴幼儿保持安静和放松的状态，而不至于分散注意力或产生压抑感。其次，听觉方面，尽量保持安静，不要在说话的时候播放背景音乐或电视，因为婴幼儿主要是依靠对话来理解语言。如果与婴幼儿言语沟通的时候播放背景音乐或电视，就会影响婴幼儿听成人说话，干扰婴幼儿的语言学习。再次，从触觉来讲，尽量保持物体表面的舒适。婴儿出生后第一年，经历从翻身到爬行，到坐立，再到站立的过程。在每个阶段，他们都需要结实、平坦的表面来支撑他们发力。柔软、有弹性的地毯很难控制平衡和获得牵引力，所以使用地板可能会更好。但是地板表面必须保持清洁，不要高度抛光，以免婴幼儿滑倒。

二、婴幼儿游戏活动的支持

对婴幼儿而言最好的学习方式是游戏，最好的学习环境是游戏环境。游戏环境能够吸引婴幼儿开展游戏，支持婴幼儿的学习。这也就是为什么瑞吉欧·艾米莉亚学校里的教师将游戏环境称为“第三位教师”。有关婴幼儿游戏活动的支持主要包括创设游戏环境、配备游戏材料。

（一）创设游戏环境

1. 创设室内游戏环境

婴幼儿在托育机构活动时间最长的地方是室内，所以室内游戏环境的创设显得尤为重要。室内游戏环境的创设要适宜于婴幼儿选择、组织玩具和材料，所以要尽量做到游戏空间的分隔、游戏空间流动路线的畅通、游戏材料的方便取用等。

（1）游戏空间的分隔。游戏空间的分隔指的是不同游戏区的设计和分隔。因为婴幼儿在游戏过程中很容易因其他人的进出、谈话以及其他婴幼儿的游戏分心，很难专注于自己的游戏，所以利用分隔物把大型开放区域分隔成不同游戏区，创设独立的、隐蔽的游戏空间，以此减少其他视觉、听觉等感官上的干扰，帮助婴幼儿专注于自己玩的游戏，从而产生高品质的游戏体验。游戏区的分隔物，可以选用各种各样的家具，比如架子、书柜、橱柜、桌子等，可以用较结实的织物创设视觉分隔物的效果，也可以使用宽大且舒适的椅子、小沙发或矮板凳等。但无论选择何种分隔物，一是要保证分隔物既能给婴幼儿遮蔽的感觉，又能让照护者从远处看到婴幼儿；二是分隔物在选取上也要关注婴幼儿的年龄特点，比如对于年龄非常小的婴幼儿和会爬的婴幼儿来讲，游戏空间里低矮且宽大的、与他们视线平行的储物篮比家具更加适宜，因为低矮的分隔物能够很容易使婴幼儿看到各个游戏区内的游戏材料。

分隔游戏空间时还要关注游戏功能区设计，根据婴幼儿月龄分隔成不同的游戏功能区，可以为 0 ～ 18 个月婴幼儿提供运动区、建构区、角色区、图书故事区等，可以为 18 ～ 36 个月的幼儿提供运动区、建构区、角色区、图书故事区、植被区、艺术区与书写区等。游戏空间的大小一般由不可改变的分割物的位置决定，如承重墙，但也受该区域游戏的类型影响。如学步儿的运动区就需要一个足够大的游戏空间容纳所有的婴幼儿开展运动游戏。

（2）游戏空间流动线路的畅通。美国学者约翰逊等人的研究提出，各游戏区角之间有清楚的流动路线，可以增进儿童与设备材料之间的互动，并可延续儿童的游戏。这就涉及流动线路的设计。设计游戏空间的流动线路要注意三点：一是为了确保沉浸在游戏中的婴幼儿不被外人的走动所干扰，应该避免通道穿过游戏空间；二是要尽量做到通道的占地面积最小化，以便为婴幼儿的游戏留下更多的活动空间；三是从一个游戏区到另外一个游戏区要有一定的流动空间和线路。

（3）游戏材料的方便取用。游戏材料是供婴幼儿和照护者使用的，所以游戏材料的存储应该对婴幼儿和照护者都是便利的。美国学者约翰逊等人的研究提出材料和玩具要系统地分类，放置在低矮及开放的架子上，并以图画或文字标明放置的位置，放置高度适合儿童的视线高度，以便让儿童自行选择与取拿收放，吸引儿童前来游戏。因此照护者要留意用于储存材料的容器类型及其摆放位置，婴幼儿应能在游戏空间中容易看到和找到游戏材料。对刚学会爬行的婴幼儿以及还不会爬行的婴儿而言，大的材料简单地摆放在地板上会更好，如若需要存储的话，具有自然质地与气味的篮筐通常比架子更适合。如果需要把玩具放在较低的架子上，那么把玩具放入透明的容器会更好，这有利于吸引会爬行的婴幼儿去探寻里面的东西。存储玩具的容器大小和重量也很重要。太大的容器意味着玩具会被埋起来，看不见也用不上。针对这种情况照护者可以在标签上添加图片、照片或文字，给婴幼儿一些线索，让他们知道里面有什么，有利于幼儿整理并归还材料。让学步儿接触有意义的照片以及符号，也是一种体验早期读写能力的经历。对于只有照护者才能取用的物品，最好放在靠近游戏空间的高墙边的储物架上，既方便照护者取用，又保证婴幼儿够不着。

2. 创设户外游戏环境

婴幼儿保教活动中最不能缺少的就是让婴幼儿探索自然世界。自然世界中的水、土壤、空气以及植物和小动物都为婴幼儿提供了认知自然的机会，所以户外环境和室内环境一样，要为游戏提供尽可能多的可能性。室内游戏环境设计的原则同样适用于户外游戏环境的设计。户外游戏环境也最好界定不同的游戏区域，为婴幼儿提供各种各样学习经验的机会。

（1）运动区。0 ～ 3 岁是婴幼儿大肌肉和大动作的发展阶段，户外环境和材料正好能够为婴幼儿提供很多身体挑战的机会，满足他们感觉统合的需要。照护者可以在户外为会爬行的婴幼儿设置爬上、翻越以及可以停下来的地方练习爬行，为学步儿提供攀爬、滑动、翻滚、摇摆、平衡和漫步的地方学习走路，为学会了走路的幼儿提供高草地、垫脚石、凸起的地面练习行走。这些户外的斜坡、凸起的表面以及可以爬上去或滑下来的坡道可以用简单的自然材料进行建构。

（2）自然环境区。自然环境区可以为婴幼儿提供接触昆虫的机会。学步儿对生活在自然环境中的昆虫，如瓢虫、蜗牛、蠕虫等很着迷。为了支持这一兴趣，照护者可以在户外开辟一块土地，种植植被，激发和支持婴幼儿探索小动物、小鸟、昆虫等生物的欲望。自然环境区的创设更重要的意义还在于帮助婴幼儿与生物建立一种关系，并慢慢学会识别和关心昆虫生活的地方，慢慢了解在哪里可以找到昆虫，并有意识地保护昆虫。

（3）种植园区。种植园区能够为婴幼儿提供植物，如蔬菜、水果、花草等。种植园区里的植物能够让婴幼儿感受到生命力的顽强，比如，在好奇的学步儿的探索之后，植物仍然很好地生存。学步儿可以采摘成熟的果实，感受劳动的快乐。种植园区还能够促进婴幼儿对生命的感知，比如，随着季节的变化，学步儿可以看到发芽、开花、结果、树叶干枯、藤蔓缠绕等。当然，在种植园区还可以发现昆虫，为寻找昆虫提供了一个游戏的地方。

（4）角色游戏区。年龄稍大的幼儿会在角色游戏中再现日常经验，所以有些大型的角色游戏如扮演警察、消防员、急救员等比较适合在户外开展，有利于幼儿有更充分的空间来表演自己的故事，也可以更加充分地释放幼儿的精力。户外场地的空旷有助于发展积极的角色游戏体验，幼儿可以大声地表达，可以发出比室内环境大得多的声音，可以有更加夸张的动作。他们可以更加真实地体验现实生活，跑着、喊着或者大步流星地去警察局等。

（5）自然材料区。自然材料区主要包括水、沙子、泥土、山坡等。自然材料的探索当然也包括托育机构以外的花园等自然环境的探索。自然材料区的活动，能够更加丰富婴幼儿的想象力，使他们更富有同情心，更会创编故事和更懂得分享。提升自然材料区的活动质量，关键之一就是提供各种不同尺寸的容器、铲子甚至滑轮等，以增加婴幼儿平行游戏和合作性游戏的机会，提升探究性游戏的机会。

（6）创造性艺术区。为婴幼儿提供户外艺术活动的机会非常重要。在户外环境中，可以让幼儿在较少的限制下，以一种令人兴奋的和创新的方式来表达，并在更大的空间来创作大型艺术作品，感受艺术形式的真实性。比如，幼儿可以尝试泼洒的方式作画，可以用大型的刷子、容器和大的地面作画，用粉笔制作各种标记，促进幼儿构图和绘图能力发展，以及对颜料的流动、混合和配色变化的领会。此外，创造性艺术区还可以为幼儿提供户外音乐、舞蹈、绘本阅读等活动。

（二）配备游戏材料

1. 游戏材料的概念

游戏材料也叫玩具，是婴幼儿在游戏中用来塑造其自身经验的具体物体。游戏材料对婴幼儿的游戏类型和游戏内容的设计具有重要影响，对婴幼儿玩玩具有特定的提示作用。它能够鼓励婴幼儿进行某种类型的游戏，从而直接或间接地促进婴幼儿的发展。比如，乐高积木和图案积木能够暗示婴幼儿进行建构游戏，填充玩具、洋娃娃、玩具人、交通工具等玩具会暗示幼儿进行假装游戏等。反过来，婴幼儿的发展水平也影响着他们对游戏材料的选择。

案 例

妈妈把装有几个纸杯的塑料袋放在8个月大的果果身边。果果看到后，就从塑料袋里拿出一个纸杯放到地上，然后再拿出一个纸杯，嵌入第一个纸杯里面，然后再拿出一个纸杯嵌入到第二个纸杯里面，直到把塑料袋里的所有纸杯都拿出来，一个一个地叠放在一起。等到把所有的纸杯都叠放好以后，果果又把杯子一个一个地塞进了塑料袋里。如此，拿出来、放进去，重复多次，直到自己觉得没有意思了。

2. 游戏材料的分类

（1）根据游戏材料的性质，分为自然性游戏材料和教育性游戏材料。自然性游戏材料主要是指来自真实自然环境中的，被婴幼儿用于游戏的客体对象，比如树叶、水、泥巴、沙土等。自然性游戏材料保留了物体的最初本色，人工痕迹较少，所以能使游戏本身更具有可能性、多样性、潜在性、探索性，有利于很好地激发婴幼儿的自主性。目前所倡导的自然教育、森林教育就比较重视自然性游戏材料。教育性游戏材料是指为了婴幼儿身体、认知、情感、社会性等方面发展而提供的玩具，比如福禄培尔恩物、蒙台梭利教具、拼图、字母卡片、绘本、艺术游戏材料等。教育性游戏材料突出成人定义的教育成果或者婴幼儿发展的游戏材料。

（2）根据游戏材料的结构性程度，分为开放游戏材料和封闭游戏材料。开放游戏材料又叫低结构游戏材料，是指具有多种使用用途的游戏材料，例如积木、水、泥巴、蜡笔和颜料、纸盒、橡皮泥、黏土等。封闭游戏材料又叫高结构游戏材料，是指使用方法非常有限的游戏材料，比如拼图、仿真玩具、洋娃娃。另外还有处于二者之间，兼具开放与封闭特点的游戏材料，比如乐高积木，既具有特殊的物理特性又具有灵活性，可以用于多种游戏。

（3）根据游戏材料的质地，分为软质材料和硬质材料。软质材料包括毛绒玩具、地毯、懒人沙发、水、黏土、沙子、颜料等。根据普利史考特的观点，幼儿需要大量的软质材料，幼儿容易对软质材料做出改变和调整。而硬质游戏材料需要婴幼儿被动适应，也只能以特定方式使用。

（4）根据游戏类型，分为感知运动游戏材料、象征性游戏材料、建构游戏材料、可移动游戏材料等。感知运动游戏材料仅仅是用一个物体进行重复性活动并获得快乐的玩具，比如弹力球、拨浪鼓、陀螺、木马和供儿童攀爬的架子。象征性游戏材料是看起来像文化或自然中的物体的玩具，如动物、运输工具、房子、厨房用具、家具和洋娃娃的微缩模型。建构游戏材料是可以用来操作和创造新物体的玩具，比如木质积木、乐高积木等。可移动游戏材料包括三轮车、自行车、踏板车、小型手推车等。每种类型的游戏材料具有不同的作用，所以照护者要根据婴幼儿发展需要提供多样化的游戏材料。

（5）根据游戏材料对婴幼儿动作发展的影响，分为精细动作的游戏材料和大肌肉动作的游戏材料。诸如插钉板、图案纸板、拼图有助于婴幼儿精细动作的协调发展，属于精细动作的游戏材料。与之相比，三轮车、踏板车、秋千和操场上的攀登设施帮助婴幼儿发展大肌肉的力量与协调，属于大肌肉动作的游戏材料。在户外和室内用于玩感知运动游戏的材料，包括用于艺术创作与建构的原材料，比如沙子、水、涂料、泥巴、黏土等也都属于大肌肉动作的游戏材料。

（6）根据玩具对于儿童内在情感和社会交往的效果对其进行分类①。格里芬（1988）建议，教师根据玩具对于儿童内在情感和社会交往的效果对其进行分类，而不是根据抽象概念和玩具能够发展的能力对其进行分类。一些玩具会激发主动的群体游戏，比如积木、过家家玩具和艺术材料。其他玩具，比如插钉板、拼图，微型动物和书籍，则暗示安静的个体游戏。格里芬注意到，插钉板、拼图、微型动物和书籍等具有自我修正的性质，为儿童创造规则和控制他们的物理环境提供了机会，也能够使儿童放松，表达情绪

---

① 朱迪斯·范霍恩，帕特里夏·莫尼根·努罗塔，芭芭拉·斯凯尔斯，等. 以游戏为中心的幼儿园课程［M］. 史明洁，等译. 北京：中国轻工业出版社，2017：364.

上的苦恼。因此，格里芬（1988）建议教室里要有充足的玩具，以便让儿童能够进行潜在的“掌控”，比如奶瓶、高脚椅、蜘蛛、龙、披风、魔法棒和帽子。教师们也很早就发现，像水、沙子、泥巴、颜料、胶水和拼贴材料，能够让感官获得快乐。它们为儿童提供了许多掌控和促进情绪平衡的机会。

案　例

豆豆在刚入园的时候出现了分离焦虑，每天与妈妈含泪告别后，豆豆会拿出从家带来的玩具娃娃、玩具妈妈、一个小型的塑料游戏房子和一个玩具汽车。他把玩具娃娃放入房子，然后说：“再见，妈妈。”又将玩具妈妈放到一个玩具汽车里，然后将玩具汽车“开”走了，并低声说：“我爱你。”过了一会儿，他将玩具妈妈带回房子并说：“回家的时间到了，今天你过得快乐吗？”他边说边将玩具妈妈和玩具娃娃放到了汽车里。

3. 游戏材料的选择

游戏材料的分类，为照护者选择游戏材料提供了选择的技巧。但是无论按照何种分类标准选择游戏材料，照护者都要注意：

（1）安全性。保证游戏材料不含有毒物质，无锋利的边角；为 3 岁以下婴幼儿提供的玩具材料体积不能过小，以免婴幼儿把玩具材料塞入口、鼻、耳中；毛绒玩具选择不易掉毛的，材质好不容易导致过敏的；如果是骑行玩具要保证其结构的牢固性，重心要低。

（2）适宜性。游戏材料的大小、结构、外观、复杂性要符合婴幼儿的年龄特点和个性特点。针对月龄较小的婴幼儿适宜提供零件数量较少的、轻质的、高结构化的游戏材料，比如模拟实物或者逼真程度高的玩具，因为逼真的玩具会启发 3 岁以下的婴幼儿玩假扮游戏。随着月龄增加，想象力丰富，可以提供零件数量较多、低结构的游戏材料。

（3）发展性。婴幼儿的游戏材料承载着促进婴幼儿动作、认知、语言、情感和社会性发展的教育功能，因此照护者在提供给婴幼儿游戏材料时，要有具体的发展目标。比如，许多学步儿喜欢使用塑型材料和道具，如橡皮泥。照护者就要认真思考橡皮泥游戏材料有利于促进婴幼儿的什么方面的发展，如何发展，应该如何提供橡皮泥。同时尽量为婴幼儿提供一些能够动手操作和亲自掌控的玩具，少一些电子遥控类玩具。

素养园地

游戏与玩物

原则一：小孩子需要有适宜的伴侣。

原则二：小孩子应有与动物玩弄的机会。

原则三：小孩子平时宜穿运动套衣。

原则四：小孩子东西玩好以后应当立刻整理好放在原处。

原则五：小孩子最好有玩水的机会。

原则六：小孩子玩的玩物是要“活”的，不要“死”的。

原则七：玩物的作用，不仅仅是博小孩子之欢心，乃是也要使他因此得着自动的机会。

原则八：凡凶恶丑陋、不合卫生而有危险的玩物，一概不要给小孩子玩。

原则九：小孩子应当有适当的地方以储藏他的所有物。

原则十：小孩子的玩物应当合乎几种标准。

资料来源：陈鹤琴. 家庭教育［M］. 北京：商务印书馆，2019.

三、与婴幼儿的对话与互动

除了照护空间、游戏环境之外，还有第三种非常重要的教与学的环境，即贯穿每日活动的照护者与婴幼儿对话与互动。婴幼儿的每日生活主要包括常规活动和游戏活动，因此照护者与婴幼儿的对话与互动具体划分为常规活动中的对话与互动，游戏活动中的对话与互动。

（一）常规活动中的对话与互动

进餐、换尿布和午睡是婴幼儿的常规活动。日常照护常规是婴幼儿与照护者进行一对一交流的最佳时机。在这一时刻，婴幼儿能够得到照护者的全部投入与关注，所以在婴幼儿进餐、换尿布和午睡的时候，照护者不仅要满足婴幼儿的生理需要，同时也要满足他们的情感需要。比如，当婴儿被抱在怀里进行奶瓶喂养时，照护者要尽量与婴儿对话，或者给婴儿唱歌。这样婴儿在享受吃奶、对话、听歌的过程中，他们的身体和情感就会同时得到滋养，并与照护者建立一种持久的喜爱与信任的关系。事实上，进餐、换尿布和午睡等常规活动为婴幼儿提供了应用新技能、新概念的机会，帮助婴幼儿了解自己、他人以及有意义的事件，也会促进其语言技能的发展。例如，当给婴幼儿穿衬衫时，照护者特意把袖子放在婴幼儿看得到的地方，与婴幼儿进行眼神交流，并说："现在该穿衬衫了，你能把手放进袖子里吗？"然后停顿一下，让婴幼儿把胳膊伸到袖子里。①

有学者提出照护者要尊重婴幼儿，把他们视为有感情、有期望和有愿望的主体，并邀请他们参与和自己有关的事情，如换尿布、穿衣和进餐。②照护者在常规生活照护时切忌匆匆忙忙，只顾完成任务，因为这样做会剥夺婴幼儿积极参与的机会。当照护者与婴幼儿接触时，一定要记得给婴幼儿提供发展技能和建构概念的机会，发展婴幼儿理解语言的能力。

（二）游戏活动中的对话与互动

照护者有没有必要参与到婴幼儿游戏中呢？对此有过诸多争论，有人建议照护者要采取放手的态度，实施不干预主义。照护者的作用仅在于布置游戏舞台，仔细观察游戏，寻找婴幼儿情绪调节的线索。与之相对的，受到维果斯基最近发展区的影响，也有人认为照护者应该参与的游戏中，只是需要以恰当的方式进行干预，比如与婴幼儿正常互动的方式，成为婴幼儿游戏的一部分，从而丰富婴幼儿的游戏经验，引导婴幼儿产生更多社会互动和认知活动等。游戏作为婴幼儿发展与学习的重要活动，照护者还是需要积极介入其中，以积极支持的角色，开展与婴幼儿的对话与互动。

1. 照护者以旁观者的角色与婴幼儿对话与互动

所谓旁观者就是待在游戏空间近旁，欣赏儿童游戏的观众。这里的旁观者不是无所事事，放任不管，而是作为观察者，更好地观察婴幼儿，以便获得关于婴幼儿感受或需求的信息。婴幼儿在游戏中是有意识的。当照护者仔细地观察他们游戏时，婴幼儿通过手势、表情和动作向照护者展示他们的意图、感受和想法。而照护者此时的观察，反过来又支持了婴幼儿的学习和深入探究。所以对于照护者与婴幼儿来讲，照护者对婴幼儿观察本身其实就是一种隐性的对话与互动。

案　例

贝贝手里拿着一个拨浪鼓，摆弄来摆弄去。然后他盯着旁边的照护者看，对他微笑，摆出要摇晃的架势，好似在说"如果我摇动这个，会怎么样？"照护者看着贝

---

① 玛丽·简·马圭尔-方. 与0～3岁婴幼儿一起学习：支持主动的意义建构者［M］. 北京：中国轻工业出版社，2020：270.

② 同①269.

贝，笑了笑，看着他怎么玩。这时，贝贝使劲地摇晃了一下胳膊，拨浪鼓发出了声响，贝贝笑了。

这个案例中，照护者作为观察者观察贝贝的手势，并理解贝贝的意图。照护者理解了贝贝的意图以后，以微笑反馈给幼儿，鼓励幼儿大胆尝试。而贝贝看到照护者的微笑，得到鼓舞，摇动拨浪鼓。照护者和贝贝的微笑实质上就是观察者与被观察者之间的对话与互动。

2. 照护者以舞台管理者的角色与婴幼儿对话与互动

照护者作为舞台管理者待在游戏边线之外，不进入婴幼儿游戏，但是会帮助婴幼儿进行游戏准备，提供游戏协助。比如帮助制作道具、布置游戏场景，帮助幼儿完成准备工作或者拓展幼儿的游戏，帮助幼儿进入游戏状态等。

案　例

色彩缤纷的围巾散落在一间婴幼儿混龄教室里，大多数孩子一边舞动着身体和手，一边舞动着围巾。玛吉是一名两岁半的孩子，但她的游戏技能像是年龄更小的孩子。她没有和其他人一起跳舞，而是独自坐着，开心地用嘴叼着几条围巾。教师薇姬想帮助她扩展游戏。薇姬了解玛吉的发展水平，也知道她喜欢填充和倾倒。薇姬把围巾塞进一个空纸巾盒里，只留一小块露出来。玛吉兴奋地从盒子里拉出围巾，开心地笑了，一个新的游戏诞生了。在了解了玛吉的发展技能和兴趣之后，薇姬通过在游戏中使用简单的玩具来促进幼儿的认知发展。

资料来源：卡罗尔·科普尔. 0～3岁婴幼儿发展适宜性实践［M］. 北京：中国轻工业出版社，2020：156.

3. 照护者以合作者的角色与婴幼儿对话与互动

照护者作为合作者是指作为婴幼儿游戏的伙伴加入游戏中。这里强调一点，照护者是游戏中的一员，而不是游戏的控制者。照护者加入的作用是拓展游戏主题，以自身的角色影响游戏进程，起到动作示范作用，便于婴幼儿模仿学习。

案　例

两岁的橙橙最近特别喜欢玩假装游戏。有机会就到娃娃角，假装给娃娃喝水、吃药。但是一连玩了好几天，游戏内容也没什么变化。这天，老师来到娃娃角，对橙橙说："你在给娃娃喝什么呀?"橙橙说："药。"老师说："哦，娃娃生病了呀？我今天带来了听诊器，我看看娃娃得了什么病，好不好?"橙橙说："好。"于是，老师拿着听诊器仔细地给娃娃听诊。橙橙在一旁看着。

这个案例中，橙橙的游戏一成不变，需要新的刺激物来拓展游戏。老师把新的游戏材料——听诊器引入游戏中，丰富了游戏的内容。

4. 照护者以协调者的角色与婴幼儿对话与互动

照护者作为协调者是指在游戏环境中帮助幼儿协调自己与他人的关系。婴幼儿游戏中经常会遇到让他人参与游戏、取用他人的玩具，或者阻止别人拿走自己的玩具等情况，有时会出现幼儿咬人、打人、拒绝请求或发脾气。这就需要幼儿学会承受强烈的情绪，解决自己与他人的冲突。而这些需要照护者通过对话来引导婴幼儿。

案　例

阿梅莉亚举起手臂，好像要打卡尔，卡尔紧紧地抓着一辆玩具马车的把手。教师阻止了阿梅莉亚，然后对她说："阿梅莉亚，你不能打人。我知道你很生气，但你不能打卡尔。你确实很想要这辆马车，但是卡尔还在使用它。如果你想要马车，你可以问他：'请问我可以用马车吗?'"教师停下来看了看，阿梅莉亚低下头，什么也没说。教师对卡尔说："卡尔，阿梅莉亚也想用那辆马车，所以你用完后，请把马车给阿梅莉亚。"阿梅莉亚抬起头，用低沉而坚定的声音说："卡尔，我的马车。"

这个案例中，阿梅莉亚想要这辆马车。她很生气，因为卡尔占据着马车，她认为卡尔是那个阻止她获得马车的人。她的计划是把马车从卡尔那里抢过来。教师能理解和认可她的愤怒和她的计划，因为她只是尝试找一种方式来得到她想要的东西。教师告诉她，不能打人。教师的目标是帮助她认识到打人是不对的，但教师也希望她知道下次遇到这种情况时该怎么做。所以，教师教给她一句话来请求获得马车。

资料来源：玛丽·简·马圭尔－方. 与 0～3 岁婴幼儿一起学习：支持主动的意义建构者［M］. 北京：中国轻工业出版社，2020：269.

本章小结

1. 婴幼儿的保教活动的含义

婴幼儿的保教活动是指以 3 岁以下婴幼儿为教育对象，以促进 3 岁以下婴幼儿身心健康发展为目的而开展的活动。这种活动既包括根据婴幼儿的年龄特点合理安排喂养等生活照料的保育活动，也包括早期发展活动，二者缺一不可。

2. 婴幼儿保教活动的特点

婴幼儿保教活动具有融合性、生活性和个体性等特点。

3. 婴幼儿保教活动的原则

婴幼儿保教活动中要遵循尊重儿童的原则，安全健康的原则，积极回应的原则和科学规范的原则。

4. 婴幼儿保教活动的方法

婴幼儿保教活动的方法主要有游戏法，口授法中的对话法、叙述法、谈话法，以及操作法。

5. 婴幼儿保教活动的目标和内容

婴幼儿保教活动的目标和内容具化为营养与喂养、睡眠、生活与卫生习惯、动作、语言、认知、情感与社会性等七个方面的目标和内容。

6. 婴幼儿生活环境的创设

为婴幼儿创设良好的生活环境，要做到合理划分常规照护空间和游戏空间，保证照护空间的空气质量，提供舒适的感觉刺激。

7. 婴幼儿游戏活动的支持

对婴幼儿而言最好的学习方式是游戏，最好的学习环境是游戏环境，所以要为婴幼儿创设游戏活动的条件。一是创设室内外的游戏环境；二是配备丰富的游戏材料。

8. 与婴幼儿的对话与互动

与婴幼儿的对话与互动是非常重要的教与学的环境。照护者与婴幼儿的对话与互动具体划分为常规活动中的对话与互动和游戏活动中的对话与互动。

9. 游戏活动中的对话与互动

游戏作为婴幼儿发展与学习的重要活动，照护者需积极介入游戏中，以积极支持的角色，开展与婴幼儿的对话与互动。包括以旁观者的角色与婴幼儿对话与互动，以舞台管理者的角色与婴幼儿对话与互动，以合作者的角色与婴幼儿对话与互动，以协调者的角色与婴幼儿对话与互动。

知识应用

一、选择题

1. 教育目的的作用是（　　）。

A. 定向功能　　B. 调控作用

C. 评价作用　　D. 以上都是

2. 下列哪一项不是婴幼儿的认知目标？（　　）

A. 有好奇心和探索欲

B. 逐步发展注意、观察、记忆、思维等认知能力

C. 学会想办法解决问题

D. 有安全感

3. 下列哪一项不是婴幼儿的语言目标？（　　）

A. 对声音感兴趣　　B. 学会运用语言进行交流

C. 愿意听故事　　D. 与成人积极互动

4. 下列哪一项不是婴幼儿情感与社会性目标？（　　）

A. 有安全感　　B. 学会想办法解决问题

C. 与同伴积极互动　　D. 有初步的自我意识

5. 自然性游戏材料有（　　）。

A. 树叶、水　　B. 泥巴、颜料

C. 纸盒、积木　　D. 沙土、毛绒玩具

6. 低结构游戏材料有（　　）。

A. 仿真玩具、水　　B. 拼图、颜料

C. 纸盒、积木　　D. 沙土、洋娃娃

二、判断题

1. 当婴幼儿还不会说话时，与婴幼儿对话没有实际意义。（　　）

2. 照护者不应该介入婴幼儿游戏。（　　）

3. 照护者主要是开发和利用好室内游戏环境。（　　）

4. 在日常照护婴幼儿过程中，照护者要保持缄默，给婴幼儿创设安静的环境。（　　）

5. 给婴幼儿提供的游戏材料越多越好。（　　）

三、简答题

1. 如何理解保教活动的融合性特点？
2. 请简述婴幼儿保教活动的原则。
3. 为婴幼儿提供游戏材料时应注意什么？
4. 请简述在婴幼儿游戏过程中，照护者如何与婴幼儿互动。
5. 请简述可以为婴幼儿提供哪些户外游戏区。

四、分析题

材料：照护者每天定时走进婴儿房，以流水线的方式快速地为每一个婴幼儿换上干净、舒适的尿布。但是，在换尿布时，由于追求速度和完成任务，她很少或者根本不与婴幼儿进行语言与非语言交流，只是与旁边的其他照护者交谈。

问题：你如何评价这位照护者的行为？

第四章　婴幼儿游戏活动

学习目标

知识目标

1. 理解婴幼儿游戏的发展阶段及其价值
2. 掌握游戏的特征

能力目标

1. 能够结合婴幼儿年龄特点设计、指导游戏活动
2. 能够根据婴幼儿游戏活动分析婴幼儿发展水平

素养目标

1. 了解我国的传统民间游戏
2. 挖掘传统民间游戏的教育价值

思维导图

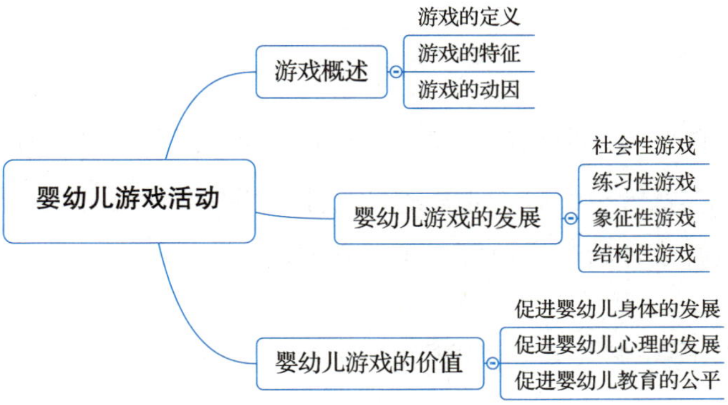

第一节　游戏概述

鲁迅先生认为“游戏是儿童最正当的行为，玩具是儿童的天使”。这向我们说明爱玩是婴幼儿的天性，游戏是婴幼儿的权利，是婴幼儿的基本活动。游戏也是婴幼儿学习感受世界、学习新技能、内化新思想的途径，是他们必不可少的工作。

一、游戏的定义

一般来说，任何研究都应当以明确概念作为研究的逻辑起点，但是迄今为止还没有一个为大家一致认同的游戏定义。游戏是一种容易观察但难以定义的现象，要给出一个让所有人都认同的概括化的定义是一件非常困难的事。而且，游戏往往呈现出复杂而又矛盾的多面特性，这种特性更是增加了定义的复杂性。游戏就“像一个巧于规避的精灵和我们玩着捉迷藏游戏，躲避着精确的定义”①。比如，一个人在前面跑，一个人在后面追，他们是在游戏吗？如果这两个人都在享受跑的快乐、追逐的快乐，那可以判断他们是在游戏。但如果这两个人的身份分别是小偷和警察，警察在抓小偷，那就可以判断他们不是在游戏。

面对游戏这一“巧于规避的精灵”，人们基本上采取了三种不同的态度或策略来解决游戏的定义问题：（1）毋庸定义。这种观点认为游戏是一类庞杂的行为，无法精确定义也无须定义。（2）直觉判断。这种观点主张采用直觉判断的方法解决游戏的定义问题。（3）特征列举。这种观点主张把游戏看作是具有一套共同因素的一类行为，只要设法找出这些共同因素，就可以解决“什么是游戏”的问题。因此，游戏特征列举法就成为解释游戏的基本策略。② 由此，通过对游戏特征的把握来界定游戏成为可能。

二、游戏的特征

（一）自主性

游戏是自由、自主的，是儿童自发、自愿的行为，即儿童参与游戏活动是出于自己的喜欢，而这种喜欢就恰恰引起了儿童的自主性。那些奉命的游戏不再是游戏。游戏的自主性不仅体现在游戏开始时的动机，而且还体现在游戏的全过程。如，儿童在游戏中

① 刘焱．儿童游戏通论［M］．北京：北京师范大学出版社，2004：141.

② 同①142.

创造、控制并修改他们自己的规则和行为规范，由他们自己决定什么是公平、公正以及游戏的进展等。在游戏里，他们创造的是一个自律的环境，而不是他律的环境。

（二）虚构性

游戏的虚构性主要是指游戏不是人们“日常”生活或者是“真实”生活。确切地说，它是走出了“真实”生活，但是又模仿了现实生活的一种假想性活动。但是儿童游戏所能够反映的是儿童眼中的生活，是儿童已有经验的体现，具有假想性、非正式性的特点。虽然游戏具有虚构性，儿童也明白游戏只是在假装，但是儿童仍然会以最严肃的态度全神贯注地玩游戏。

（三）限制性

游戏是在特定时空范围内玩完的，它有自己的进程和意义。游戏的限制性表现在两个方面：一是指时间的限制性。游戏一般在开始之后，会在特定时间结束。游戏在玩到终止过程中，一切也都在运动、变化、交替、接续、联合和分离等。二是指空间的限制性。所有游戏都是在游戏场所中进行的，也是在游戏场所中存在的，是与平常生活有着空间间隔的。这个事先划定的游戏场所，或是现实的，或是想象的，或是特意布置的，或是自然形成的。所有这些游戏场所都是平常世界里的临时世界，用于进行与外界隔绝的活动。

（四）重复性

游戏具有固定形态，游戏一旦玩过，就作为一种模式延续下来，珍藏于记忆之中，并形成传统。需要玩的时候可以随时重复。游戏的重复性不仅对整个游戏适用，而且还有助于判断某种活动是不是游戏。比如，孩子从一个斜坡上跑下来。如果这个孩子只跑了一次，那么这种行为并不一定表示游戏。但是，如果孩子连续几次跑上跑下，或者中途停下来改变步伐大小，抑或跳跃着前进或者缓慢爬上去再迅速跑下来，那么这时候我们就可以说孩子是在玩游戏。

（五）规则性

规则是游戏概念中非常重要的因素，所有游戏各有规则。规则性游戏自带规则，创造性游戏具有想象世界中的行为规则，而行为规则是儿童的自我约束和自我抉择的规则。它划定了想象世界里哪些行为适宜，哪些不适宜，所以游戏具有规则性而且具有无条件的约束力。保尔·瓦雷里曾附带表达过一个非常有说服力的观点：“涉及游戏规则之处，容不得怀疑态度出现，因为构成规则的原理是颠扑不破的真理……”没错，一旦违背规则，整个游戏世界即告崩溃，游戏告终。那些触犯规则、无视规则的游戏者往往被称为搅局者。

（六）愉悦性

游戏会给儿童的身心带来愉悦的感受，这是游戏的本质特征。比如，儿童之间的相互打闹，如果是“闹着玩的”，那么这种活动就变成了一种游戏。游戏者通常运用“好玩”“快活”“有趣”“放松”等趋于给有机体带来正面体验的词汇来评价游戏活动。有些隐含输赢性质的游戏往往会因为其结果不如意而令人不快，但是儿童在结果出来之前的参与过程中，感觉到它有趣，给他带来了欢乐，所以输赢性质的游戏也具有愉悦性。没有愉悦性的游戏就不能算是游戏。

（七）非功利性

游戏不是日常生活，它只是作为临时活动插入了真实生活，并在游戏者得到满足时就结束，所以游戏相对于劳动而言，没有社会实用价值，也不指向直接的物质利益或满足个体生理需求。对儿童来讲，游戏是没有目的的，或者说游戏的目的就是游戏本身。儿童参与游戏活动既不是为了学习某类知识，也不是为了获取某种物质利益，更不是为了做给别人看。游戏的非功利性也表现在游戏是一种过程，轻结果的活动。比如幼儿一遍遍地把纸杯从塑料袋里拿出来又装回去都证明了游戏的非功利性特征。

有关游戏的特征，不同研究者的描述不尽相同，现在绝大多数研究者都赞成判定是游戏不必符合游戏的所有特征的观点。游戏行为与非游戏行为之间的区别也并不是泾渭分明的。一些非游戏活动中也可以包含自发、自愿与愉快等游戏因素。因此，把游戏活动与非游戏活动之间的关系看作是一个渐变的连续体更符合实际。一种活动如果能够满足游戏的全部特征或指标要求，则这种行为可以被看作是“纯游戏”。只具有部分因素或特征的行为可以被看作是游戏性差或弱的活动。

案　例

李老师设计了一个“三只蝴蝶”的游戏活动。她选了三位幼儿扮演蝴蝶，又选了若干幼儿扮演花朵。结果，幼儿们兴趣不高，表现被动。还没等游戏结束，一个幼儿就问李老师：“老师，游戏完了吗？我们可以自己玩了吧？”

案例中的李老师并未遵循幼儿兴趣，完全自导游戏，导致幼儿参与度不高，愉悦感差。“三只蝴蝶”的游戏活动就不能算是“纯游戏”。

三、游戏的动因

婴幼儿为什么会游戏呢？对于这个问题，仁者见仁、智者见智形成了诸多的游戏理论。各种游戏理论秉持的观点不同，但基本上都认为游戏与儿童的需要有关。

（一）剩余精力说

剩余精力说认为游戏是体内充裕精力消耗的需要，是儿童生理的需要。德国思想家席勒认为活动是人和动物的共同现象。低等动物把精力和时间全部用于生存活动上面，没有多余精力从事游戏；而高等动物除了维持基本的生存外，还有多余的精力和时间从事游戏活动。鉴于游戏的创造性、想象性的特点，席勒把游戏界定为一种利用剩余精力所进行的艺术形式。英国思想家斯宾塞发展了席勒的思想，深化了游戏活动的生理基础，认为身体健康的儿童除了维持正常的生活外，还有剩余精力，而剩余精力的发泄就产生了游戏，被称为“剩余精力说”。但是“剩余精力说”无法解释儿童即使精疲力尽，仍不停游戏的原因。

（二）松弛说

松弛说认为游戏是工作疲劳后恢复体力的需要，是与“剩余精力说”相反的观点，也认为游戏是儿童生理的需要，主要代表人物是德国拉察鲁斯和裴茄克。松弛说认为游戏是在工作疲劳后恢复精力的一种方式，是儿童重新获得能量而不是消耗能量的必需途径，是放松的一种需要。

（三）生活预备说

生活预备说认为游戏就是生活技能培训，是对生来不完善的本能的练习，是本能的需要。德国心理学家格罗斯认为，游戏是一种本能的训练，是为今后生活所需要的严肃的工作而设立的。儿童天生的本能不足以适应将来复杂多变的生活，需要有一个准备生活的练习阶段，游戏就是准备生活阶段练习本能的一种手段。这种理论不相信游戏本身有一个建设性目的，也不承认儿童的身体、认知、情感和社会性能力水平会影响他所参加的游戏类型，否定了游戏对儿童发展的重要价值。

（四）成熟说

成熟说认为游戏是儿童操作某些物品而进行的活动，是幼儿运动一般特点的表现，如运动无方向性、冲动性、好动等，与“生活预备说”观点相反。代表人物是荷兰生物学家、心理学家拜敦代克。他认为人的心理发展只依靠人的潜在的内部力量来进行，不需要练习也能发展，因此不需要游戏做准备。游戏也不是本能，只是一般欲望的表现。

引起游戏的欲望有三种，即自由的获得、适应环境和重复。

（五）复演说

复演说认为游戏是远祖灵长类动物活动、动作的复演，是本能的需要。代表人物是美国心理学家霍尔。他认为游戏是儿童对祖先生活的回忆，是早期种族活动的遗迹，儿童通过游戏再现祖先的动作和活动。如儿童玩投掷游戏就是重复原始人的打猎生活，捉迷藏就是反映当时祖先躲藏野兽保护自己的活动等。

（六）精神分析说

精神分析说认为游戏是宣泄和补偿现实生活中不能满足的欲望与要求，是情感的需要，代表人物是弗洛伊德。比如儿童期的主要愿望就是快快长大，做成人所做的事，这在现实中是不可能实现的，儿童就在游戏中寻求成为大人的愿望的满足，从现实的强制和约束中解放出来，补偿了现实生活中无法实现的欲望。同时游戏也是敌意或报复冲动的宣泄，为了追求快乐、宣泄不满而游戏。比如将成人打他产生的仇恨发泄到娃娃身上。精神分析学派强调游戏对于人格的发展以及心理健康的价值，使人们开始重视游戏对儿童早期的发展，重视游戏对儿童情感与社会性等方面的发展价值，对后来研究游戏的人起着一定的影响。

（七）认知发展说

认知发展说认为游戏是认知结构发展不平衡的产物，是认知情感的需要，代表人物是皮亚杰。皮亚杰反对游戏是一种本能活动，并提出了游戏发生、发展的过程。他认为游戏的发生要以动作能力和心理发展的一定水平为前提，所以他从认知发展的角度来考察儿童的游戏，认为游戏是智力活动的一个附属方面，是儿童早期思维发展不平衡的表现，是儿童认识客体的重要方法，是巩固已有概念和技能的方法，也是使思维和行为相协调、平衡配合的方法。游戏的实质就是同化超过了顺应，是个体把外界信息纳入原有认知图式中的一种活动。认知发展说为儿童游戏的研究开辟了新的途径和视角。

（八）社会文化说

社会文化说强调儿童游戏的社会性本质，具有社会历史的起源。游戏的目的是教育和培养儿童参加未来的劳动活动。维果茨基是社会文化说的代表人物，他指出当儿童发展过程中出现了大量超出儿童实际能力的、不能立即实现的愿望的时候，就发生了游戏。因此，维果茨基认为游戏的实质是愿望的满足。比如，3 岁的儿童想扮演妈妈的角色，如果她的欲望不能被立即满足或不能忘记想扮演妈妈的角色的欲望，她就会有立刻实现欲望的表现和倾向性。此时儿童就会进入一个想象的世界，在这个世界里，未被满足的欲望将得到满足，这个世界称为游戏。他指出儿童心理发展的最主要变化首先产生于游戏活动中。因此，游戏是儿童生活中占主导地位的活动形式，是儿童社会性的实践活动。他从儿童心理发展的角度，提出儿童游戏的社会性，加深了对儿童游戏本质的理解，使儿童游戏与动物的本能活动有了质的区别。

第二节　婴幼儿游戏的发展

在婴幼儿成长过程中，婴幼儿所玩的游戏类型不是一成不变的，而是处于发展变化过程中。不同年龄的婴幼儿喜欢玩不同的类型与特点的游戏。掌握婴幼儿在不同年龄阶段所开展的游戏类型，有利于照护者针对婴幼儿心理特点设计游戏活动。同时也可以根据婴幼儿的游戏内容和表现，考察婴幼儿的发展水平。

一、社会性游戏

婴幼儿一生下来就处在与成人，尤其是父母或照护者的看护之下。这些成人不但是婴幼儿日常生活的照护者，而且还是最早与婴幼儿直接接触与交往的对象。在这种日常的相互交往中，就发生了社会性游戏。社会性游戏就是以人际互动为特征的游戏。亲子游戏、与其他照护者的互动游戏、伙伴游戏都是社会性游戏。其中亲子游戏是婴幼儿社会性游戏的一种重要形式，在婴幼儿游戏发生、发展过程中占有重要地位。

（一）亲子游戏的定义

亲子游戏即为家庭内父母与孩子之间，以亲子情感为基础而进行的活动，简言之就是大人与小孩的游戏。亲子游戏是社会性游戏的一种类型，是婴幼儿出生后的最初两年中最主要的社会性游戏，是亲子交往的重要形式。亲子游戏过程中，游戏的发起者往往由成人主导转变为婴幼儿主导。刚开始，婴幼儿在游戏中扮演被动的角色，婴幼儿会根据成人的行为做出回应。大约 8 个月大时，婴幼儿开始采取主动的角色，到 12 个月时婴幼儿可以带着大人玩，主动地发起游戏，比如婴幼儿很小的时候，大人带着婴幼儿玩“捉迷藏”，等幼儿到了 2 岁左右的时候，就主动邀请大人和他一起玩“捉迷藏”。这种趋势表明，在婴儿出生后，成人应尽早开始和孩子玩。在共同游戏中，婴儿学习游戏的基本技能，如等待、轮流、共同参与、假装、重复等，并很快学会自己玩。随着婴幼儿逐渐长大，同龄伙伴的意识出现，婴幼儿的游戏伙伴会逐渐由身边的成人转向伙伴，他们的游戏也逐渐转向伙伴游戏。成人在游戏中的角色也由游戏的直接参与者和协同者转变为旁观者和引导者。

（二）亲子游戏的特点

赫等人（Hay，Ross & Goldman）在对 12 个月、18 个月和 24 个月大的婴幼儿与不同交往对象（母亲、陌生人与同伴）的系列游戏研究中发现，婴幼儿与不同交往对象的社会性游戏都具有以下相互联系的四个特征①：

（1）共同参与。共同参与是指游戏双方明显卷入相互作用的过程。例如母亲看着婴幼儿微笑、吐舌头，等待着婴幼儿的反应。这是一个游戏提议，只有当婴幼儿注意到母亲的动作并开始追随模仿时，游戏才算真正发生。

（2）轮流交替。轮流交替是游戏双方共同控制、相互作用的过程。轮流交替要求游戏者为对方的反应留有一定的余地，如“现在该轮到你了”。轮流交替是相互作用的一种重要技能。最常见的做法是自己做完了动作以后等待对方的反应。如果一方让另一方等待的时间过长，相互作用过程就会中断。

（3）重复。重复有时可以是先前刚发生过的一轮相互作用过程（如抛与接）的简单重复，有时可以是有变化的重复，这种重复可以扩展相互作用的过程。

（4）非实义性动作。在游戏中实现的动作本身并不具备其实际的意义，如假装“大老虎”时故意张大的嘴。

素养园地

传统经典的亲子游戏

1. 拉“大锯”：两人对坐，双脚自然盘曲，双手对握，随儿歌节奏做拉锯似的前俯后仰动作。锻炼幼儿的大臂肌肉群，培养幼儿的节奏感。

2. “你拍一，我拍一”：两人对坐，双脚自然盘曲，随着儿歌节奏做动作。锻炼幼儿的大臂肌肉群，培养幼儿的节奏感和想象力，以及对数字的初步理解。

3. “躲猫猫”：蒙住眼睛寻找躲藏者的游戏。该游戏不仅带给幼儿快乐，还有利于幼儿身体健康、提高认知、缓解焦虑。

① 刘焱. 儿童游戏通论［M］. 北京：北京师范大学出版社，2004：266.

知识拓展

美国心理学家帕顿的儿童社会性游戏分类

游戏分类	社会行为
偶然行为	儿童注视着身边突然发生的使他感兴趣的事情，或摆弄自己的身体，或从椅子上爬上爬下，到处乱转等
旁观行为	儿童大部分时间在看别人玩，听别人的谈话或向别人提问题，不参加其他儿童的游戏，但对所发生的一切心中有数
独自游戏	儿童独自玩玩具，所使用的玩具与周围其他儿童不同，只专注于自己的活动，不管别人在做什么，也没有做出与其他儿童接近的行为表现
平行游戏	儿童仍独自玩，但他所玩的玩具同周围儿童的玩具类似，在同伴的旁边玩，而不是和同伴一起玩。这种游戏在 2 ～ 3 岁时常见，是儿童初步学习社交的机会
联合游戏	儿童和同伴一起玩游戏，谈论共同的活动，但是没有分工，也没有围绕具体目标的共同活动，各人根据自己的愿望进行游戏。这种游戏多见于 3 ～ 4 岁
合作游戏	儿童以集体共同目标为中心，在游戏中相互合作并努力达到目的，有明确的分工、合作及规则意识

资料来源：刘焱. 儿童游戏通论 [M]. 北京：北京师范大学出版社，2004：183.

二、练习性游戏

（一）练习性游戏的定义

练习性游戏，也称感知运动游戏、技能性游戏、动作游戏，是指主要依靠感知、运动器官，摆弄、操作物体，不断重复习得的但还不熟练的动作而获得快乐的游戏活动。练习性游戏被皮亚杰称作“快乐地展示自己已经学会的动作”的游戏，所以也叫动作性游戏。比如，一岁多的幼儿翻开抽屉，把抽屉里的东西拿出来、放回去，然后又拿出来、放回去，如此不断往复的活动就是练习性游戏。练习性游戏被皮亚杰认为是幼儿游戏发展的最初形式，开始于出生后的 4 ～ 6 月，是 0 ～ 2.5 岁幼儿的典型游戏，占其自由活动一半以上。

（二）练习性游戏的特点

0 ～ 2 岁阶段的婴幼儿由于尚未真正掌握语言，其认识活动主要依靠感觉或运动器官的重复活动获得快感，因此练习性游戏具有如下特点：（1）感知觉和肢体运动是练习性游戏的媒介。（2）练习性游戏由简单的、重复的动作所组成，可以练习婴幼儿的动作技能和感知觉。（3）练习性游戏可以是徒手游戏，比如绕着房间四周跑；也可以是操作物体的游戏，如不断地抓、丢玩具等。（4）由于练习性游戏是通过婴幼儿感知和身体运动来游戏，因此它往往以独自游戏和平行游戏的形式发生。

（三）练习性游戏的要素

由于练习性游戏是婴幼儿通过感官和身体动作获得快乐，因此外界环境的刺激和物品的提供是不可缺少的要素。外界环境的刺激能够激发婴幼儿感官游戏和徒手游戏。比如当幼儿看到一个斜坡时，他就会不停地跑上跑下，享受不断重复跑动所带来的快乐。而物品的提供能够让婴幼儿摆弄、操作物体，体验玩物游戏的快乐。比如，幼儿会让大人坐在离自己较远的地方，和大人来回推动小汽车，享受玩弄小汽车的快乐等。

练习性游戏虽然是 0 ～ 2.5 岁阶段最为典型的活动，但是随着语言的出现，通过练习性游戏而获得的新东西越来越少，练习性游戏机会会逐渐减少。在 14 ～ 30 个月时这类游戏在婴儿的全部活动中占 53%，在 3 ～ 4 岁时占 36% ～ 44%，在 4 ～ 5 岁时下降到 17% ～ 33%，到 6 ～ 7 岁时就只占 14% 了（Rubin，et al.，1983）。但是练习性游戏在整个童年期和成年期一直都是一种主要的活动形式。比如，成年人在打电话的时候还会信手涂鸦。练习性游戏始终是人获得发展和快乐的重要来源。

三、象征性游戏

（一）象征性游戏的定义

随着幼儿语言的出现和发展，他们的概念性思维得到发展，表征增加。比如，襁褓内的婴儿还不具备苹果的概念，因此必须通过苹果实物本身去理解苹果的概念。随着幼儿苹果概念的出现，幼儿听到苹果，就知道苹果是什么颜色、什么味道。比如你对 1 岁半的幼儿说“我给你拿苹果”，幼儿听了就会立刻高兴起来，因为他明白苹果这个概念指的什么。幼儿概念性思维的发展，使之开始了象征性游戏。象征性游戏是指使用心理表征来进行的，通过使用替代物并扮演角色的方式，来模拟社会生活的假装或想象游戏，如用一个物品假装另一个物品，自己假装某个角色，用某个动作代表真实动作等。在我国，往往习惯把象征性游戏称为角色游戏。但是角色游戏只是皮亚杰所说的象征性游戏发展历程中的一个阶段。

象征性游戏开始于幼儿 18 个月左右，2 岁以后开始大量出现，但此时基本为独自的象征性游戏，往往没有角色。比如，2 岁的幼儿把小纸壳箱当作小汽车，然后推着它在屋子里跑；幼儿假装给娃娃喝水、吃药等。4 岁以后象征性游戏进入较为成熟的发展阶段，幼儿伙伴之间合作增多，才出现了角色划分，而且围绕角色的需要设计游戏场景、准备玩具、组织语言等，出现了集体象征性游戏。比如6岁大的幼儿可以一起玩"教学"游戏，幼儿们会进行教师、学生等角色划分，并根据教师与学生特点，通过自己的语气、神态、动作、表情等把所扮演的角色表现出来。

（二）象征性游戏的形式

象征性游戏有三种主要游戏形式：假扮游戏、角色游戏和表演游戏。对于3岁以下的婴幼儿来讲，象征性游戏的主要形式是假扮游戏。角色游戏和表演游戏要等到3岁末4岁初的时候才会出现，是象征性游戏的成熟形式。当婴幼儿掌握了角色游戏时，他们就为玩规则游戏奠定了基础。

（三）假扮游戏

1. 假扮游戏的定义

假扮游戏是最先出现的模仿性的角色行为，常发生于幼儿1～3岁时，发生在象征性游戏的早期。此时幼儿常常模仿着成人的动作，但是却没有角色扮演的意识，只是单纯地把社会性动作，如吃、喝、睡等动作应用于模拟实物的玩具上，或者赋予模拟实物的玩具以社会性动作。例如，幼儿双手转动着方向盘，嘴里发出"嘀嘀"的声音假装自己开着车。此时，幼儿的游戏只是简单地在模仿"开车"动作，并未有扮演"爸爸"或者"公交车司机"等社会角色的意识，没有把自己和真正"开车的爸爸""公交车司机"之间建立心理上的角色认同关系。再如，幼儿给动物玩具喝水，给动物玩具打针，甚至让大娃娃给小娃娃吃饭，让娃娃给动物玩偶看病等活动都属于假扮游戏。

2. 假扮游戏的特点

假扮游戏是象征性游戏的最初阶段，具有如下几个特点：（1）假扮游戏主要是婴幼儿自己日常生活动作的再现。（2）婴幼儿既可以是动作的主体，比如喂娃娃喝水，也可以是动作的受体，比如拿起空杯子假装喝水。（3）假扮游戏经历了幼儿模仿动作，到幼儿把动作作用于玩具等他物，再到玩具作为主体模仿社会性动作等不同阶段。

3. 假扮游戏的要素

从假扮游戏的特征来看，婴幼儿开展假扮游戏必须具备以下几个要素：（1）婴幼儿掌握一些社会性动作，并对社会性动作已经具有了概念认知。（2）婴幼儿环境中必须有能够引起婴幼儿动作的象征物。比如婴幼儿假装"喝水"是因为他看到了与实物相似的玩具杯子，玩具杯子引发了幼儿喝水的动作，这才有了假扮游戏。

可见，假扮游戏是3岁以下婴幼儿的主要游戏形式。米昆（McCune，1986）根据自己和皮亚杰等人的研究，概括了10～24个月之间象征性游戏的五个发展水平（见表4-1）。他指出，在前象征性游戏中没有真正的象征因素或假装。在象征性游戏阶段，婴儿的象征性游戏开始能够超越自己的活动而把他人或他物包括进来，以后能够进一步用言语来描述自己的假装动作，表明假装开始变得具有计划性。

表4-1　象征性游戏在10～24个月之间的发展

	水平和特点	例子
感知运动阶段	水平1 前象征性图式：婴幼儿通过简短的再认性动作表明对于物体的用途或言语的理解 没有假装 当前物体的性质是刺激物 婴幼儿的表情是严肃的而不是游戏性的	婴幼儿拿起一把梳子，碰一下头发后扔掉 用墩布在地上拖一下 拿起电话听一下
	水平2 “我向”的象征性图式：在与自己有关的活动中假装 假装 象征性直接与婴儿的身体动作有关 婴幼儿的表情是游戏性的，似乎意识到了假装	用玩具奶瓶假装喝奶 用空勺子吃饭 闭上眼睛假装睡觉
象征性阶段	水平3 单一图式的象征性游戏：把象征扩展到自己的动作范围之外 A：包括其他动作者或动作的对象的象征性图式，例如娃娃 B：假装模仿其他人或物的象征性图式，例如狗、汽车、火车	A：喂母亲或娃娃 B：假装读书；把积木或玩具汽车移来移去，嘴里发出汽车的声音
	水平4 联合的象征性游戏 （1）单一图式的联合：把一个象征性图式运用到不同的对象上去 （2）多种图式的联合：几个图式在先后顺序上是有关的	（1）自己用瓶子喝水，用瓶子喂娃娃；把空杯子放到母亲的嘴边，然后给实验者、给自己 （2）吻娃娃，把它放在床上，把勺子放到它的嘴里
	水平5 有计划的象征性游戏：通过幼儿的言语或无言语可以看出假装动作的事先计划 （1）有计划的单一图式的象征—过渡类型：来自水平2和水平3的活动现在是有计划的了 类型A：一物与一物之间的象征性的认同 类型B：幼儿身体与他人或他物之间的象征性认同 （2）有计划的联合：以现实情景为定向；图式来自水平2至水平5的各种图式，但具有计划性	发现了电熨斗，把它拿起来，寻找衣服，把别的几样东西扔开。找到衣服后，熨 捡起一个玩具起子，说“牙刷”，然后做出刷牙的动作 捡起一个瓶子，说“宝宝”，然后喂娃娃，给娃娃穿上衣服 把假装的食物放在碗里，搅和。在喂以前说“汤”或“妈妈”。过一会儿说“还要吗?”，接着喂

资料来源：刘焱．儿童游戏通论［M］．北京：北京师范大学出版社，2004：279.

四、结构性游戏

结构性游戏大致发生在2岁左右，而且结构性游戏在幼儿的不同发展阶段也会有所不同，遵循着独自游戏、平行游戏、联合游戏到合作游戏的发展顺序。史密兰斯基认为结构性游戏是介于练习性游戏与象征性游戏之间的一种游戏形态。但是，已有研究发现结构性游戏和象征性游戏在学前阶段都有增加的趋势，因此结构性游戏应当是和象征性游戏同时发展，而不是在象征性游戏之前发展①，而且结构性游戏能把练习性游戏与各种复杂的象征性游戏形式自然地联系起来。

（一）结构性游戏的定义

结构性游戏又叫建构游戏，是指幼儿按照自己的兴趣和意愿，组织各种结构材料使之呈现出一定的型式或结构的活动。结构材料的种类很多，包括积木、积塑、雪花片等建构材料；沙、石、水、雪等自然材料；纸盒、轮胎、塑料瓶等废旧物品材料等。

（二）结构性游戏的特点

结构性游戏有三个主要特点：（1）具有可操作性。结构性游戏是幼儿依赖一定的物质材料，动手操作开展的游戏活动。（2）以建构造型为基本目标。幼儿凭借自身对周围社会生活的感受来操作材料，将零散的部件组合成一个富有意义的整体。（3）具有创造性。幼儿在结构性游戏中反映现实生活，但不是简单地直接再现，而是将所积累的知识和印象加以随意改造，创造新形象。

（三）结构性游戏的要素

结构性游戏由材料、主题、建构以及建构物的功能四项基本要素构成。（1）材料是开展结构游戏的前提条件。材料的类型、数量的多寡会对幼儿的结构性游戏产生影响。（2）结构游戏都会有一个主题，但不同年龄阶段的幼儿构想结构性游戏主题的时间不同，有的幼儿会预设好一个主题然后再选择结构材料，有的幼儿是在建构活动的过程中才能逐渐明晰主题。（3）建构活动本身是结构活动的核心，幼儿是建构活动的主体。（4）建构物的功能是对建构出来的物品如何使用的假设和真实使用的效果。

综上，3岁以下的婴幼儿游戏类型主要集中在亲子游戏、练习性游戏、象征性游戏中的假扮游戏以及结构性游戏的初级阶段。照护者要根据3岁以下婴幼儿游戏类型为婴幼儿提供适宜的游戏材料，开展适宜的游戏活动。

---

① 刘焱. 儿童游戏通论［M］. 北京：北京师范大学出版社，2004：205.

知识拓展

依据游戏行为内在关系的游戏分类

1. 未分化型

这是一种最原始的游戏类型。在1岁左右，孩子几乎每隔2～3分钟就出现一种不同的动作，每个动作都没有什么规则，比如摆弄玩具，或是在椅子、凳子上跳来跳去等。1岁以后，这种游戏就很少见了。

2. 累积型

这是一种把片断性的游戏活动连接起来的游戏类型。如把看画册—在纸上乱涂乱画—摆弄积木—玩布娃娃等活动连接起来，每种活动约持续10分钟，1小时内能出现4～9种游戏活动，但活动之间并没有内在的联系。这类游戏多见于2～3岁，稍大一些的幼儿中，也可能还有一定数量。

3. 连续型

这是一种对同一类型的游戏持续玩耍近1小时的游戏。具体而言，它是在一个游戏之后接续一种与前一个游戏内容无关的游戏，或是插入其他的游戏，即在一种游戏形式下进行着各种游戏活动，但还没有稳定的主题，也并不完整、统一。如孩子在“在商店购物”的游戏中，本来是在买东西，可是却插入了摆弄物品、吃点心，或是拿点心玩，等等，然后又回到买东西的游戏上来，而这些并不是孩子特意计划的。这类游戏在2～4岁比较多见。

4. 分节型

这是一种把完整的游戏分成两次或三次来进行的游戏。如画画和玩沙子，当玩腻了一种游戏活动时，就转向另一种活动。结果，本来一次完成的画可能要分两次或三次才能画完，本来是一个完整的玩沙游戏，却被分割成两节或是三节。类似这样的游戏多见于4～6岁儿童中。

5. 统一型

延长分节型游戏的时间（1小时左右），就是统一型游戏。与连续型游戏不同的是，整个游戏是在统一主题、目标下进行的，游戏内容彼此有联系，游戏方式也基本一致。这种游戏同分节型游戏一样，在年龄稍大的儿童中较为多见。

第三节　婴幼儿游戏的价值

婴幼儿是好游戏的、好玩的。游戏为婴幼儿发展、需要和意识的改变提供了一个宽广的背景。根据婴幼儿游戏动因的分析，驱使婴幼儿游戏的需要主要是身体活动的需要、探究的需要、交往与情感表达的需要等。游戏满足了婴幼儿的这些需要，反过来自然就会促进婴幼儿身体运动发展、认知发展、社会性发展等。

一、游戏促进婴幼儿身体的发展

案　例

爬行游戏

果果 9 个月了，既不会爬，也没有学习的欲望，妈妈很着急。一次，妈妈在果果状态很好的时候，把果果抱到地毯上，然后对果果说，“果果，妈妈今天要和你玩游戏。”然后妈妈就像播放慢动作一样，把爬行动作分解示范了一遍。果果看着妈妈爬觉得很有意思，开心地冲着妈妈笑，但还是没有爬行的意识。于是妈妈就在果果正前方 1 米处放了一个玩偶，然后回到果果身边，再示范了一遍爬行动作并拿到了玩偶，开心地和果果打招呼。这时，果果就试图慢慢地抬起胳膊，抬起腿。在妈妈的不断鼓励和引诱下，慢慢向前爬去。

身体健康发展是婴幼儿全面发展的基础。婴幼儿身体发展既包括神经系统、消化系统等各系统器官的生长发育，也包括爬行等身体基本运动能力的发展和对外界冷热等环境的适应能力。游戏是婴幼儿自愿的活动形式，天然地包含着动作和运动的成分，能够为婴幼儿身体的正常发展提供许多必要的动作练习和运动的机会，从而促进各系统的发育，锻炼婴幼儿的身体，增强婴幼儿的体质。比如，走、跑、跳等动作游戏能使婴幼儿身体各器官得到活动和锻炼；积木等结构性游戏，能促进婴幼儿小肌肉的运动，促进骨骼、关节的灵活与协调；户外游戏能够使婴幼儿增强对外界环境的适应能力。本案例中，果果已经 9 个月了还不会爬行。而 7 至 9 个月是婴幼儿模仿能力形成期，果果妈妈通过充分发挥婴幼儿的模仿能力，与果果一起玩爬行游戏，使果果学会了爬行。由于婴幼儿爬行时必须用四肢支撑身体的重量，因此爬行会使手、脚及胸腹背、四肢的肌肉得到锻炼，为站立和行走打下基础。爬行游戏不仅让婴幼儿学会了爬行的动作，促进了动作的发展，而且促进了骨骼、关节、肌肉和内脏各器官的发育，以及脑、眼、手、脚的协调等。

二、游戏促进婴幼儿心理的发展

（一）游戏能促进婴幼儿语言的发展

案 例

一天，一位教师带来一些彩色氢气球给儿童玩。卢克，17个月，刚刚能够走稳，喜欢牵着气球的彩带，上下晃动。莎伦说“晃动，晃动”，并且模仿他的动作。卢克大笑起来，并且晃得更起劲了。忽然，彩带从他手里滑落了，气球迅速地飘到天花板。他用惊讶和警觉的表情看着莎伦。她模仿他的惊讶表情，并且说：“它飞上去了！飞上去了！”她用胳膊做着飞上去的手势。卢克试图向上抓住彩带，但是他够不着彩带。“太高了，我们怎么办？”莎伦问。“我能抓住。”当她站起来去够时，发现她也够不到彩带的末端。她看着卢克，张开胳膊，说：“噢，太高了，我要跳着够。”她跳起来抓住了彩带，把它给了卢克。他拿了一小会又让它飞了，……卢克开始弯着腿并且突然抬起他的身体——像跳一样，但是脚却没离地。“跳！”莎伦说着又重新拿到了气球。这个过程重复了几次。在这个过程中，卢克开始跟着说“掉！”（类似“跳”的发音），并做出跳的样子。……在随后的一周，一个孩子带气球来日托中心庆祝生日。莎伦高兴地发现卢克看着她说“掉”，并且他还做出要跳起来的样子。

资料来源：大卫·怀特布莱德，彭尼·科尔特曼．高质量的幼儿教育：儿童早期的教与学［M］．上海：华东师范大学出版社，2019：108.

婴幼儿期是语言发展的关键期，语言发育迟缓不仅严重影响婴幼儿的语言理解和表达能力，还将影响婴幼儿的社会适应能力。很多研究已经把游戏与语言的发展联系在一起，并关注游戏对婴幼儿语言发展的作用。比如照护者为婴幼儿在图书与故事区放了绘本，然后又在玩偶区放了与图书、故事区的绘本内容相关的手指玩偶、娃娃或者图片等。研究发现，两个游戏区内的物体有相互关联时，婴幼儿极有可能反复听到夹杂相同单词、短语的对话和故事。这为婴幼儿学习词汇提供了可能性。正如上面的案例中，莎伦老师认识到重复有助于婴幼儿熟悉语言，所以利用玩气球的各种情境，不断重复“跳”，并配以动作帮助幼儿理解和掌握。事实上也证明幼儿很好地理解了“跳”的意义，并在一周以后发生类似事件时，自动说出了“跳”。手指游戏、语言游戏等在促进婴幼儿语言发展方面更为明显。以传统的童谣为例。童谣包含着节奏、语音、词汇、语调等，能够让婴幼儿感知语言的节奏、音调、词义、表达等，促进婴幼儿语言发展。一首经典的童谣每一行大约持续 4 秒，每一节持续 20 ～ 40 秒，然后才出现明显的停顿。特里瓦森（2005）的分析表明，这些音程与人体的节律一致，相当于人体有节奏的心跳和呼吸模式的循环时间。① 而人体生物节律与具有交流意义的符号、声音之间的协调，恰好能促进婴幼儿对节奏、音调、词义、表达的理解和记忆，从而促进语言的发展。

（二）游戏能促进婴幼儿认知的发展

案　例

雪儿（2 岁 10 个月）给玩具熊穿娃娃的鞋，娃娃的鞋对于玩具熊来说太小了，它只能穿进去半只脚。她见状乐得大笑：嘻，大熊穿小鞋，大熊穿小鞋，只能穿半个脚！嘻嘻嘻……

资料来源：刘焱. 儿童游戏通论［M］. 北京：北京师范大学出版社，2004：208.

认知发展是人的发展的重要组成部分，其中解决问题与概念学习是认知发展的最基本因素。皮亚杰、维果茨基、布鲁纳通过对婴幼儿的观察表明，婴幼儿是有能力的思考者，能够积极地组织概念和观念，即便是非常年幼的幼儿也是知识的自我建构者。游戏是婴幼儿的活动形式，为婴幼儿建构知识提供了条件。比如，正处于开展动作游戏或者玩物游戏的婴幼儿，当他们把玩某件物体时，会利用正在发展的抓、咬、闻、听等动作技能，通过身体、鼻子、耳朵等感官收集物体的硬度、外观、气味、声音等，并记住这些物理属性，同时对这些信息进行组织与分类，使其具有意义并建构概念。等下一次游戏时再遇到同类特征的物体时，就将新经验融入现有的心理结构中，从而促进认知的发展。事实上，婴幼儿拿起周边的事物，用嘴咬、用手晃动等都是在探索事物，是学习的过程。本案例中雪儿玩的游戏是假扮游戏。假扮游戏能够帮助幼儿理解和掌握新的经

① 卡罗尔·科普尔. 0 ～ 3 岁婴幼儿发展适宜性实践［M］. 北京：中国轻工业出版社，2020：180.

验，并把零散的经验进行整理与重组，把它们纳入已有的认识结构中去，以加深对它们的认识与理解。雪儿给玩具熊穿娃娃的鞋的过程中，理解和整合了“大”“小”“半个”等概念认识，而且通过“嘻嘻嘻”庆祝着自己的发现。

（三）游戏能促进婴幼儿情感的发展

案　例

我的邻居家有只小狗，叫“贝贝”，很凶的样子，远远看到人上楼来，就叫个不停。我告诉女儿雪儿（4 岁 10 个月）千万别去碰那只小狗，如果让它咬了就麻烦了，并且和她讲了什么是狂犬病以及这种病的结果。但是小狗的主人却鼓励孩子和小狗玩，说贝贝不咬人，喜欢和孩子玩。毕竟是小孩，她经不起诱惑，带着既喜欢又害怕的心情和邻居家的小姑娘一起逗小狗玩。但我发现之后还是制止了她这种行为。接下来的几天里，我发现她从玩具柜里找出了两只长毛绒玩具狗。她给它们梳“头”，还给它们系上了她自己的漂亮围巾，把它们放在“床”里（把方凳倒过来放地上，像个摇篮）。我问她在干什么，她回答说“这是我的孩子”。有一天，我还听到她在说：“小怀特、小叶洛（即英文的 white 和 yellow，因为小狗颜色一白一黄）不咬人的。它们打过针的。被小疯狗咬了会得疯狗病的，也会像小疯狗一样汪汪叫的。”

资料来源：刘焱．儿童游戏通论［M］．北京：北京师范大学出版社，2004：207.

婴幼儿在游戏中的情感与他们的情感发展密切相关。婴幼儿的情感发展指的是他们感知或体验情感的能力，以及管理或者表达自己情感的能力。情感包括快乐、悲伤、嫉妒、惊奇等。皮亚杰、维果茨基和埃里克森都强调游戏对幼儿情感发展很重要。游戏本身具有愉悦性，没有强制性目标，不需要承担任何责任，所以游戏能够给婴幼儿带来极大的快乐和心理满足，比如亲子游戏能够使婴幼儿建立安全型依恋，使婴幼儿成长为快乐的、社交能力强的、有韧性、富有同情心、在解决问题上坚持不懈，并愿意在需要时寻求帮助的婴幼儿。同时，游戏也为婴幼儿提供了表达负面情绪的场所。当冲动的行为和实现愿望受阻而产生挫折时，婴幼儿可以通过游戏学会如何调节情绪。比如上述案例中，雪儿正在通过幻想游戏把自己想和狗玩的想法与成人的禁止之间的冲突表现出来，把自己被抑制的愿望通过游戏的方式宣泄了出来，并得到了心理补偿，很好地调节了自己的情绪，能够促进幼儿良好情感的发展。

（四）游戏能促进婴幼儿社会性的发展

案 例

在游戏角有两个2岁8个月的幼儿——囡囡和贝贝。囡囡突然站起来对着身边的一个洋娃娃说：“宝宝，听妈妈的话，别淘气哦。”然后一面说“我上班去了”，一面向贝贝点头并走到活动室的另一边去了。

社会性指个体在社会性交往过程中获得的各种人际关系与特征以及在处理各种人际关系时所表现出来的心理倾向性。婴幼儿社会性发展包括家庭成员关系、伙伴关系、群体适应、亲社会性行为、道德品质等。婴幼儿的游戏类型中父母与婴幼儿的亲子游戏，照护者与婴幼儿的互动游戏，以及婴幼儿独自的假扮游戏都有助于婴幼儿社会性发展。因为无论是何种类型的游戏，婴幼儿在游戏中必然要与其他人发生交往或者联系。婴幼儿在与别人的交往中能够逐渐地发现和了解自我与他人、他人与他人之间的关系，了解他人的反应模式，学会与他人的相互适应，并学会与他人交流、互动的社交技能。比如，在上面的案例中，囡囡显然是在游戏中模仿父母之间的行为及其相互关系，表达她对父母之间和亲子关系的理解。婴幼儿在游戏中再现的这些成人的动作和看到的生活场景以及个人生活经验的积累，反过来有助于婴幼儿亲社会行为和社会交往技能的养成。

案 例

2岁7个月的琳琳把娃娃放到了床上，将纸杯靠近娃娃的嘴边，然后又把娃娃抱起，用嘴吻娃娃的脸，用手抚摸着娃娃，并轻轻地摇娃娃入睡。旁边的保育师问她：“你刚才都给娃娃做了什么？”琳琳微笑着回答：“她病了，吃药了。”

（五）游戏促进婴幼儿创造力和想象力的发展

案 例

2岁11个月的奇奇，一手抱着娃娃，一手给娃娃梳头。奇奇一边给娃娃梳头一边说：“妞妞（娃娃的名字），我要过生日了。我会吃一块草莓蛋糕。蛋糕可好吃了。”

奇奇边说边拿起身边的一块积木，对妞妞说："咱们一起吃吧！"说着，奇奇就把积木蛋糕送到妞妞的嘴边。

创造力包含以下几个品质：创新性、想象力、适应性、解决问题能力、表达力和独创性。创造力被定义为"能够将以前无关的信息连接到一起形成新的形式，这种新的形式对个人来说是崭新而有意义的"（Duffy，1998）。就想象力、创造力而言，幼儿虽然不如成人经验丰富，但他们头脑中没有条条框框的限制，对新鲜事物敏感好奇，敢于想象。这种独特的思维方式使幼儿天生具有想象和创造的倾向。根据幼儿游戏的发展演进，3 岁以下的婴幼儿已经玩假扮游戏、建构游戏等。假扮游戏、建构游戏内容虽然来源于生活，但是这种游戏并不是真实再现，而是必须通过幼儿的想象表现出来，所以游戏本身就具有创造性特点，可以引领婴幼儿发挥想象力。本案例中奇奇玩的就是假扮游戏。奇奇通过游戏，用口头方式讲述了一个过生日的幻想故事。在独自的假扮游戏中，把幻想性的故事讲给自己听，而且用一块积木假装娃娃的蛋糕。可见假扮游戏对于幼儿内在想象力和创造力的发展非常重要。

素养园地

"滚铁环"传统游戏的实践意义

1. 游戏玩具符号的文化内涵

民间曾流传着这样的一句顺口溜："狼怕圈虎怕鞭，狗怕低头捡大砖"，其中道出了我国古代农牧民为了防狼，经常在墙上画圆圈吓唬狼的现象和原因。此外，儿童游戏中也经常要用圈来表示平安、圆满、幸福、吉祥。

2. 游戏构成符号的文化内涵

滚铁环契合中华民族的民族心理和民族性格。在前滚动的铁环相当于一个预期目标的符号表征物，不断吸引着孩子向前奔跑，符合中华民族勤奋、刻苦的民族性格。

3. 游戏实现符号过程中的文化塑造

制作"铁环"的这一环节，亦是连接父辈和子辈沟通、传承生存生活技能的纽带。"铁环"制作过程是一个先辈与后辈间传承仪式的符号表征物，父辈曾经玩耍过的游戏并在自身承担社会责任后，也为自己的孩子制作"铁环"，一辈又一辈如此相似的经验循环也说明了"铁环"已经成为一个民族生活经验传承的符号，表现出中华民族前后辈传递生存经验的民族集体心理和生存危机意识。

资料来源：车婧，张师伟，杨阳. 符号学视野下传统儿童游戏的文化内涵和教育价值——以三个传统儿童游戏为例［J］. 陕西学前师范学院学报，2014，30（2）：15-19.

三、游戏促进婴幼儿教育的公平

游戏除了对个体发展具有重要作用之外，对婴幼儿教育的整体发展乃至对整个社会也具有不可忽视的重要价值。但是对婴幼儿教育的整体发展乃至对整个社会的积极影响取决于婴幼儿教育的质量。而婴幼儿教育质量的提升在于能够为婴幼儿提供更为公平的教育。游戏是每个婴幼儿都喜欢的活动，最容易被婴幼儿欣喜接受，也最适宜于婴幼儿的发展特点。游戏不会造成更多人为的干预和“内卷”。游戏能够促进每个婴幼儿在最大范围内的天性发展，实现婴幼儿教育的过程公平。

综上，游戏对婴幼儿发展具有非常重要的作用。我们不仅要重视婴幼儿的游戏，提供婴幼儿游戏的机会与环境，而且还要提高婴幼儿自身的游戏态度，即游戏性。研究表明，游戏性强的幼儿表现出较高的主动性，开朗、快乐和幽默的品性，以及乐观、轻松的生活态度。

本章小结

1. 游戏的定义与特征

一般是通过游戏特征来界定游戏。游戏具有自主性、虚构性、限制性、重复性、规则性、愉悦性、非功利性等特征。但是界定一种活动是不是游戏，也不必要看是否同时满足所有条件。如果能够满足游戏的全部特征或指标要求，则这种行为可以被看作是“纯游戏”。只具有部分因素或特征的行为可以被看作是游戏性差或弱的活动。

2. 游戏的动因

婴幼儿为什么会游戏呢？对于这个问题，仁者见仁、智者见智。包括：剩余精力说、松弛说、生活预备说、成熟说、复演说、精神分析说、认知发展说、社会文化说。

3. 婴幼儿游戏的发展

在婴幼儿成长过程中，婴幼儿所玩的游戏类型不是一成不变的，而是处于发展变化过程中。不同年龄的婴幼儿喜欢不同类型与特点的游戏。3 岁以下的婴幼儿游戏主要集中在社会性游戏、练习性游戏、象征性游戏和结构性游戏。

4. 社会性游戏

社会性游戏就是以人际互动为特征的游戏。亲子游戏、与其他照护者的互动游戏、伙伴游戏都是社会性游戏。其中亲子游戏是婴幼儿社会性游戏的一种重要形式，在婴幼儿游戏发生、发展过程中占有重要地位。

5. 亲子游戏及其特点

亲子游戏即为家庭内父母与孩子之间，以亲子情感为基础而进行的活动，简言之就是大人与小孩的游戏。亲子游戏是社会性游戏的一种类型，是婴幼儿出生后的最初两年中最主要的社会性游戏，是亲子交往的重要形式。亲子游戏具有共同参与、轮流交替、重复、非实义性动作等四个方面的特征。

6. 练习性游戏及其特点

练习性游戏，也称感知运动游戏、技能性游戏、动作游戏，是指主要依靠感知、运动器官，摆弄、操作物体，不断重复习得的但还不熟练的动作而获得快乐的游戏活动。练习性游戏具有如下几个特点：感知觉和肢体运动是练习性游戏的媒介；练习性游戏由简单的、重复的动作所组成；练习性游戏可以是徒手游戏，也可以是操作物体的游戏；练习性游戏往往以独自游戏和平行游戏的形式发生。

7. 象征性游戏

象征性游戏是指使用心理表征来进行的，通过使用替代物并扮演角色的方式，来模拟社会生活的假装或想象游戏，如用一个物品假装另一个物品，自己假装某个角色，用某个动作代表真实动作等。假扮游戏、角色游戏和表演游戏都属于象征性游戏。

8. 假扮游戏及其特点

假扮游戏是模仿性的角色行为，常发生于幼儿 1 ～ 3 岁时，发生在象征性游戏的早期。假扮游戏具有如下几个特点：假扮游戏主要是婴幼儿自己日常生活动作的再现；婴幼儿自己既可以是动作的主体，也可以是动作的受体；假扮游戏经历了幼儿自己模仿动作，到幼儿把动作作用于玩具等他物，再到玩具作为主体模仿社会性动作等不同阶段。

9. 结构性游戏及其特点

结构性游戏又叫建构游戏，是指幼儿按照自己的兴趣和意愿，组织各种结构材料使之呈现出一定的型式或结构的活动。结构材料的种类很多，包括积木、积塑、雪花片等建构材料；沙、石、水、雪等自然材料；纸盒、轮胎、塑料瓶等废旧物品材料等。结构性游戏有三个主要特点：具有可操作性；以建构造型为基本目标；具有创造性。

10. 婴幼儿游戏的价值

游戏促进婴幼儿身体的发展，游戏促进婴幼儿心理的发展，游戏促进婴幼儿教育的公平。其中游戏促进婴幼儿心理的发展具体化为：游戏能促进婴幼儿语言、认知、情感、社会性、创造力和想象力的发展等。

知识应用

一、选择题

1. 果果对娃娃说："你别哭。我给你蛋糕吃。"说着就把一块积木放到娃娃嘴边。这是（　　）。

A. 社会性游戏　　B. 练习性游戏

C. 象征性游戏　　D. 结构性游戏

2. 宝宝看到绑在自己脚上的气球随着自己踢腿的动作不断在晃动，非常开心。于是宝宝目不转睛地盯着气球，不断地蹬腿、挥舞拳头。这是（　　）。

A. 社会性游戏　　B. 练习性游戏

C. 象征性游戏　　D. 结构性游戏

3. 游戏最本质的特征是（　　）。

A. 愉悦性　　B. 非功利性

C. 自主性　　D. 重复性

4.（　　）认为游戏是宣泄和补偿现实生活中不能满足的欲望与要求，是情感的需要。

A. 成熟说　　B. 精神分析说

C. 认知发展说　　D. 社会文化说

5.（　　）认为游戏是认知结构发展不平衡的产物。

A. 成熟说　　B. 精神分析说

C. 认知发展说　　D. 社会文化说

二、判断题

1. 一种活动必须同时满足所有的游戏特征才能被认为是游戏。（　　）

2. 婴幼儿的游戏发展没有什么规律，愿意玩什么类型游戏就玩什么类型游戏。（　　）

3. 象征性游戏就是角色游戏。（　　）

4. 玩物游戏也是练习性游戏。（　　）

5. 游戏具有功利性和目的性。（　　）

三、简答题

1. 请简述游戏的基本特征。
2. 请举例说明什么是社会性游戏。
3. 请举例说明什么是练习性游戏。
4. 请举例说明什么是象征性游戏。
5. 请举例说明什么是结构性游戏。

四、讨论题

1. 结合婴幼儿游戏动因理论，分析婴幼儿为什么会游戏。
2. 你怎么判断一种活动是不是游戏呢？

第五章　婴幼儿照护者

学习目标

知识目标

1. 理解照护者的资质与职责
2. 掌握照护者的专业素养结构

能力目标

1. 培养自我专业发展能力
2. 能够做好职业发展规划

素养目标

1. 体会到照护者是婴幼儿发展的第一源泉
2. 规范职业行为，遵循照护者的职业道德

思维导图

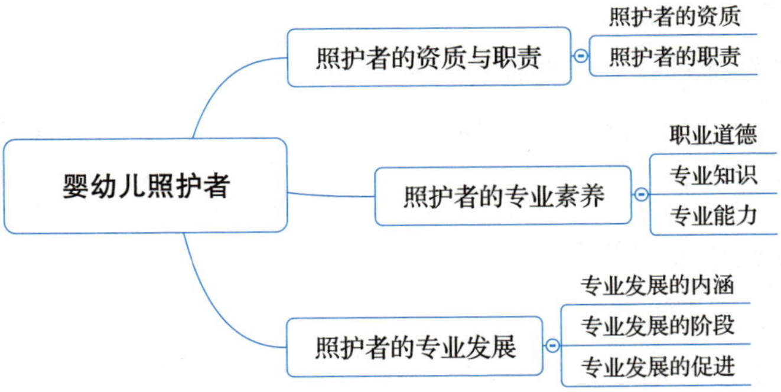

第一节　照护者的资质与职责

婴幼儿照护者从广义上主要包括婴幼儿的父母或其他家庭成员，托育机构的负责人、保育师、保健人员和保安人员等。狭义的照护者专指托育机构的保育师。保育师是指在照护服务机构及其他保育场所中，从事婴幼儿生活照料、安全看护、营养喂养和早期发展工作的人员。① 保育师在过去统称为保育员，但因传统型的保育员无法满足早期教育要求，所以把原来的保育员职业名称更改为保育师，突出了早期教育的责任。保育师是照护服务机构中承担3岁以下婴幼儿保育和教育工作的主体。由于我国0～3岁婴幼儿教育和3～6岁学前教育实行的是分轨体系，因此对托育机构保育师要求体现出不同的特点。

一、照护者的资质

托育机构中保育师的资质也叫任职资格，是指从事托育工作所必备的条件，是国家对专门从事托育工作的保育师的基本要求。世界上很多国家都规定了保育师的任职资格，实行保育师许可证制度。在我国，依据国家卫生健康委员会《托育机构设置标准（试行）》《托育机构管理规范（试行）》《托育机构保育指导大纲（试行）》《国家职业技能标准（保育师2021年版）》，国家实行保育师职业资格制度。保育师必须具备相关资质才能上岗。我国托育机构的保育师需满足如下条件才能获得职业资格：

（一）职业道德标准

保育师应当具有完全民事行为能力和良好的职业道德；身心健康，人格健全；热爱婴幼儿，认真负责，无虐待儿童记录，无犯罪记录；亲切和蔼，善于沟通；观察敏锐，身体灵活。特别注意的是，保育师应严格遵守国家相关法律法规和职业伦理道德规范要求，无犯罪记录或者社会不良记录，否则，会面临职业禁入。

（二）专业条件

专业条件主要是指对托育机构保育师的学历、专业经历等的规定与要求。第一，学历。根据《国家职业技能标准（保育师）》规定，我国保育师的普通受教育程度最低为高中毕业（或同等学力）。第二，专业经历。明确规定了准入所必需的培训、工作经历或专业背景等与专业相关的条件。其中相关工作经历主要是指从事过育婴员、婴幼儿发

① 中华人民共和国人力资源和社会保障部．国家职业技能标准（保育师）[Z]，2021-12-02.

展引导员、母婴保健技术服务人员、母婴护理员、健康管理师、公共营养师、幼儿教育教师、助产士、儿科护士、儿科医师等工作。专业背景主要是指在中职、高职、职业本科院校学习过幼儿保育、母婴照护、护理、中医护理、营养与保健、现代家政服务与管理、早期教育、学前教育、健康管理、医学营养、预防医学、助产、特殊教育、心理健康教育、心理咨询、儿童康复治疗、教育学类、护理学类、心理学类、公共卫生与预防医学类等专业。至于培训，在《托育机构保育人员培训大纲（试行）》中规定，拟从事或正在从事托育机构保育工作的保育人员，接受总时间不少于120学时的培训，其中理论培训不少于60学时，实践培训不少于60学时。[①] 目前由于托育机构照护人员的专业标准尚未出台，准入机制还不完善，亟须从教师专业标准体系建设出发，将托育机构保育师的资质纳入其中，实现供需契合。

知识拓展

五个代表性国家准入标准中专业相关经历要求

国家	专业课程或培训	实践经历
美国	完成120小时以上的正规幼儿教育培训	480小时以上早期教育工作经历
新加坡	400个课时的学习	200个小时的实习
日本	指定培养院校的学生需修满保育士课程学分获取资格 / 保育士资格考试没有课程或培训要求	指定培养院校的学生需完成实习学分 / 参加保育士资格考试需5年以上7 200个小时的儿童机构的工作经验（学历越高要求的实践时长会减少）
澳大利亚	完成520～540小时的培训	120～180小时以上早期教育工作经历
加拿大	完成1 300小时的培训	500小时以上早期教育工作经历

资料来源：张明珠，赵爽，逯榧楠．托育机构保育人员资格准入的国际经验与启示［J］．教育发展研究，2022，42（2）：47-54．

（三）获取职业资格证书

我国实行的是职业资格证书制度。职业资格证书制度是劳动就业制度的一项重要内容，是国家制定的职业技能标准或任职资格条件。按照《国家职业技能标准（保育师2021年版）》，保育师职业资格实行五级制，即五级 / 初级工、四级 / 中级工、三级 / 高

① 托育机构保育人员培训大纲（试行）[Z]，2021-08-19.

级工、二级/技师、一级/高级技师。不同的职业资格等级所要求的条件不同。但是不论是获取哪一个等级的职业资格证书都必须参加考试，考试合格者才能获取职业资格证书。保育师资格考试分为理论知识考试、技能考核以及综合评审。理论知识考试以笔试、机考等方式为主，主要考核从业人员从事本职业应掌握的基本要求和相关知识要求；技能考核主要采用模拟操作等方式进行，主要考核从业人员从事本职业应具备的技能水平；综合评审主要针对技师和高级技师，通常采取审阅申报材料、答辩等方式进行全面评议和审查。理论知识考试、技能考核和综合评审均实行百分制，成绩皆达 60 分（含）以上者为合格。

事实上，托育机构保育师除了要符合国家的资格条件外，还要满足地方相关规定。比如上海市就制定了《上海市 3 岁以下幼儿托育机构管理暂行办法》。该办法对保育师的资质做了相关规定：育婴员应当具有大专及以上学历，并取得育婴员四级及以上国家职业资格证书；保育师应当取得保育员四级及以上国家职业资格证书。从上海的地方政策来看，有些地方对保育师资质的要求高于国家规定。

二、照护者的职责

保育师必须围绕托育机构保育的七大内容，即营养与喂养、睡眠、生活与卫生习惯、动作、语言、认知、情感与社会性等方面，负责婴幼儿日常生活照料、行为与卫生习惯养成、早期教育以及安全看护等，促进婴幼儿身心健康发展。

（一）提供生活照料

满足婴幼儿生存、生活需要是托育机构的核心任务。保育师要承担起各月龄婴幼儿营养与喂养责任，在进餐、饮水、睡眠等方面进行照护。比如，在喂养方面：制订膳食计划和科学食谱，为婴幼儿提供与年龄发育特点相适应的食物，为有特殊饮食需求的婴幼儿提供喂养建议。为婴幼儿创造安静、轻松、愉快的进餐环境，协助婴幼儿进食，并鼓励婴幼儿表达需求、及时回应，顺应喂养，不强迫进食。有效控制进餐时间，加强进餐看护，避免发生伤害。在睡眠方面：为婴幼儿提供良好的睡眠环境和设施，温湿度适宜，白天睡眠不过度遮蔽光线，设立独立床位，保障安全、卫生。加强睡眠过程巡视与照护，注意观察婴幼儿睡眠时的面色、呼吸、睡姿，避免发生伤害。关注个体差异及睡眠问题，采取适宜的照护方式。

（二）培养婴幼儿生活与卫生习惯

良好的生活与卫生习惯是保证婴幼儿身体健康的必要条件，也是提高机体工作效能的基础。保育师要在生活中引导与帮助婴幼儿逐渐养成婴幼儿良好的生活与卫生习惯。比如：培养婴幼儿良好的用眼习惯，限制屏幕时间；培养婴幼儿良好的口腔卫生习惯，预防龋齿；培养婴幼儿注意个人卫生、爱清洁的意识，引导婴幼儿乐意接受洗脸、洗手、洗屁股、洗澡、剪指甲、理发等活动。

（三）做好安全看护

安全看护是保障婴幼儿生命安全，给婴幼儿一个健康安全的成长环境的必备条件。在日常生活中，保育师要保持生活场所的安全卫生，预防婴幼儿异物吸入、烧烫伤、跌落伤、溺水、中毒等伤害发生；在各生活环节中，做好观察，发现有精神状态不良、烦躁、咳嗽、打喷嚏、呕吐等表现的婴幼儿，要加强看护，必要时及时隔离，并联系家长；注意婴幼儿的安全、营养和保健教育，培养婴幼儿初步的自我安全意识。

（四）提供婴幼儿早期发展支持

随着脑研究的不断深入和大脑发展轨迹的日益清晰，0～3岁阶段不再是懵懂无知的阶段，而是已具备接受教育能力的关键期。此期间接受适宜的教育刺激对婴幼儿今后的思维方式、行为表现、学习和社会适应能力等方面都将产生重要影响。因此，保育师要合理安排0～3岁婴幼儿的生活和活动，以游戏为主要活动形式，在婴幼儿的动作、语言、认知、情感与社会性等方面提供早期发展支持。具体而言：

1. 动作方面

在各个生活环节中，创造丰富的身体活动环境，确保活动环境和材料安全、卫生。充分利用日光、空气和水等自然条件，进行身体锻炼，保证充足的户外活动时间。安排类型丰富的活动和游戏，并保证每日有适宜强度、频次的大运动活动。做好运动中的观察及照护，避免发生伤害。关注患病婴幼儿，对于处于急慢性疾病恢复期的婴幼儿，及时调整活动强度和时间；发现运动发育迟缓的婴幼儿，给予针对性指导，及时转介。

2. 语言方面

创设丰富和应答的语言环境，提供正确的语言示范，保持与婴幼儿的交流与沟通，引导其倾听、理解和模仿语言。为不同月龄的婴幼儿提供适合的儿歌、故事和图画书，培养他们早期的阅读兴趣和习惯。关注语言发展迟缓的婴幼儿，并给予个别指导。

3. 认知方面

创设环境，促进婴幼儿通过视、听、触摸等多种感觉活动与环境充分互动，丰富认识和记忆经验。保护婴幼儿对周围事物的好奇心和求知欲，耐心回应婴幼儿的问题，鼓励自己寻找答案。在确保安全健康的前提下，支持和鼓励婴幼儿的主动探索。

4. 情感与社会性方面

观察了解每个婴幼儿独特的沟通方式和情绪表达特点，正确判断其需求，并给予及时、恰当的回应。与婴幼儿建立信任和稳定的情感联结，使其有安全感。建立一日生活和活动常规，开展规则游戏，帮助婴幼儿理解和遵守规则，逐步发展规则意识，适应集体生活。创造机会，支持婴幼儿与同伴和成人的交流互动，体验交往的乐趣。

（五）做好与家长的合作

与家长合作是婴幼儿保育师最重要的职责之一。保育师要做好日常记录与反馈，加强与家庭、社会的沟通合作。婴幼儿教育要保持家园一致性，所以保育师不仅要做好照护服务机构的工作，而且还要保持与家庭的沟通联系。一方面保育师向家长描述婴幼儿在机构的基本情况，沟通婴幼儿教育问题。另一方面了解婴幼儿家庭的教育环境，与家长沟通交流的原则与主要方法，帮助家长树立科学的育儿理念，采用科学的育儿方法，达成共同的育儿目标。

（六）促进专业发展

婴幼儿个性与发展特征是千差万别的，每个保育师都不能满足于现有发展水平，要承担起促进自身专业发展的职责。按照《托育机构保育人员培训大纲（试行）》的要求，无论是拟从事还是正在从事保育工作的保育师都要参加保育培训，以此增强规范保育意识，掌握安全保育方法，提升科学保育能力，促进专业发展。

第二节　照护者的专业素养

专业素养是国家对合格的保育师专业素质的基本要求，是保育师开展保教活动的基本规范，是引领保育师专业发展的基本准则，也是保育师培养、准入、培训、考核等工作的重要依据。作为托育机构的保育师必须具备职业道德、专业知识、专业能力三个方面的专业素养。

一、职业道德

职业道德，即从职人员在职业活动中应当遵循的行为准则和道德规范。各行各业都有各自的职业道德，如医务道德、教师道德、商业道德、律师道德等。保育师作为一种职业，也有切合保育师职业特色的职业道德。保育师的职业道德是指在保教活动中应当遵循的行为准则和道德规范的总和。具体包括：

（一）品德高尚，富有爱心

品德是品质道德的简称，是指个体按照一定的社会道德规范行动时所表现出来的稳定的心理特征或心理倾向，是社会道德在个体身上的体现，重在处理个体与个体之间的关系，包括认识到职业价值，增强自身职业尊严，在工作中尊重同事，并努力营造互相尊重、信任、合作和幸福的工作环境等。保育者的品德决定着其思想言行，决定着其教育之道。只有品德高尚的保育师才能树立正确的世界观、人生观、价值观、教育观、儿童观，才能做到以婴幼儿为中心，尊重婴幼儿的主体权利并最大化地保障婴幼儿的健康与利益。

素养园地

静静的水　长长地流

——全国教书育人楷模、上海杨浦区本溪路幼儿园应彩云老师

记者：您先后获得上海市特级教师、上海市劳动模范、上海市优秀教育工作者、上海市十佳教师等荣誉称号，请您谈谈您的成长经历好吗？

应彩云：我对荣誉称号不会特别在意，纵观个人的发展历程，每一个荣誉称号都是一个加油站和下一个征程的起点。我从幼儿师范学校毕业后，被分配到一个各方面条件都不是太好的幼儿园。4 年后，媒体报道我的事迹的文章题目叫《草窝里飞出了金凤凰》，可见我的起点并不高。而事物总有两面性，关键是看你利用和发挥了哪一面。那时候，没有专业的前辈带教，却让我形成了独立思考的习惯；没有前沿的科研成果可借鉴，却让我夯实了最基础的专业技能；没有强大的家长群体，却让我获得了最朴素的家园共育经验。这些都丰富了我对教育的理解。要知道，在自尊自爱的人的心里，没有哪段光阴是可以虚度的。

记得刚毕业时，我是不想当幼儿园教师的。第一次站在没有阳光照射、终日要开灯的办公室里，我心中的一个声音很清晰：我不会在这里待太久的！我不会一直是一个幼儿园教师的！可是，就在那段工作时间里，孩子们让我渐渐收起了游荡的视线，把目光聚焦在他们身上。接下来的 3 年时间里，我喜欢上了这个职业；又用了 3 年时间，我爱上了幼儿教育。从此，再也无法离开。

什么是热爱？热爱一件事的感觉是怎样的？一个木匠告诉我："我喜欢闻刨花的味

道。”我想，这就是热爱的感觉。我喜欢孩子身上的奶香，喜欢孩子嬉闹的声音，喜欢孩子执着而“萌萌”的样子。享受孩子纯真的同时，我也一并接受了孩子的尿床、尿裤子、流鼻涕、呕吐、捣蛋……因为我热爱幼儿教育，热爱不仅让我们拥有主动积极的态度，而且会不断激发我们的智慧，这些都是高质量开展工作的基础。所以，我们一定要千方百计让自己爱上自己的工作。

就这样，我在不起眼的幼儿园里也可以被大家关注，并在上海市幼儿园教师教学比赛中获一等奖。这时我才与大家站在了同一起跑线上。所以说，无论身处何等境遇，我们都要积极而认真地面对，因为每一段人生经历都会为你标注与众不同的印迹。

资料来源：夏赛元. 静静的水 长长地流：全国教书育人楷模、上海杨浦区本溪路幼儿园应彩云老师访谈录［J］. 幼儿教育，2019（7）：4-9.

（二）敬业奉献，素质优良

敬业就是要求保育师用一种恭敬严肃的态度对待保教工作，并在保教过程中认真负责，专心致志，任劳任怨，精益求精。奉献是敬业精神基础上的升华，是对保教责任的进一步深刻理解与践行。素质是人的身心发展水平的基本状态和水平，包括身体素质、心理素质、道德素质和文化素质等。只有全面发展、各方面素质优良的保育师才能自觉地遵守行为准则和道德规范。

（三）尊重差异，积极回应

不论婴幼儿的文化背景、家庭状态、民族、语言、性别如何，不论婴幼儿是健康的还是有障碍的，保育师都必须尊重婴幼儿，尊重他们作为独立的社会成员的人格和尊严，不能歧视、侮辱、区别对待任何一个婴幼儿。对每个婴幼儿的需求或者不同反应都尽可能给予积极回应，让婴幼儿感受到保育师的爱与关心。保育师尊重婴幼儿个体差异，积极做出回应既是在贯彻以婴幼儿为中心的思想，尊重婴幼儿人格，也是在遵循婴幼儿身心发展规律。

（四）安全健康，科学规范

3 岁以下婴幼儿不但生活自理能力差，生活经验贫乏，而且还缺乏自我保护能力和基本防范意识，所以婴幼儿生活中的身心健康发展都依赖保育师所提供的营养与喂养、生活照料、安全看护、早期发展支持等。因此，从某种程度上来说，婴幼儿的身心能否健康成长与保育师所提供的保教质量是密不可分的。而保教质量的保障在于保育师能否提供安全健康的生活照料、安全看护以及提供科学的早期指导。

保育师具有良好的职业道德，一方面是由保育师的地位和作用决定的。保育师承担着婴幼儿的保育和教育的任务，是照护服务机构中培养人的主体。培养人，首要的条件就是具有正确的意识形态，只有这样才能满足社会的要求。另一方面是由保育师的工作对象决定的。保育师所面对的群体是各方面都尚未成熟但活跃、可塑性强的婴幼儿。保育师的一举一动、一言一行都会影响婴幼儿的健康与发展。只有具备良好职业道德的保育师才会敬畏自己的职业，才能时刻规范自己的言行，为婴幼儿树立良好的榜样，提供科学的教育。

二、专业知识

专业知识是指从事婴幼儿托育服务的保育师必备的专业领域的基本理论知识和操作性知识，具体包括：婴幼儿生理和心理发展知识，保育与教育知识，与家庭、社区合作知识，个人发展知识等。

（一）婴幼儿生理和心理发展知识

婴幼儿生理和心理知识主要是指婴幼儿发展知识，这是开展婴幼儿保育与教育工作所必须掌握的理论性知识，是保育师知识结构中最为基础和上位的知识，重在系统掌握婴幼儿身心发展的规律和特征，婴幼儿身体、心理、智力、社会性、情感等领域的发展指标，以及婴幼儿是如何学习的。具体而言，婴幼儿生理知识重在了解婴幼儿机体各组成部分的功能及活动规律，具体包括运动系统、呼吸系统、循环系统、消化系统、泌尿系统、皮肤、内分泌系统、神经系统、感觉系统等。婴幼儿心理知识重在掌握婴幼儿心理发展规律、发展的年龄特点和个体差异等，如感知觉，认知、记忆，思维、想象、注意、情绪、社会性等能力的发展特点及其规律等。缺乏婴幼儿生理和心理知识，就会造成婴幼儿教育的困难，达不到预期保育与教育效果。

（二）婴幼儿保育与教育知识

婴幼儿保育与教育知识主要指对婴幼儿实施科学保育与教育的知识，这是实现婴幼儿健康成长与科学发展的关键知识。具体包括：

1. 婴幼儿营养、喂养知识

0～3岁婴幼儿期是小儿生长发育最快的阶段，需要摄入适量的营养，才能保证正常的生长发育并预防营养不良、佝偻病、贫血等。但此时消化系统功能还没有完善，与对营养的摄入需要很不适应，因此也容易发生腹泻等消化系统疾病，并导致小儿生长发育障碍。因此需要保育师掌握婴幼儿营养知识与喂养知识。婴幼儿营养知识侧重于婴幼儿生长发育所需要的营养及摄入，喂养知识侧重于每日食物的摄入量及方法等。2021 年 12 月国家卫生健康委办公厅印发了《托育机构婴幼儿喂养与营养指南（试行）》，指明了 6 ～ 24 月龄婴幼儿喂养与营养要点、24 ～ 36 月龄幼儿的喂养与营养要点，提供了每日食物量参照表。

知识拓展

建议每日食物量参照

年龄	7 ～ 8 月龄	9 ～ 12 月龄	12 ～ 24 月龄	24 ～ 36 月龄
餐次安排	母乳喂养 4 ～ 6 次，辅食喂养 2 ～ 3 次	母乳喂养 3 ～ 4 次，辅食 2 ～ 3 次	学习自主进食，逐渐适应家庭的日常饮食。幼儿在满 12 月龄后应与家人一起进餐，在继续提供辅食的同时，鼓励尝试家庭食物，类似家庭的饮食	三餐两点
母乳喂养	先母乳喂养，婴儿半饱时再喂辅食，然后再根据需要哺乳。随着婴儿辅食量增加，满 7 月龄时，多数婴儿的辅食喂养可以成为单独一餐，随后过渡到辅食喂养与哺乳间隔的模式	600mL	1 ～ 2 岁幼儿在母乳喂养的同时，可以逐步引入鲜奶、酸奶、奶酪等乳制品。不能母乳喂养或母乳不足时，仍然建议以合适的幼儿配方奶作为补充，可引入少量鲜奶、酸奶、奶酪等，作为幼儿辅食的一部分奶量应维持约 500mL	
奶及奶制品	>600mL	600mL	500mL	300～500mL
鱼畜禽蛋类	开始逐渐每天添加 1 个蛋黄或全蛋和 50g 肉禽鱼，如果对蛋黄 / 鸡蛋过敏，需要额外再增加肉类 30g	鸡蛋 50g、肉禽鱼 50g	鸡蛋 25 ～ 50g、肉禽鱼 50 ～ 75g	鸡蛋 50g、肉禽鱼 50 ～ 75g
谷物类	20 ～ 50g	50 ～ 75g	50 ～ 100g	75 ～ 125g
蔬菜、水果类	根据婴儿需要适量	每天碎菜 50g ～ 100g、水果 50g，水果可以是片块状或手指可以拿起的指状食物	蔬菜 50 ～ 50g、水果 50 ～ 150g	蔬菜 100 ～ 200g、水果 100 ～ 200g
大豆				5 ～ 15g

续表

年龄	7～8月龄	9～12月龄	12～24月龄	24～36月龄
烹调油	0～5g	5～10g	5～15g	10～20g
精盐			0～1.5g	<2g
水				600～700mL

资料来源：国家卫生健康委办公厅．托育机构婴幼儿喂养与营养指南（试行）[Z]，2021-12-28.

2. 婴幼儿安全照护知识

照护婴幼儿的首要任务是保证婴幼儿安全，所以必须掌握必要的安全照护知识。婴幼儿的照护知识包括婴幼儿伤害预防知识和婴幼儿急救常识。伤害是婴幼儿面临的重要健康威胁，造成了沉重的疾病负担。婴幼儿伤害的发生与其自身生理和行为特点、被照护情况、环境等诸多因素有关，伤害是可以预防和控制的。掌握了良好的婴幼儿伤害预防知识和急救常识就能避免伤害的发生，保证婴幼儿的生命安全与生命质量。2021 年 1 月国家卫生健康委办公厅印发了《托育机构婴幼儿伤害预防指南（试行）》，围绕 3 岁以下婴幼儿常见的伤害类型，为照护服务机构切实做好安全防护，为婴幼儿提供科学、规范的照护服务提供了指导。

知识拓展

托育机构急救物资配置建议

1. 消毒物品：碘伏或碘伏棉签，酒精或酒精棉片，生理盐水或生理盐水湿巾、消毒湿巾。

2. 包扎固定物品：纱布绷带，医用胶带，三角巾，有条件可配备自粘绷带、止血带、网状弹力绷带、不同型号夹板等。

3. 敷料：医用无菌纱布（大方纱、小方纱）、创可贴、干净方巾、棉签。

4. 器械：医用剪刀、镊子、体温计、一次性无菌手套、安全别针。

5. 常用药：退热药、抗生素软膏、补液盐、抗过敏药。

6. 其他：手电筒、急救手册、急救电话卡、紧急联系卡、急救毯、冰袋、退热贴；有条件可配备转运婴幼儿用的担架或平板。

资料来源：国家卫生健康委办公厅．托育机构婴幼儿伤害预防指南（试行）[Z]，2021-01-12.

3. 安全健康的环境知识

安全健康的环境知识主要包括婴幼儿生活环境创设知识、婴幼儿支持性环境创设知识以及合作共育基本知识。0 ～ 3 岁是婴幼儿认知发展的黄金阶段。在出生后的前两年婴幼儿发展基本处于感知 - 运动阶段，是利用各种感觉、感官与周围环境的行动、动作之中获得发展的。环境对婴幼儿的成长影响巨大。为此保育师必须掌握婴幼儿教育相关的环境知识。其中婴幼儿生活环境创设知识主要是指有关婴幼儿喂养、睡眠、如厕、盥洗、运动等生活常规相关的空间、家具、材料、颜色等物质环境创设的原则、特点等，如婴儿房的色调基本采用暖色调。婴幼儿支持性环境创设知识主要是指为促进婴幼儿认知、语言、情感与社会性等心理发展所采用的有效应对的方法，家园合作共育是婴幼儿教育的重要方式，所以在照护服务机构还要设置一些亲子共享、休闲舒适等环境，这就需要掌握必要的共育知识。

4. 婴幼儿保育与教育的技能知识

婴幼儿保育与教育的技能知识是指保育师进行保育与教育实践的知识基础，重点指实践性、指导性知识，是帮助婴幼儿发展和解决问题行为的策略性知识。比如，设计游戏的知识，教学法知识，观察与记录婴幼儿行为的知识，与婴幼儿交往的知识，材料配备、物品管理知识，促进婴幼儿早期语言发展和早期阅读兴趣的原则和策略，培养婴幼儿自主学习以及促进婴幼儿交流、主动探索的支持方法等。这些实践性知识虽然需要在实践活动中体验和积累，但是必要的职前储备还是很必要的。

5. 相关法律、法规常识

婴幼儿教育相关的法律、法规常识是作为保育师必须了解和掌握的重要知识。了解和掌握相关法律、法规常识，有助于实现依法治教，尊重婴幼儿的合法权益的同时维护自身的合法利益；有助于按照婴幼儿的身心发展特点实施科学保育与教育，提高育婴水平与质量；有助于加强师德师范，规范自己的言行举止，提升自己的专业性。相关的法律、法规常识包括《中华人民共和国母婴保健法》《中华人民共和国未成年人保护法》《中华人民共和国食品安全法》《中华人民共和国劳动法》《托儿所、幼儿园卫生保健管理办法》《托育机构设置标准（试行）》《托育机构管理规范（试行）》《托育机构保育指导大纲（试行）》等方面的相关知识。

（三）与家庭、社区合作知识

与家庭、社区合作知识主要是指与家庭和社区进行沟通合作的理论知识和策略技巧。联合国教科文组织提出，家庭、社区成员和社区内各组织的参与是确保教育质量的一个重要因素。因此与家庭建立良好的关系是该领域最为重视的内容。保育师应具有相应的沟通合作知识，了解家庭支援、家庭福利等相关的信息和知识，以便与家庭建立良好的家园关系。了解如何与社区建立伙伴关系是对保育师提出的更高要求。国际社会认为社区支持对家庭与婴幼儿发展具有正向影响，能改善家庭教育环境，促进婴幼儿认知发展和社会适应。家庭、社区之于高质量早期教育服务如此重要，因此要求保育师具备相应的知识素养，在家庭、机构、社区三大主体之间架构起桥梁，共同助力婴幼儿发展。①

（四）个人发展知识

个人发展知识是指具有一定的专业发展与自我成长的知识，以适应、支持终身学习。个人发展知识中最核心的指标为个人职业发展，意即要求保育师准入后还应具有专业发展的长期准备，并先行储备相应的发展知识。经济合作与发展组织（OECD）教师教学国际调查（TALIS）表明，在专业发展方面投入更多的国家其教师质量更高。个人发展还应具备团队合作、管理、监督教学实践、了解多元文化等更加广泛的知识。随着生态学、教育管理学等理论的不断发展，国际社会开始关注保育师在组织文化中具备的人际沟通、团队合作、组织管理等方面的知识。保育师的这种能力性知识有利于机构组织获得一种共生和持续的发展，促进深度合作和知识共享。②

三、专业能力

保育师专业能力主要聚焦在保育与教育的实践能力，是专业知识的实践反映。《国家职业技能标准（保育师 2021 年版）》中明确保育师必须掌握环境创设的技能、生活照料的技能、安全健康管理的技能、早期学习支持的技能、合作共育的技能，综合来看，保育师必须具备以下四个方面的专业能力。

（一）保证婴幼儿安全与早期发展的能力

保证婴幼儿安全与早期发展能力要求保育师为婴幼儿创设安全、健康的生活环境和学习环境，促进婴幼儿身心全面发展。确保婴幼儿生命安全是保育师应具备的首要能力。通过创设安全的环境，制定安全相关政策，提供安全健康管理。保证婴幼儿安全能力具体包括物品管理能力、清洁消毒能力、常规生活照料能力、健康管理能力、伤害预

① 张明珠，赵爽，逯桠楠．托育机构保育人员资格准入的国际经验与启示［J］．教育发展研究，2022，42（2）：47-54.

② 同①.

防能力、应急处置能力。为婴幼儿早期学习提供支持，促进婴幼儿发展的能力，是保育师专业发展中的关键能力。保育师要通过运用知识和判断力决定哪些材料、活动和学习经验能够最有效促进婴幼儿的学习和发展。具体而言就是区域环境设置能力，游戏材料配备的能力，促进婴幼儿动作、语言、认知、情感与社会性发展的各种能力等。以三级/高级工（中等水平）工作要求为例，保育师在促进婴幼儿早期学习发展的能力表现为表 5-1 所示的几个方面。

表 5-1　促进婴幼儿早期学习发展的能力

促进动作发展	1. 能鼓励婴幼儿探索和积累运动经验 2. 能根据婴幼儿体质状况调节活动强度和时间
促进语言发展	1. 能引导婴幼儿倾听、理解、模仿和运用语言 2. 能培养婴幼儿早期阅读兴趣和习惯 3. 能支持婴幼儿与同伴、成人的交流互动
促进认知发展	1. 能鼓励婴幼儿感知各种事物的特征 2. 能鼓励婴幼儿发现和解决生活中遇到的问题
促进情感与社会性发展	1. 能引导婴幼儿理解和辨别不同情绪 2. 能支持幼儿自我调节情绪 3. 能帮助婴幼儿逐步适应集体生活 4. 能支持婴幼儿开展人际交往

资料来源：中华人民共和国人力资源和社会保障部. 国家职业技能标准（保育师 2021 年版）[Z], 2021-12-02.

（二）保教活动实施与互动能力

保教活动包含婴幼儿需要学习的知识和技能，也包括婴幼儿学习赖以发生的活动。研究表明，在一个精心规划和实施的保教活动中，婴幼儿可以学到更多，学得更好，所以婴幼儿的保教活动也理应拥有一套高质量的设计、实施。保育师需要具有下列能力：一是具有制定保教活动目标的规划能力，即希望婴幼儿学习哪些重要的内容和实现哪些能力发展。具备包括设置学习目标能力、制订保教计划等能力。二是保教活动的实施能力。要求保育师能够实施个性化教学，确保保教活动实施的有效性。三是保教活动效果的评估能力。评估是为了审视婴幼儿达成目标的过程，是为了更好地改进保教活动设计和保教活动的过程，对促进婴幼儿发展非常重要。评估能力具体到实践就是要具备观察婴幼儿活动的能力，与婴幼儿交流的能力。四是与婴幼儿互动的能力。师幼互动贯穿于保教活动的始终，是保证保教活动质量的关键要素，所以保育师必须具备与婴幼儿互动的能力。从建立尊重、信任、支持性的师幼关系，课堂管理，保育师对婴幼儿行为的管理与支持三个方面提高互动能力。[①]

（三）合作共育的能力

合作共育包括保育师与保育师之间的合作、保育师与家长之间的合作、保育机构与社区的合作等。保育师合作共育的能力包括：（1）沟通能力。保育师能向同事介绍婴幼儿的基本表现，与同事建立良好关系共同进步；能向家长描述婴幼儿在机构的基本情况，取得家长的配合；能够沟通协作，利用社区资源以及协助社区发展。（2）指导能力。对家长提供科学育儿咨询和指导是保育师的重要职责，所以保育师必须具备指导能力，掌握家庭育儿指导的方法与技巧。（3）培训的能力。能够培训保育师师资队伍，能够根据家庭和社区需求开设家长课堂和专题培训，以及开展婴幼儿教育研究等。

（四）评估与专业发展能力

评估与专业发展能力主要强调保育师应该具有持续的专业发展能力以及更广泛的反思评估能力。保育师的专业发展能力是该领域最受重视的内容。要求保育师通过职业生涯规划、参与专业学习等方式来实现个人与专业成长，并提出与同事或专业团体交流、建立专业团队等具体的学习方式。反思评估能力一是指保育师应具备评估婴幼儿的学习与发展情况的能力，二是能够反思评估自身专业学习情况。反思性实践、过程性评估成为早期教育领域的热点问题，所以评估与专业发展能力就成为保育师重要的能力之一。[②]

第三节 照护者的专业发展

保育师是一种专门职业。随着 3 岁以下婴幼儿早期教育观念的深入和对 3 岁以下婴幼儿科学托育服务需求的增加，社会对保育师的专业性要求越来越高。受过良好教育的、良好培训的从业人员是产出高质量早期教育与保育的关键要素，保育师作为托育机构中，承担婴幼儿保教工作的人员，必须实现专业发展。

---

① 张明珠，赵爽，逯椏楠. 托育机构保育人员资格准入的国际经验与启示［J］. 教育发展研究，2022，42（2）：47-54.

② 同①.

一、专业发展的内涵

（一）专业发展的定义

专业发展是指保育师在整个专业生涯中，通过终身专业训练，习得婴幼儿教育专业知识技能，实现专业自主，逐步提高专业素质，成为一个具有教育敏感性与教育机智的专业工作者的专业成长过程。专业发展贯穿于保育师职业生涯的全过程。其中的终身专业训练包括为保育师提供的更新知识和提高实践能力的机会，比如“在职培训”“继续教育”“专业培训”，也包括保育师按照专业标准不断自我更新、完善自我的过程。教育敏感性与教育机智是一种特殊的才能，它既来自头脑中丰厚的思想基础、理念认识，也来自心灵。它能够关注婴幼儿的独特性、情境的独特性和个人生活的独特性，能够针对不同的个体实施不同的教育行动[①]。这是对每一个孩子都是独特存在的最有力的回应。

按照保育师素养结构，保育师的专业发展突出表现在专业信心的增强、专业理念的坚定、专业能力的提高、专业知识的拓展、专业理解的深化等。

（二）专业发展的重要性

保育师专业发展既是时代发展对保育师的必然要求，也是保育师提高自身职业生活质量、实现专业化的内在需要。

1. 保育师专业发展是保证早期教育质量的需要

保育师最重要的作用在于对早期教育和保育过程质量及内容的影响。保育师通过他们传递的知识、技能和能力以及他们倡导和鼓励的内容影响着保教质量和婴幼儿发展的结果。有充分的证据说明，高质量的教学产生更好的学习效果，而高质量的教学和丰富刺激的环境是靠更好更优质的保育师产生的。优质的保育师能够提供更佳的成人与婴幼儿互动的方式，刺激婴幼儿之间的互动，还会为婴幼儿发展提供适宜的脚手架策略，比如指导、示范和提问等。[②] 为此保育师的专业发展能够培养保育师上述良好素质，进而保证早期教育的质量。

2. 保育师专业发展是教育高质量发展的需要

《中共中央关于制定国民经济和社会发展第十四个五年规划和二〇三五年远景目标的建议》（以下简称“建议”）中明确提出“建设高质量教育体系”。学前教育作为学校教育和终身教育的奠基阶段，也必然承担高质量教育体系建设的重任。《中国教育现代化

---

① 马克斯·范梅南，李树英. 教育的情调［M］. 北京：教育科学出版社，2019：11-13.

② 经济合作与发展组织教育团队. 儿童早期教育与保育质量工具箱Ⅲ［M］. 北京：北京师范大学出版社，2015：140.

2035》明确提出“普及有质量的学前教育”发展目标。学前教育有质量发展成为新时代学前教育公共服务体系基本建成的重要内涵。而 0 ～ 3 岁婴幼儿教育是学前教育的第一阶段，关系着 3 ～ 6 岁幼儿园教育的质量。保育师作为 0 ～ 3 岁婴幼儿保教有质量发展的第一资源，其专业化水平决定着学前教育的起点。

3. 保育师专业发展是提高保育师社会地位的需要

专业发展能够促进保育师队伍的专业化。专业化能够促进保育师超出或者高于一般的教育水平，在某种意义上有利于提高保育师的社会地位。传统的教育经常把保育师仅视为“照料孩子的人”，照料孩子也仅限于生活看管，不具有任何挑战性和专业性，任何人都能胜任，导致了长期以来保育师的社会地位不高，很难受到社会尊重。而事实上婴幼儿保育不仅是生活看护，更重要的是早期教育开发，需要专业性的指导。只有经过专业训练的保育师才能带来更好的教学质量和婴幼儿发展。这是非专业人无法替代的专业性工作。保育师职业具有专业性，无法轻易被取代，社会地位自然也能得到提高。

4. 保育师专业发展是实现个体价值的需要

传统的保育师角色定位降低了保育师工作的挑战性和创造性，使职业生活过程乏味、缺乏创意，保育师的才智得不到充分的发挥，自身价值得不到充分的体现，从而使保育师职业失去魅力。[①] 而事实上，保育师职业是一项十分具有挑战性和创新性的工作。保育师每天面对的是一群快速成长、不变发展变化、个性迥异的个体，需要保育师充分发挥自己的聪明才智去研究、去思考、去创造。这是一个不断推陈出新、吐故纳新的过程，更是保育师生命价值得以充分实现的过程。而专业发展能够帮助保育师体验和促进婴幼儿成长，感受自身发展的欢乐与价值。

素养园地

王隽枫——2021 年最美教师

2021 年广州市番禺区北城幼儿园王隽枫老师荣获中宣部、教育部 2021 年“最美教师”称号，成为 10 名全国“最美教师”中的唯一一名幼师。王隽枫是湖北咸宁人，成长于一个幼师世家，毕业于湖北幼儿师范高等专科学校。

王隽枫是一名从教 27 年的幼师。她紧跟幼教改革创新步伐，不断探索新形势下新

---

① 冯晓霞. 新《纲要》与幼儿教师的专业成长［M］// 教育部基础教育司. 幼儿园教育指导纲要（试行）解读. 南京：江苏教育出版社，2002：213.

思路新方法，尤其在一日生活中全课程发展幼儿素质和开发运用优秀传统文化课程资源育人上有深入研究，深得同行、家长的信赖和孩子们的喜爱。

为了让更多的孩子获得优质的教育，在区教育局组织下，王隽枫深入全区各镇街近50所幼儿园调研，帮助幼儿园梳理在环境创设、游戏支持、一日生活组织、教学活动实施、师幼互动等方面存在的问题，提出整改建议，实现保教质量的共同提升。她还远赴西藏林芝和贵州赫章开展学前教育经验交流，提高边远地区教师课程意识及开发能力。

王隽枫常说："每个孩子都是独一无二的天使。"她刻苦钻研，用心为每个孩子点亮心中的那盏灯，让他们清楚地看到自己身上独特的闪光点，鼓励并支持孩子成为更精彩的自己。

户外活动中发现的小昆虫，成为她引导孩子观察、讨论和探究的科学活动课程；争抢玩具时发生的小纠纷，成为她引导孩子学会情绪管理和社会交往的教学现场；为尊重孩子的个体差异，她创设具有选择性、多样性的区域环境，投入丰富的操作材料，让孩子在自由自主的游戏活动中获得个性化发展……幼儿园一日生活皆课程，点点滴滴皆教育，王隽枫能够随时随地捕捉可以影响幼儿发展的教育因素，准确地分析幼儿行为背后的原因，判断幼儿的发展水平，给予恰当的引导与支持。

资料来源：韦英哲．把幼教当作一辈子要做好的事业——记2021年全国"最美教师"王隽枫［J］．广东教育（综合版），2022（4）：12-13.

二、专业发展的阶段

托育机构保育师的专业发展大致可以分为职前和职后两个阶段。职前阶段和职后阶段是相互衔接的两个阶段，是由一名非保育师到保育师，再到一名专业化保育师的发展过程。

（一）职前期的专业准备

职前期主要是指在职业学校婴幼儿托育、婴幼儿托育服务与管理、婴幼儿发展与健康管理等专业，专门学习理论知识、专业知识与技能的阶段，是进行专业准备与学习，初步形成保育师职业所需要的知识与能力的时期。职前期的专业学习是保育师未来专业发展的起始和奠基阶段，影响着保育师未来的发展，因此没有职前期的专业知识、专业技能、专业理念的获得，就谈不上保育师专业发展。

由于保育师最初的专业知识、专业技能主要通过职前专业学习与培训来完成，因此保育师专业发展的水平受职前期教育训练的影响较大。在职前专业准备阶段，要求培养院校重视保育师职业特点，加强婴幼儿教育学科和专业建设；完善保育师培养培训方案，科学设置教育课程，改革教育教学方式；重视保育师职业道德教育，重视社会实践和教育实习等，使保育师掌握专业知识、具备专业能力。当然作为准保育师在接受专业训练阶段，更要认真学习，使自己首先成为合格的保育师。

（二）职后期的专业发展

教育学家苏霍姆林斯基曾说，真正的教师是那些不断地进修提高的教师。职后期是保育师专业发展的重要阶段，主要通过自我专业发展、资深保育师带领与在职进修等方式进行。美国幼儿教育专家丽莲·凯兹在《与幼儿教师对话》一书中，把幼儿教师成长通常分为四个阶段，即求生阶段、强化阶段、求新阶段、成熟阶段。[①] 据此，保育师职后期的专业发展也可划分为四个阶段，准保育师可以参照此职后期的四个发展阶段做好自己的专业发展规划。

1. 求生阶段

这一阶段基本发生在保育师职业生涯的起步时期，通常是在入职的第一年。第一年是保育师专业发展最困难的时期，首先要做的就是尽快适应保育师角色，调整心态，适应环境变化与角色转变，能独立完成常规的保育与教育工作。这是因为，很多保育师刚开始工作时，内心会产生诸多惶恐。比如：面对较弱的生命无所适从；从学生到保育师身份的转变产生职业陌生感；书本知识学习与实际应用差距大，产生失落感等。这些都会使保育师在刚入职时，产生强烈的挫折感和消极的逃避心态，导致其工作热情降低、专业认识错位和职业情意失控，甚至导致对保育师职业价值崇高性的低判断和对自己保育能力的低估计现象。[②] 此时保育师要尽快调整自己的心态和工作节奏，逐步增强信心，融入职业生活中。

2. 强化阶段

强化阶段通常是指保育师入职的第二年。经过入职后一年的适应与调整，保育师必须对自身的专业要求有所觉醒，再不能以一名新手的名义忽视保育师职业的专业性。保育师要开始有意识地磨炼自己的保教技能，积累成功的保教经验，反思过去一年的保教行为，总结自己的专业能力。比如，通过与婴幼儿一年的接触，对婴幼儿的行为特征及能力已有初步的了解，所以要尝试着整理自己过去一年的保教经验与心得，规划自己接下来需要学习的知识与改进的技能。强化阶段在某种程度上来说，是自我反思、自我教育阶段。

---

① 丽莲·凯兹．与幼儿教师对话：迈向专业成长之路［M］．廖凤瑞，译．南京：南京师范大学出版社，2003：206.

② 黄爽，等．学前教育学［M］．上海：华东师范大学出版社，2016：206.

3. 求新阶段

求新阶段通常是指保育师入职的第三年至第四年。经过了强化阶段的自我反思以及两三年的工作实践，保育师不但完全适应了工作环境，而且基本掌握了保教技能，能够娴熟地完成日常保育与教育工作。但是长期的简单重复的内容和一成不变的教法不免会让人感到枯燥、乏味，甚至厌烦，成就感和价值感也会随之降低，而且日复一日的简单重复也会阻碍专业性发展。人是具有无限发展潜能的。保育师要学会突破原有的经验束缚，通过继续教育或者在职培训等多种方式扩充新知识、新方法，丰富自己的知识与实践技能，也可以尝试着开展一些研究，调整、更新婴幼儿课程，保持对本岗位的工作热情和兴趣。

4. 成熟阶段

成熟阶段通常是指保育师入职的第五年左右。事实上，每个教师步入成熟阶段的时间不一，有的只要三年，有的则要五年甚至更久。成熟阶段的保育师表现出明显的稳定性特征，已具备专业教师的基本特征，如对自己的能力及角色表现出肯定态度，习惯于自我反思，喜欢挑战创造；对婴幼儿发展的知识和原理的理解已达到一定的高度和深度，具有较为扎实的理论功底和较高的保教水平，在一定程度上具备了创造性驾驭和深刻洞悉、敏锐反应及灵活机智应对的综合能力。在这个时期，他们由于能在实践中对理论运用自如，因此可以站在一定的高度，用理性的眼光和宏观的视野，审视现实的教育和婴幼儿发展的目标，也有足够的动力去探索更深层次的问题。[①] 所以保育师达到成熟阶段以后可以通过与专家的合作，参加对保育师的职业培训及对家庭与社会婴幼儿教育指导与讲座等方式，走向更高阶的专业化发展道路。

案　例

从“克隆”到“本土”：一位幼儿教师在文化冲突中成长

2004年，阿华老师正式踏入幼儿教育领域，在某幼儿园工作。为提升自我专业素养，阿华老师积极参加园外培训，大量阅读教育书籍。2010年，阿华老师开始接触华德福教育。经过多次入园观察并与幼儿园教师沟通，阿华老师发现推行华德福教育理念的幼儿园的自然教学理念与方式同自己“无为而治”的观点十分契合。随后，他辞去某幼儿园的工作，到华德福幼儿园谋求职业发展。

① 黄爽，等. 学前教育学［M］. 上海：华东师范大学出版社，2016：103.

刚到华德福幼儿园时，因之前参加的学习和培训不多，阿华老师只是从感官上认知华德福教育，直接仿照园内其他老教师的做法来开展工作，不给孩子开展集体教学活动，不用任何现成的教材，不用多媒体设备辅助教学……他发现自己甚至不用备课，只要完全"克隆"其他老教师对孩子采用的自然教育方式即可，但也正是对"自然教育模式"的直接套用让他陷入困境，产生"教"抑或"不教"、"智能化教学"抑或"非智能化教学"、"自然教育"抑或"应试教育"等冲突。后来阿华老师借助专家引领、家园共育、工作坊组建，展开与文化差异、世俗观念及自身旧习的"博弈"，最终站在国际理解与文化自信的立场，通过反思性实践实现自我专业成长。以家园共育为例：阿华老师尝试在孩子入园前邀请与其共同生活的家庭成员入园参观，向家长介绍孩子在华德福幼儿园将要学习的内容；孩子入园后，阿华老师和同事们除了与家长保持日常沟通，还会邀请专家来园讲座，向家长普及华德福教育理念，帮助家长树立正确的儿童观与教育观，形成良好的家园共育氛围。阿华老师说："专家讲座的内容基本与华德福提及的慢养育有关联。我们不可能一下子去扭转一个人的想法，重要的是建立一座沟通的桥梁。"此外，老师们会组织亲子活动，与家长共同商讨活动目标，设计活动流程，并邀请家长直接进"课堂"。一方面，让他们以更加直接的方式融入幼儿的成长过程；另一方面，也让他们直接体会华德福教育"不教学"的特色。"经过努力，从整体上来说，家长对我们的教育理念比较认可。他们不仅愿意让孩子在华德福上幼儿园，还希望能继续入读华德福小学。"

资料来源：夏巍，熊翎伊．从"克隆"到"本土"：一位华德福幼儿教师在文化冲突中专业成长的个案研究［J］．江苏第二师范学院学报，2021，37（4）：38-44.

三、专业发展的促进

影响保育师专业发展的因素十分复杂。格伦迪（Grundy）和鲁宾逊（Robison）提出，教师专业发展有两个推动力：一是来自系统的推动力，包括学校和社会等因素的影响；二是个体自身的推动力，受到教师生涯发展阶段和生活经验的影响。按照格伦迪和鲁宾逊的教师专业发展的推动力理论，促进保育师专业发展，也必须关注上述两个方面的推动力，发挥政府和教育管理部门、培训系统以及保育师个人等多方面的努力。

（一）政府及管理部门要完善保育师专业发展的保障体系

保育师的专业水平与婴幼儿发展结果并不是一个简单的关系，它涉及更大范围的专业发展活动，其中就包括激发保育师专业发展动力的保障体系的建设。国家通过公布一系列政策，如《托育机构设置标准（试行）》《托育机构管理规范（试行）》《托育机构保育指导大纲（试行）》《国家职业技能标准（保育师 2021 年版）》等，规范保育师的资质要求。但目前保育师专业标准还未出台，准入标准不清晰，还需严格准入资质。此外，责任和权益是对等的，政府及管理部门在对保育师专业化提出要求的同时，也应该创设保育师专业发展的外部条件和外部动力。目前保育师工资待遇低、福利保障不健全、社会地位不高，影响了保育师从业心态，弱化了对专业发展的内在动机。为克服保育师专业发展动力不足，政府就要在规范保育师从业资质的基础上，保障保育师的合法权益，使保育师职业成为令人艳羡的、有发展前景的、有未来生活希望的而又充满竞争的职业。

（二）各级各类高职高专院校要提高保育师的培养质量

在我国，培养保育师的院校主要是各级各类的技工学校和高职高专院校。学校教育是保育师职前培养的主阵地，是专业发展的最初阶段，影响着学生对保育师职业的认识、职业理想的树立、专业知识和专业技能的理解和掌握。学校教育质量直接影响保育师专业发展的基础。为此，培养保育师的院校一定要高度重视婴幼儿教育学科和专业建设，完善保育师培养培训方案，根据保育师职业特点科学设置课程，改革教育教学方式，重视社会实践和教育实习等，以此提高保育师师德践行能力、保育和教育实践能力、综合育人能力、自主发展能力，为学生专业的可持续发展奠定坚实的基础。

（三）托育机构要提供多样化的培训机会并保证质量

为保育师提供专业发展是托育机构的重要职责，是保育师职后专业发展的重要途径。托育机构为保育师提供的专业发展形式包括在职培训、继续教育和专业培训。在职培训主要是围绕托育机构需要和《托育机构保育人员培训大纲（试行）》，制定保育师专业发展规划，建立保育师岗前培训和定期培训制度，通过集中培训、观摩教学、机构研修、在线学习等方式，不断提高工作人员的专业能力、职业道德和心理健康水平。继续教育是指托育机构要积极鼓励保育师获得更高的学历教育。有研究发现，早期教育与保育机构中拥有学士学位的教师是最有效的实践者，而且与高素质员工一起工作的低资质员工会受到前者积极的影响[①]。专业培训是指要支持并创造条件让保育师参加等有关部门

① 经济合作与发展组织教育团队．儿童早期教育与保育质量工具箱Ⅲ［M］．北京：北京师范大学出版社，2015：141.

组织的专业培训，提升自己的专业水平。当然专业化的教育与培训并不能完全保证更好的教育效果，最关键的还是要做好教育和培训的质量提升，做好质量监控。

（四）个人要学会终身学习

保育师的自主专业发展意识和自主学习能力是保育师专业发展的决定因素。在保育师专业标准出台之前，始终以一级 / 高级技师的要求，严格要求自己。待保育师专业标准出台之后，保育师要将保育师专业标准作为自身专业发展的基本依据，加强自我教育、自我建构，这是保育师专业发展最直接、最普遍的途径，也是学习型社会的特征。因此建议保育师制定职业生涯发展规划，增强专业发展自觉性。大胆开展保教实践，积极反思改进，运用反思意识和批判性思维，利用教育教学反思的基本方法和策略，对教育教学实践活动进行有效的自我诊断，提出改进思路，不断创新。利用掌握的教育研究的基本方法，研究教育教学中的各种关键事件，分析、研究婴幼儿发展问题，不断总结和提升实践经验，形成自己的专业风格。

（五）同伴之间要加强互助合作

保育师专业发展虽然指向自身专业素养的提升，但是专业发展过程并不是孤立的自我学习，它需要保育师之间的同伴互助与合作。有研究表明，同伴互助与合作，讨论彼此专业发展经验能有效促进保育师的专业发展。为此保育师要以积极开放的心态，与其他保育师结成伙伴关系，共同探讨、解决实际工作中遇到的问题，分享彼此的经验和想法；也可以组建研究团队，共同学习、讨论、研究感兴趣的主题，不断深化自身的理论知识，拓宽自己的视野。

案　例

组建工作坊，与自身旧习“博弈”

阿华老师习惯主动帮助幼儿，习惯用规则约束幼儿，以前幼儿园工作形成的习惯一直伴随着他。他说：“我自己的规则感比较强，有时候会用命令的口气要求孩子，可能因为这一点，孩子们和我不够亲。”在与同事交流的过程中阿华老师发现，和他一样存在类似问题的老师不在少数。为改掉不好的习惯，华德福幼教部和小学部的老师们一起组建工作坊。工作坊活动中，教师们会模拟呈现华德福教育中的真实场景，在场景中有意识地训练自己改掉不良习惯；同时，教师们借助场景再现，围绕华德福师生遇到的现实问题进行研讨与交流。

喜欢命令幼儿是阿华老师难以改掉的坏习惯，工作坊交流过程中，华德福老教师建议阿华“发号施令”时运用图景式描述的语言给孩子带去一幅生动的画面，这会比直接命令式说教效果好。儿童的成长不需要老师“母鸡护小鸡”式的干预，针对阿华老师喜欢干预幼儿活动这个习惯，工作坊的老师建议他尝试以观察者的身份和孩子相处。工作坊中的场景模拟和问题聚焦研讨给予了阿华老师许多有针对性的建议，让他逐渐改掉了不良习惯，融入华德福教育。

资料来源：夏巍，熊翎伊. 从“克隆”到“本土”：一位华德福幼儿教师在文化冲突中专业成长的个案研究［J］. 江苏第二师范学院学报，2021，37（4）：38-44.

本章小结

1. 照护者与保育师

婴幼儿照护者从广义上主要包括婴幼儿的父母或其他家庭成员，托育机构的负责人、保育师、保健人员和保安人员等。狭义的照护者专指托育机构的保育师。保育师是指在照护服务机构及其他保育场所中，从事婴幼儿生活照料、安全看护、营养喂养和早期发展工作的人员。

2. 保育师的资质

我国托育机构的保育师必须满足职业道德标准，受教育程度最低为高中毕业（或同等学力），获取职业资格证书。

3. 保育师的职责

保育师必须围绕托育机构保育的七大内容，即营养与喂养、睡眠、生活与卫生习惯、动作、语言、认知、情感与社会性等方面，提供生活照料，培养婴幼儿生活与卫生习惯，做好安全看护，提供婴幼儿早期发展支持，做好与家长的合作，促进专业发展。

4. 保育师的专业素养

托育机构的保育师必须具备职业道德、专业知识、专业能力三个方面专业素养。职业道德方面：品德高尚，富有爱心；敬业奉献，素质优良；尊重差异，积极回应；安全健康，科学规范。专业知识包括：婴幼儿生理和心理发展知识，婴幼儿保育与教育知识，与家庭社区合作知识，个人发展知识等。专业能力包括：保证婴幼儿安全与早期发展的能力，保教活动实施与互动能力，合作共育的能力，评估与专业发展能力。

5. 专业发展及重要性

专业发展是指保育师在整个专业生涯中，通过终身专业训练，习得婴幼儿教育专业知识技能，实现专业自主，逐步提高专业素质，成为一个具有教育敏感性与教育机智的专业工作者的专业成长过程。保育师专业发展是保证早期教育质量的需要，是教育高质量发展的需要，是提高保育师社会地位的需要，是实现个体价值的需要。

6. 专业发展的阶段

托育机构保育师的专业发展大致可以分为职前和职后两个阶段。职前阶段和职后阶段是相互衔接的两个阶段，是由一名非保育师到保育师，再到一名专业化保育师的发展过程。职后期的专业发展还可以划分为求生阶段、强化阶段、求新阶段、成熟阶段。

7. 专业发展的促进

教师专业发展有两个推动力：一是来自系统的推动力，包括学校和社会等因素的影响；二是个体自身的推动力，受到教师生涯发展阶段和生活经验的影响。所以为促进保育师专业发展：政府及管理部门要完善保育师专业发展的保障体系，各级各类高职高专院校要提高保育师的培养质量，托育机构要提供多样化的培训机会并保证质量，个人要学会终身学习，同伴之间要加强互助合作。

一、选择题

1. 保育师的职业技能等级共设（　　）个等级。

A. 三个　　　　B. 四个

C. 五个　　　　D. 六个

2. 确保（　　）是保育师应具备的首要能力。

A. 婴幼儿生命安全　　　　B. 婴幼儿身心发展

C. 合作共育　　　　D. 个人专业发展

3.（　　）是开展婴幼儿保育与教育工作所必须掌握的理论性知识，是保育师知识结构中最为基础和上位的知识。

A. 保育与教育知识　　　　B. 婴幼儿生理和心理知识

C. 安全照护知识　　　　D. 婴幼儿营养、喂养知识

二、判断题

1. 只要是有点照护经验的人都可以胜任托育机构的保育师工作。 （　　）
2. 托育机构的保育师做好婴幼儿的日常生活照护就可以了。 （　　）
3. 保育师专业发展对个人没有什么意义。 （　　）
4. 保育师按照托育机构的要求按部就班工作就好了，不需要额外的专研。 （　　）
5. 职后培训是专业发展的重要途径，所以职前教育没那么重要。 （　　）

三、简答题

1. 请简述什么是专业发展。
2. 请简述托育机构保育师的专业素养结构。
3. 请简述托育机构保育师应该具备哪些专业知识。
4. 请简述托育机构保育师应该具备哪些专业能力。

四、讨论题

1. 你认为如何才能更好地承担保育师的职责？
2. 请访谈一位托育机构保育师，了解他是如何促进自身专业发展的。对你有什么启示？
3. 请谈一谈在你专业发展的道路上，希望得到哪些帮助。

第六章　婴幼儿合作共育与衔接

学习目标

知识目标

1. 了解家庭与家庭教育、社区与社区教育的含义与作用，以及托幼衔接的意义
2. 理解托育机构的特性与任务
3. 掌握托育机构与家庭、社区合作的内容，以及托幼衔接的内容

能力目标

1. 学会运用合作策略促进与家庭、社区的合作
2. 提升托幼衔接的能力

素养目标

1. 推进我国婴幼儿家庭教育，切实提高家庭育人水平
2. 了解我国在婴幼儿家庭教育方面的优秀教育思想

思维导图

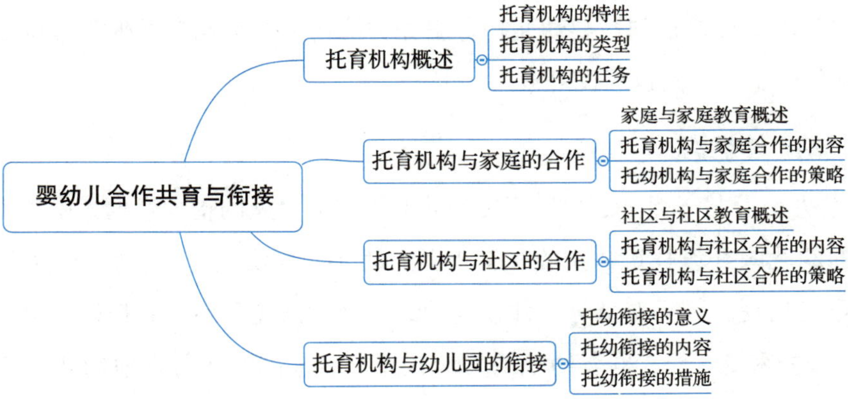

第一节 托育机构概述

托育机构是根据《中华人民共和国未成年人保护法》和《国务院办公厅关于促进3岁以下婴幼儿照护服务发展的指导意见》，经有关部门登记、卫生健康部门备案，为3岁以下婴幼儿提供托育服务的社会机构。托育机构旨在为3岁以下婴幼儿提供专业化、规范化的照护服务。

一、托育机构的特性

托育机构主要是为3岁以下婴幼儿提供照护服务的机构，是保障和改善民生的社会服务机构，所以托育机构从根本上来说是服务性机构。这主要缘于两点：

（1）婴幼儿照护的主体仍然为家庭，托育机构只是家庭照护的补充。这也就意味着托育机构教育并不是我国国民教育体系中的一部分，而是社会服务的一部分。

（2）托育机构的发展是以社会需求和问题为导向的存在，受到社会需求的影响。托育机构的发展根本在于家庭育儿能力与婴幼儿发展需要、家庭育儿需要与父母外出工作需要，以及家庭育儿困难与家庭生育困境等之间矛盾的产物，从根本上说是为了解决家庭育儿难题，解决双职工家庭照护困难等现实问题。

二、托育机构的类型

从我国目前托育机构发展现状和趋势来看，托育机构形式多元，主要包括单位服务、托幼一体服务、社区服务、社会服务、家庭服务等。

（一）单位托育机构

单位托育机构有点类似20世纪70年代我国托育事业刚刚发展时的育儿班和托儿所，是专门为职工提供福利性婴幼儿托育服务的机构。但是现在不限于单位福利性托育服务，有条件的也可向附近居民开放。

（二）托幼一体机构

《国务院办公厅关于促进3岁以下婴幼儿照护服务发展的指导意见》中指出：鼓励支持有条件的幼儿园开设托班，招收2至3岁的幼儿。事实上，“托幼一体化”概念早在1997年就已经出现，并且在部分条件较好的幼儿园就已经开始设立托班。很多幼儿园也明确将2～3岁和2.5～3岁婴幼儿纳入幼儿园招生范围。随着各地幼儿园普及率的压力、社会的需求和幼儿园服务范围的扩大，社会上早已经出现了托幼一体化的办园形式。国家对 3 岁以下婴幼儿照护服务的管理规范，将进一步推进幼儿园托育机构的发展。

(三) 社区托育机构

社区包括城镇社区和农村社区。城镇和农村的社区托育机构基本为政府统筹建设，是政府通过购买专业服务的方式开办的，基本采用公建民营模式，由政府提供场地、硬件建设及配备设施，由社会力量承接项目运营管理。公建民营的托育机构基本为普惠性托育机构，主要为家庭提供就近、小规模、日托、临时托的婴幼儿托育服务，解决父母临时照看需要；再者就是为社区居民、家庭提供多种形式的育儿宣传和指导，开展亲子活动，提高家长的科学育儿水平。

(四) 社会托育机构

国家积极鼓励社会力量提供婴幼儿照护服务。社会力量可以选择举办非营利性或者营利性婴幼儿托育机构。举办非营利性托育机构的，在托育机构所在地的县级以上机构编制部门或民政部门注册登记；举办营利性托育机构的，在婴幼儿托育机构所在地的县级以上市场监管部门注册登记。在国家鼓励和支持社会力量举办普惠性民办托育机构的导向下，面对大众、收费较低的普惠性民办托育机构将会获得国家、政府的重点扶持。

(五) 家庭式托育

家庭式托育是指在有资质的家庭托育员家中或由其提供的居家环境中，为一个或多个孩子开展照料和早期教育的托育形式。家庭式托育在很多国家，如英国、丹麦、日本、美国等国家的托育安排中有着重要的地位。当前我国已出现自发形成、非正式的家庭式托育服务，并呈现出多样化的发展特征，不仅有居民小区内的家庭式托育，也有在政府引导下将家政工作人员与家庭式托育相结合的形式。与家庭式托育相关的概念也是层出不穷，如“邻托”“客厅式托育”“民居园”等。①

三、托育机构的任务

(一) 提供照料、看护服务

托管是托育机构的任务，是保障和改善民生的重要内容，事关千家万户。我国 2016 年全面两孩政策实施以及后来三孩政策的放开，不少家庭迎来第二个、第三个孩子。父

① 马瑜骏. 发展高质量家庭式托育服务：国际经验及启示 [J]. 社会建设，2021，8 (6)：15-24，39.

母同时照看两三个孩子比较困难，而祖辈往往年岁已高，照看孙辈的积极性与意愿也降低了。女性要兼顾照顾幼儿和工作，难度非常大，而市场上托管服务供给严重不足，“幼无所托”现象比较突出，制约了家庭生育，影响了家庭和谐，解决3岁以下婴幼儿托管的问题成为社会问题。为此，妥善解决职场父母育儿难，孩子无处安放的“幼无所托”现实难题成为首要解决的问题。所以托育机构首要任务就是为家庭提供托管服务。

（二）承担保育、教育责任

保教是托育机构的重要任务。随着经济社会发展，婴幼儿照护服务已经不满足于父母及祖辈照护服务水平，专业化的早期教育愈发受到现代家庭的认可。根据《人口科学大辞典》的解释，保育是指成人（家长或保育人员）精心照管儿童，使之在身心与环境适应等方面健康成长。包括抚养、教养、教育等内容，旨在帮助儿童获得良好发育，逐渐提高儿童独立生活能力。可见婴幼儿保育包括两方面的内容：一是对3岁以下婴幼儿身体方面进行的保护和照顾。保育师要为3岁以下婴幼儿提供生活料理、习惯养成、安全保障等服务，保障每个儿童的健康成长。二是对3岁以下婴幼儿心理方面进行的关注和发展。0～3岁是婴幼儿心智发展的关键期，是婴幼儿促进智力发育、语言习得、情感认知的关键期，是人格发展的基础时期。3岁以下婴幼儿可以借助心智能力，通过视听嗅触尝和操作吸收环境刺激获得心理发展，所以对3岁以下婴幼儿还需通过丰富环境刺激开拓思维，促进心理成长。

（三）提供科学育儿指导

人的社会化进程始于家庭，婴幼儿监护抚养是父母的法定责任和义务，家庭对婴幼儿照护负主体责任。但是很多家长缺乏科学的养育理念和养育方法，不能很好地促进婴幼儿发展。托育机构作为专业照护服务机构，具有专业的团队，能够很好地为家庭提供指导服务，所以照护服务机构的第三项任务就是为家庭提供早期发展指导。可以通过入户指导、亲子活动、家长课堂等方式，利用互联网等信息化手段，为家长提供早期发展指导，提高家庭的科学育儿能力。

第二节　托育机构与家庭的合作

托育机构与家庭合作是指托育机构和家庭双方积极主动地相互了解、相互支撑、相互配合，共同促进婴幼儿身心和谐发展的活动。托育机构与家庭合作是双向的，但是相对而言，托育机构作为专业的教育机构，更要积极发挥托幼机构的主导地位，唤醒家庭教育意识，指导家庭科学育儿，开创多元的合作模式。

一、家庭与家庭教育概述

（一）家庭与家庭教育的含义

家庭是以婚姻关系为基础、以血缘关系或收养关系为纽带的一种社会组织形式，是社会生活的基本单元。为发扬中华民族重视家庭教育的优良传统，引导全社会注重家庭、家教、家风，增进家庭幸福与社会和谐，培养德智体美劳全面发展的社会主义建设者和接班人，2021 年 10 月 23 日第十三届全国人民代表大会常务委员会第三十一次会议通过《中华人民共和国家庭教育促进法》。本法明确指出，家庭教育是指父母或者其他监护人为促进未成年人全面健康成长，对其实施的道德品质、身体素质、生活技能、文化修养、行为习惯等方面的培育、引导和影响。家庭教育以立德树人为根本任务，培育和践行社会主义核心价值观，弘扬中华民族优秀传统文化、革命文化、社会主义先进文化，促进未成年人健康成长。其中未成年人是指未满十八周岁的公民。

（二）家庭与家庭教育的地位与作用

1. 家庭是婴幼儿教育的主体

现代家庭具有抚养、教育子女及其他年幼家庭成员的基本义务。《国务院办公厅关于促进 3 岁以下婴幼儿照护服务发展的指导意见》中明确提出，婴幼儿照护以“家庭为主，托育补充”。我国目前虽然在加快建设婴幼儿照护服务体系，但发展婴幼儿照护服务的重点是为家庭提供科学养育指导，并对确有照护困难的家庭或婴幼儿提供必要的服务，并不是替代家庭承担照护服务的责任。2021 年我国颁布的《家庭教育促进法》，也明确了父母或者其他监护人实施家庭教育的主体责任，所以婴幼儿教育中家庭仍占主体地位。

2. 家庭为婴幼儿身心健康发展提供必要条件和可能性

父母为婴幼儿创造了生活的第一个环境。父母除了给子女先天的形态、体质、先天禀赋和遗传病等种种有利和不利的遗传素质之外，更重要的是为婴幼儿提供了后天发育成长的环境和条件，比如提供爱抚、合理而充足的营养、舒服的衣服、空气流通和阳光充足的生活场所，促进其体力、智力发展的丰富信息刺激的物质环境。这些为婴幼儿与生俱来的各种潜能变为现实提供了必要条件和可能性。有研究表明处于单调环境，缺乏玩具、图书、感知体验及运动、与人交往机会的婴幼儿体力和智能反应，远比处于丰富的环境、与人和谐交往较多的婴幼儿差。而这样的发展差异也影响了婴幼儿未来更好发展的可能性。

知识拓展

国外研究表明，一个来自贫困阶层的孩子，在一天之内听到的语言和词汇，和一个中产阶级家庭的孩子相比，在量和质的方面都有很大的区别。因为一个为生存而忙碌工作的母亲，可能会更少说话，更少跟孩子互动。有时甚至只是当孩子做错事的时候，她才会去说，并且很可能只是简单地制止，而很少去鼓励。但一位受到良好教育的母亲，鼓励孩子的语言会非常多，而且经常会跟孩子解释为什么。这种差别的存在，实际上有可能就是造成孩子日后各种不同发展结果的重要原因。

资料来源：儿童词汇量对日后学业成功与否有预测作用［EB/OL］.（2013-12-24）［2022-01-11］. 中国教育和科研计算机网.

3. 家庭教育是整个教育工程的起点

家庭是婴幼儿生命的摇篮，是人出生后接受教育的第一场所，是人生的第一课堂，而家长是婴幼儿的第一任教师。从婴幼儿呱呱坠地成为独立的生命个体的那一刻起，父母成为他们与整个世界联系的基础和纽带，他们接受父母直接的生活照顾、抚养，学会认识周围的环境，学会游戏。在家庭中启动了无数个“第一次”，经历着重要的“关键期”。随着婴幼儿年龄的增长，活动范围的扩大，他们不再以家庭作为唯一的影响源，但家庭在许多方面仍是筛选、调节子女接受整个社会文化影响的权威力量。父母不但有意无意地向婴幼儿传递知识、生活经验和一定的社会行为规范，而且帮助婴幼儿学习语言、识字，学会与人交往的基本行为准则。在婴幼儿还不能自己判断事物或做出选择时，父母的判断或选择就成为他们最初的判断标准。婴幼儿总是通过父母的言行来认识和评价周围世界，社会意识往往通过家庭折射进入婴幼儿的心灵。所以正如苏联教育家马卡连柯所说：“家庭是最重要的地方，在家庭里面，人初次向社会生活迈进！”①

4. 家庭教育对婴幼儿发展影响持久

陈鹤琴在《家庭教育》中说道：“幼稚期（自生至 7 岁）是人生最重要的一个时期，什么习惯、语言、技能、思想、态度、情绪都要在此时期打一个基础，若基础打得不稳固，那健全人格就不容易形成了。”可见家庭教育虽然没有固定的大纲和教材，但是婴幼儿时期家庭教育的影响却是终生的。心理学研究也表明，一个人的性格、自我意识和

① 马卡连柯. 父母必读［M］. 耿济安，译. 北京：人民教育出版社，1958：303.

价值观的形成都与原生家庭的影响力有密切而深远的联系。诸如原生家庭中父母的关爱、家庭的温馨、同胞的玩耍，父母争吵打架、父母与长辈的不公正对待、同伴的侮辱等那些美好的以及不美好的事情都会刻骨铭心地印在孩子长期的记忆中，终生难忘，而且也影响着儿童的认知、情感和行为。

素养园地

家庭教育

我国著名的文学家老舍曾深情地说：“从私塾到小学、到中学，我经历过起码有百位教师吧！其中有给我很大影响的，也有毫无影响的。但是，我的真正的教师，把性格传给我的，是我的母亲。母亲并不识字，她给我的是生命的教育。”

郭沫若曾说：“在我未上学前，母亲就教过我好些唐宋诗人的佳句，朗朗上口，有的至今还记得。我后来走入文艺生活，这层家庭教育我认为是极其重要的因素。”

知识拓展

单亲家庭儿童相对剥夺感与心理适应的循环作用关系：一项追踪研究

某学者考察了单亲家庭儿童相对剥夺感与心理适应的特点及循环作用关系。相对剥夺感是指个体或群体通过与参照对象横向或纵向比较而感知到自身处于不利地位，进而体验到愤怒和不满等负性情绪的一种主观认知和情绪体验。心理适应是指个体在适应外部环境变化中做出的能动反应，使自己的心理活动和行为方式更加符合环境变化和自身发展的要求，达到主体与环境的平衡状态。

结果发现：单亲家庭男生的抑郁和孤独感水平比女生高；经济条件困难单亲家庭儿童的相对剥夺感、抑郁和孤独感水平比非经济条件困难单亲家庭儿童高，自尊水平比非经济条件困难单亲家庭儿童低。相对剥夺感与心理适应的循环作用在不同家庭经济状况单亲儿童中存在显著差异，经济条件困难单亲家庭儿童的心理适应对其相对剥夺感的作用比非经济条件困难单亲家庭儿童更大。

资料来源：熊猛，刘若瑾，叶一舵．单亲家庭儿童相对剥夺感与心理适应的循环作用关系：一项追踪研究[J]．心理学报，2021，53（1）：67-80.

二、托育机构与家庭合作的内容

托育机构与家庭合作的内容主要是指托育机构作为合作发起者，为提升家庭教育所做出的努力。具体包括：

（一）提高家长科学育儿认知

我国著名儿童教育家陈鹤琴先生在《怎样做父母》一文中指出：“父母，不是容易做的，一般人以为结了婚，生了孩子，就有做父母的资格了，其实不然。我们知道，栽花的人，先要懂得栽花的方法，花才能栽得好；养蜂的人，先要懂得养蜂的方法，蜂才能养得好；……可是一般人对于自己的孩子，反不如养蜂、养蚕、养牛、养猪看得重要。对于养孩子的方法，事先既毫无准备，事后又不加研究，好像孩子的价值，不及一只猪、一只羊。”陈鹤琴先生指出的这种现象，其实在今天仍然很普遍。家长要上好第一堂课，做好第一任教师，就必须学会养孩子的方法，提高科学育儿认知。这就需要托育机构加强“家长教育”。一方面，使家长明确自身在育儿过程中的主体责任，认识到家长对婴幼儿发展的影响和作用；另一方面，指导家长理解合作共育的知识和要求，使家长深刻认识到实施合作共育的意义和价值，加强合作共育的意识，调动积极性。

（二）为家庭教育提供方法指导

很多家长都存在专业性育儿知识不足的问题，所以托育机构与家长合作的第二项重要内容就是要为婴幼儿家庭教育提供科学化、专业化、规范化的指导服务，增强家庭的科学育儿能力。《家庭教育促进法》也指出：“国家和社会为家庭教育提供指导、支持和服务。”基于 0 ～ 3 岁婴幼儿身心发展特点，托育机构对家庭教育指导重在如下 10 个方面：①

（1）提倡母乳喂养。指导乳母加强乳房保健，在产后尽早用正确的方法哺乳；在睡眠、情绪和健康等方面保持良好状态，科学饮食，增加营养；在母乳不充分的阶段采取科学的混合喂养，适时添加辅食。

（2）鼓励主动学习儿童日常养育和照料的科学知识与方法。引导家长让儿童多看、多听、多运动，带领儿童开展适当的运动、游戏，增强儿童体质。指导家长按时为儿童预防接种，培养儿童健康的卫生习惯，注意科学的饮食调配；配合医疗部门完成相关疾病筛查，做好儿童生长发育监测，学会观察儿童，及时发现儿童发展中的异常表现，及

① 全国妇联、教育部等九部门. 全国家庭教育指导大纲（修订）[Z]，2019.

早进行干预；学会了解儿童常见病的发病征兆及应对方法，掌握病后护理常识；了解儿童成长的特点和表现，学会倾听、分辨和理解儿童的多种表达方式。

（3）制定生活规则。指导家长了解儿童成长规律及特点，并据此制定日常生活规则，按照规则指导儿童的行为；采用鼓励、表扬等正面教育为主的方法，培养儿童健康的生活方式。

（4）丰富儿童感知经验。指导家长为儿童创设可以充分活动的空间与条件，充分利用日常生活环境中的真实物品和现象，让儿童在爬行、观察、听闻、触摸等活动过程中获得各种感知经验，促进感官发展。

（5）关注儿童需求。指导家长为儿童提供抓握、把玩、涂鸦、拆卸等活动的机会、工具和材料，用多种形式发展儿童的小肌肉精细动作和大肌肉活动能力；分享儿童的快乐，满足儿童好奇、好玩的认知需要，激发儿童想象力和好奇心。

（6）提供言语示范。指导家长为儿童创设宽松愉快的语言交往环境，通过表情、肢体、语言等多种方式与儿童交流；提高自身语言表达素养，为儿童提供良好的言语示范；为儿童的语言学习提供丰富的机会，运用多种方法鼓励儿童表达；积极回应儿童，鼓励儿童之间的模仿和交流。

（7）提高安全意识。提高家长有效看护意识和技能，指导家长消除居室和周边环境中的危险性因素，防止儿童意外伤害发生。

（8）加强亲子陪伴。指导家长认识到陪伴对于儿童成长的重要性，学会建立良好的亲子依恋关系，不用电子产品代替家长陪伴儿童，多与儿童一起进行亲子阅读；学习亲子沟通的技巧，与儿童建立开放的沟通模式；关注、尊重、理解儿童的情绪，合理对待儿童过度情绪化行为，有针对性地实施适合儿童个性的教养策略，培育儿童良好情绪；处理好多子女家庭的亲子关系、子女间的关系，让每个儿童都得到健康发展。

（9）重视发挥家庭各成员角色的作用。指导家长积极发挥父亲在家庭教育中的作用；了解父辈祖辈联合教养的正面价值，适度发挥祖辈参与的作用；引导祖辈树立正确的教养理念。

（10）做好入园准备。指导家长认识儿童社会性发展的重要性，珍视幼儿园教育的价值。入园前，指导家长有意识地培养儿童一定的生活自理能力及对简单规则的理解能力；入园后，指导家长与幼儿园教师积极沟通，共同帮助儿童适应入托环境，平稳度过入园分离焦虑期。

知识拓展

陈鹤琴的“家庭教育普通教导法”

原则一：对于教育小孩子，做父母的最好用积极的暗示，不要用消极的命令。

原则二：积极的鼓励比消极的刺激好得多。

原则三：小孩子既好模仿，做父母的一方面要以身作则，一方面还要替他选择环境以支配他的模仿。

原则四：做父母的不可常常用命令式的语气去指挥他们的小孩子。

原则五：做父母的不应当对小孩子多说：“不！不！”事属可行，就叫他行；事不可行，禁止他行。

原则六：别人做好的事情或坏的事情的时候，做父母的应当以辞色来表示赞许或不赞许的意思给小孩子听，给小孩子看。

原则七：我们应当按照小孩子的年龄知识而予以适当的做事动机。

原则八：待小孩子不要姑息也不要严厉。

原则九：不要骤然命令小孩子停止游戏或停止工作。

原则十：做父亲的应当同小孩子做伴侣。

原则十一：游戏式的教育法。

资料来源：陈鹤琴．家庭教育［M］．北京：商务印书馆，2019.

（三）帮助家长为婴幼儿创设良好的环境

婴幼儿的学习是从环境中捕捉信息自主学习的，好的环境能使婴幼儿得到好的印象，不好的环境则能使婴幼儿得到坏的印象。正如“染于苍则苍，染于黄则黄”。“等到学得不好，以后做父母的即使要去教他好，也是很不容易的”[①]，所以从婴幼儿出生开始，就要为婴幼儿创设良好的环境。家庭环境包括物的环境和人的环境。物的环境是适宜婴幼儿发展的游戏环境、阅读环境、生活环境等，人的环境主要是指“父母的环境”，包括夫妻关系、亲子关系、父母性格，以及父母对外界事物的态度、观念、行为等。其中人的环境比较物的环境还要重要。[②]但是在现实生活中，很多家庭都只关注婴幼儿“物”的满足上，而忽略或者不懂得如何创造良好的“人”的环境，所以托育机构帮

① 陈鹤琴．家庭教育［M］．北京：商务印书馆，2019：212.

② 同①211.

助家庭认识到家庭环境创设的意义和方法就显得非常重要。

素养园地

陈鹤琴提出的“家庭为儿童创造良好的环境”的五个方面

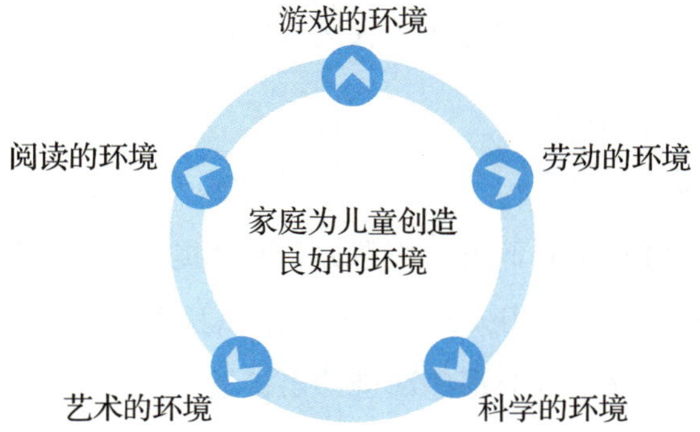

资料来源：陈鹤琴. 家庭教育［M］. 北京：商务印书馆，2019：212.

三、托幼机构与家庭合作的策略

托育机构是为家庭提供婴幼儿照护服务的，所以在与家庭合作方面，托育机构要尽量迎合家庭的时间安排，为家庭提供多种可能的合作形式，让每一位家长都参与进来。比较常见且较为实用的合作策略有以下几种：

（一）进行入户指导

“入户指导”是指保育师进入婴幼儿家庭，运用一定的教育理念、知识，观察并分析婴幼儿在家中的表现，并给家长提供正确指导的活动。“入户指导”具有一对一指导的特性，能够最大化地了解家庭环境，挖掘家庭环境资源，提供有针对性的、个性化的指导，还能为改善婴幼儿生活环境提供具体建议。

（二）开展亲子活动

亲子活动是通过保育师、家长和婴幼儿的三方互动，密切家庭和托育机构的关系及亲子关系，增强家长的育儿能力的活动。亲子活动主体可以为父子（女）、母子（女）；活动内容可以为各种游戏、娱乐活动。开展亲子活动一定要考虑婴幼儿的年龄、性别、个性特点，并尽量使亲子活动具有趣味性，注重亲子间的互动性、家长参与的主动性以及婴幼儿独立性的培养。

（三）开设家长课堂

托育机构定期就某个主题开展讲座、报告会等，有目的、系统地向家长宣传教育知识，帮助家长树立正确的教育观念，学习正确的育儿方法。通过日常观察与家长沟通，提出家长应该关注的问题。比如，并非所有的家长都能自然而然地给婴幼儿读书，他们看不出给还不会说话的婴幼儿读书有什么意义。通过家长课堂就可以向家长展示亲子阅读的意义、方法。

（四）创建家长区域

家长区域就是在托育机构开辟出一块地方，通过提供几个舒适的椅子、一壶咖啡和一些饼干，以及与孩子们的活动相关的装饰营造出相互交流的气氛，鼓励家长坐一会儿，和保育师以及其他家长交谈。这与那些冲进冲出接送婴幼儿的家长，或是那些只在紧张时刻才与保育师交流的家长比较，更有利于鼓励家长放慢节奏，熟悉托育机构保育项目、保育师和其他家庭，并能在愉快、轻松的环境中进行互动，建立融洽关系，更好地关注到幼儿成长。①

（五）开展节日活动

固定的开放日、运动会、儿童节等活动日，可以邀请家长参与节日活动。让家长参与进来有多种好处：（1）家长可以看到保育师所示范的让婴幼儿受益的互动和活动；（2）保育师可以看到家长和婴幼儿的互动，并可根据需要提供支持；（3）保育师可以学习使用家长用来接近、安慰、照顾婴幼儿的共通策略；（4）家长的参与增强了家庭优势，增进了父母与婴幼儿的关系，因为了解和理解婴幼儿整天在做什么有助于家长感到自信和联结。②

（六）进行接送交流

接送交流是利用家长接送婴幼儿之机相互交换意见。这种方式有助于保育师和家长及时沟通信息，了解婴幼儿近期或者当日的情况。接送交流是最频繁的合作形式，但是由于每次时间短暂，因此建议交流话题一定要聚焦婴幼儿，以婴幼儿为中心，只交流最关键和最实际的内容。

---

① 卡罗尔·科普尔．0—3 岁婴幼儿发展适宜性实践［M］．北京：中国轻工业出版社，2020：135.

② 同①134.

（七）设置家长专栏

家长专栏是保育师在自己班级门外的墙壁上专设一块空间，张贴保教计划、家教须知以及分享婴幼儿活动和获得成就时的照片等，帮助家长了解托育机构的保育和教育情况，宣传科学育儿知识，了解自己孩子的情况等。设置家长专栏要注意简洁明了、重点突出、定期更新。

（八）创建信息交流平台

托育机构利用现代化的网络手段，一方面可以宣传国家的教育政策，介绍托育机构的办园理念、规章制度、各项活动、营养膳食、育儿方法、师资队伍、家长工作等，另一方面可以为家长开通畅所欲言的家教经验交流平台。

总之，托育机构与家庭的合作关键在于让家长参与进来，这就需要保育师找到让每一位家长都参与进来的方式。如果举办了家长会，但很少有家长参加，那么就需要重新思考合作策略，多了解家长的需求。

第三节　托育机构与社区的合作

美国学者布朗芬布伦纳提出的生态系统理论指出，社区属于生态系统中的外层系统，对儿童的成长产生重要影响。《托育机构设置标准（试行）》第十条规定："发挥城乡社区公共服务设施的婴幼儿照护服务功能，加强社区托育机构与社区服务中心（站）及社区卫生、文化、体育等设施的功能衔接。"由此，托育机构与社区合作不但可行，而且还很有必要性。

一、社区与社区教育概述

（一）社区与社区教育的含义

社区是由一定数量的人口为主体，按照一定的制度组织起来的，有着一定的地域界限和认同感的人类生活共同体。[①] 它包含五大要素：特定的区域、公共服务设施、聚居的人口、共同文化、团体组织，发挥着管理功能、服务功能、保障功能、安全功能和教育功能。

---

① 黄焕山，郑柱泉．社区教育概论［M］．武汉：武汉出版社，2005：2.

社区教育始于欧美发达国家。社区教育的概念在国际上被正式确认和广泛应用是在第二次世界大战之后，社区教育成为当今教育发展的一大潮流。何为社区教育？社区教育就是在一个地区内，以社区内的学校为中心，借助学校的以及该社区中其他文化机构的人力、物力，向社区内的全体居民进行文化知识、科学技术和道德修养的广泛教育活动。社区教育同时也为社区的文化、福利建设和社区发展服务。我国社区教育经过若干年的实践已形成两种模式：（1）以学校为中心，联络社区中其他部门成立社区教育委员会，集社区力量关心学校，集社会信息推进学校教育改革，并将学校、家庭、社会三方面教育一体化，促进育人，促进教育，为繁荣社区服务。（2）以社区为中心，由街道办事处牵头，将社区内的一切教育机构（中学、小学、幼儿园）和地区中的其他部门组成社区教育委员会，地方社区动员全社会力量支持教育，关怀儿童，实现学校、家庭、社会的教育一体化。农村社区教育也在经济发达地区悄然兴起，乡级农村社区教育已较普遍，即乡的教育已做到幼、小、中、职、成教统筹规划，形成教育地方化、教育为发展本乡经济服务的新教育格局。①

素养园地

中国早期的社区教育

我国的一些学者在20世纪20、30年代受到美国社区教育思想与实践的影响，相继在农村办起了乡村教育。如陶行知1927年开展的乡村教育实验，晏阳初1926年在河北定县开展的“平民教育”实验，梁漱溟1928年在山东邹平县开展的“乡村建设”实验，都是立足乡村社区发展教育，将教育与社区建设发展融为一体，使教育的社区效益显著起来的范例。

资料来源：梁志燊. 中国学前教育百科全书·教育理论卷［M］. 沈阳：沈阳出版社，1995：11.

（二）社区与社区教育的作用

1. 社区能够扩充托育机构的教育资源

社区具有托育机构所不具备的优势，能够为托育机构提供丰富的资源与指导。主要表现在：（1）社区拥有亲子乐园、公园、科技馆等多样的公共服务设施，能够为托育机构提供户外活动场所和学习环境。（2）社区闲置的空间资源能够为托育机构发展提供场

① 梁志燊. 中国学前教育百科全书·教育理论卷［M］. 沈阳：沈阳出版社，1995：11.

地资源，扩充托育机构的空间，满足社区托育服务。

2. 社区能够为托育机构提供业务指导

（1）社区内具有妇幼保健、疾病预防控制、卫生监督等具有托育服务功能的机构。这些机构都有经验丰富、有专业资质的人员，可以为托育机构提供卫生保健工作方面的业务指导。（2）社区成员职业多样化，如有律师、幼儿教师、科研人员等。这些人员可以从不同层面为托育机构提供托育机构设置、保育、婴幼儿发展等不同方面的专业知识。

3. 社区教育有利于婴幼儿和谐整体性发展

婴幼儿教育形态分为家庭教育、托幼机构教育和社会教育。其中家庭是婴幼儿成长最初的也是最基本的社会生态环境，对婴幼儿一生的发展产生重要影响；婴幼儿托育机构是专业化、规范化的照护机构，能够促进婴幼儿各方面能力发展；社区教育是婴幼儿社会教育的重要形式，是婴幼儿社会化最直接的阵地，对婴幼儿的作用和影响更为广泛。家庭，婴幼儿教育机构、社区的相互合作与相互支持能够形成有效的教育合力，促进婴幼儿身心健康全面发展。

4. 社区教育有利于婴幼儿教育走向开放

社区教育有利于婴幼儿教育从封闭走向开放。（1）社区环境具有一定的开放性、平等性和公平性，能够为最广大的婴幼儿提供多种接触社会、与人交往的机会，形成全方位、开放的教育系统，培养婴幼儿良好的社会适应能力。（2）社区教育主体具有开放性，社区中不论是老人、孩子还是家长、教师都可以是教育者，也可以是受教育者。

5. 社区教育有利于婴幼儿教育本地化

社区婴幼儿教育是基于一定的地域和资源优势而开展的婴幼儿教育，所以社区教育一方面可加强地方社区组织的自主性，使婴幼儿教育更好地立足当地实际，因地制宜，形成各自特色；另一方面托育机构在挖掘并利用社区中丰富的资源中能够形成自己的照护特色。

二、托育机构与社区合作的内容

托育机构与社区的合作主要是以托育机构为中心，发挥托育机构的主体作用，充分利用所在社区的各种可利用的教育资源开展保教活动，促进婴幼儿身心健康发展，并为社区发展提供服务。为此，托育机构与社区的合作内容主要包括两方面：

（一）托育机构开发利用社区资源，提高婴幼儿教育质量

婴幼儿托育质量的提升不能仅仅依靠托育机构自身，要学会借助社区力量。一方面，活用大自然、大社会这本活教材。社区拥有丰富多元的公共服务设施和场地资源，不但有丰富的超市、医院、消防等物质资源，还有丰富的文化特色、风俗习惯、建筑景观等文化资源、人文环境，可以为学步儿生活与学习提供生动、鲜活的环境、教材、教具、教员。另一方面，与社区内具有托育服务功能的机构，诸如妇幼保健、疾病预防控制等机构合作，提高托育机构的卫生保健工作，也可以邀请妇幼保健院的专业人员、高校的相关研究人员等开展托育机构保育师的专业培训等，提高保育师的专业素养，从而提高婴幼儿教育质量。

（二）托育机构发挥自身优势，为社区婴幼儿教育提供专业服务

托育机构具有造福公众，让社会获益的公益性，所以托育机构与社区互动时除了充分利用社区资源为托育机构教育服务外，还应充分发挥自身的优势和教育辐射作用，在力所能及的范围内主动向社区开放，在社区中发挥托育机构的服务与教育功能，建立托育机构与社区的开发合作、资源共享，帮助社区做好婴幼儿教育。托育机构只有在与社区互利的前提下展开与社区互动，互动才更有效。比如托育机构利用专业人才——保育师，在社区中定点开设育儿讲堂，积极组织保育师在社区内做家庭教育知识讲座，进行科学育儿宣传等。

三、托育机构与社区合作的策略

根据托育机构与社区合作内容的考量，可以从开发利用社区资源和社区服务两个角度综合探索托育机构为主体的、与社区合作的策略。

（一）托育机构可以整合社区资源融入婴幼儿生活

整合社区资源融入婴幼儿教育已成为当前婴幼儿教育的发展趋势。社区资源整合指的是托育机构根据活动的需要，通过各种途径与策略，充分挖掘所在社区周边环境中蕴含教育价值的物力、人力、文化等资源，将其纳入婴幼儿教育体系并进行有机结合，从而达到婴幼儿教育的最优化。

托育机构与社区资源的整合，一般遵循“三步走”策略。第一，要挖掘社区可利用的人文资源、物质资源、自然资源等。托育机构要对社区所拥有的教育资源进行调查，并通过记录、整理、绘制详细的资源地图等形成社会资源信息库。比如，托育机构对社区的超市、医院、消防站、银行、书店、博物馆、公园、派出所、老年人活动中心等进

行统计，并按照人文资源、物质资源、自然资源进行归类，做到心中有数。第二，在统计出社区资源之后，进一步选择、筛选出可利用的社区资源。统计出来的社区资源只是潜在的教育资源，要想把社区资源转化为教育资源，还必须经过托育机构的分析和筛选，分析哪些社区资源可以转化为教育资源。第三，再将筛选出的社区资源，根据婴幼儿发展需要整合进婴幼儿适宜的保教活动中。

（二）托育机构可以取得具有托育服务功能的机构支持

托育机构可以采取请进来的办法，邀请社区的妇幼保健、疾病预防控制、卫生监督等具有托育服务功能的机构的支持，让一些经验丰富、有专业资质的人员提供卫生保健工作方面的业务指导与培训。

（三）托育机构可以为社区提供智力服务

托育机构积极走出去，充分利用自身的专业优势，为社区举办的家长学校、亲子活动、育儿课堂、家长沙龙等提供免费讲座，向家长进行科普教育；可以主动与居委会、业主委员会、物业公司等联系，承办小区内的家长咨询或婴幼儿活动辅导，比如在周末和节假日组织照护人员作为义工去周边社区为家庭开展新生儿访视、膳食营养、生长发育、预防接种、安全防护、疾病防控等服务；可以针对有特殊需要的家庭及其幼儿提供特殊服务项目，比如针对残障婴幼儿项目。

（四）托育机构积极促成互动联络机构

托幼机构无论是“请进”社区资源，还是“走进”社区提供服务，都必须以建构一个能统筹、协调社区内各种教育因素的组织机构为前提，所以托育机构要积极促成联络机构，即社区幼儿教育委员会等机构的建立，并充分发挥其参教、议教、资教、助教的作用。

第四节　托育机构与幼儿园的衔接

托幼衔接是指在托育机构所进行的，为适应幼儿园生活、学习而开展的保教活动。由于托育机构与幼儿园在保教环境、保教方式、保教内容等方面存在较大差异，因此需要托幼衔接提升幼儿对幼儿园的适应能力，实现从托育机构到幼儿园的平稳过渡。

知识拓展

托育机构与幼儿园的区别

	托育机构	幼儿园
教育对象	3 岁以下婴幼儿	3 ～ 6 岁幼儿
机构定位	托管 + 保育	保育 + 教育
机构性质	服务性机构	学校教育制度的重要组成部分
课程设置	看护、养育、潜能开发	健康领域、语言领域、社会领域、科学领域、艺术领域等方面的内容
活动类型	生活常规活动、游戏活动	生活常规活动、游戏活动、教学活动、区角活动
需求层次	解决家庭育儿与工作之间矛盾，早期发展	接受基本的启蒙教育，做好幼小衔接

一、托幼衔接的意义

人的发展是连续过程。0 ～ 3 岁的托育机构教育与 3 ～ 6 岁的幼儿园教育紧密相关，是幼儿成长与发展的有机体系。优化托幼衔接有助于幼儿成长。

（一）有利于缓解幼儿的分离焦虑

分离焦虑一般是指幼儿跟其熟悉的照护者分离时产生的焦虑情绪，表现症状为紧张、担心、害怕、恐惧、烦躁、着急等，具体体现为哭、发脾气、黏人、不吃东西、不想玩等。从出生开始由家人照护的幼儿，一旦进入幼儿园与熟悉的人分开，难免会出现分离焦虑。而托幼衔接正好可以帮助幼儿顺利度过心理适应期。以游戏为中心的托育中心，可以让幼儿在完全放松的状态下进行玩耍和学习，可以得到更多的贴心照护，提前体验集体生活模式、学习模式、游戏模式，进而减少对陌生环境的抗拒。

（二）有利于提高幼儿的学习能力

3 岁前是幼儿大脑发育的关键期，早期学习有利于开发幼儿大脑，为幼儿园探索性、自主性学习奠定生理基础。同时，托育机构中对婴幼儿语言、认知、情感、社会性等早期开发也会提高幼儿对幼儿园里的集体生活、教学活动等的适应能力，更容易在老师关注不到位的时候表达自己的诉求，培养幼儿面对问题的自信心和良好的心态。

（三）有利于培养幼儿的独立性

让幼儿具备生活自理能力是幼儿快速适应幼儿园集体生活的重要前提。由亲人照护的婴幼儿，往往由于亲人的过度关爱，独立性较差，不能快速适应幼儿园里日常生活安排。通过托幼衔接，可以训练幼儿的独立性，让幼儿学会自己吃饭、喝水、如厕、穿衣等。此外，托育机构班额比幼儿园班额小，无论是从学习到日常的照顾，在托育机构能够获得保育师更多的关注，有利于在不缺乏关爱的前提下学会自己照顾自己，帮助幼儿在集体生活中建立良好的交互关系。

二、托幼衔接的内容

托幼衔接既要重视“托”阶段和“幼”阶段的不同特点，不片面混同，又要抓住 0 ～ 3 岁过渡至 3 ～ 6 岁的关键衔接点，更好地给予引导与帮助。①

（一）帮助幼儿做好心理调适

从父母的过度照护到保育师的适度照护，以及幼儿园生活方式的突然转变会对幼儿心理产生不同的影响，幼儿出现很多的不适应。这也是刚上幼儿园的 3 岁幼儿经常出现的问题。托幼衔接就要积极做好准备入园幼儿的心理调适，让幼儿提前体验到集体生活的方式和乐趣，做好心理适应。

（二）帮助幼儿做好生活适应

幼儿园是集体生活，虽然有教师和保育员共同照顾幼儿的饮食起居，但是由于幼儿比较多，一天活动安排有序，任务繁重，不可能如保育师的照顾面面俱到。集体生活中，需要幼儿自己的事情自己做。所以托幼衔接就要有意识地锻炼和培养幼儿的独立生活意识和独立生活能力，比如自己上厕所、独立睡觉、自己用餐，以免日常生活的困扰影响幼儿在其他方面的发展。

（三）帮助幼儿做好能力准备

幼儿园里会围绕五大领域开展游戏、教学活动，促进幼儿的健康、语言、社会、科学、艺术等方面的发展。但是幼儿的动作、语言、社会、情感的发展早在出生时就已经开始了，而且是处于发展的关键期。所以幼小衔接要遵循幼儿的成长特征，做好幼儿入园前在动作、认知、情感、社会性等发展方面的活动设计，帮助幼儿日后的学习成长。

---

① 许晓慧. 幼儿园托幼衔接工作的现状和问题分析［J］. 教育界，2021（33）：79-80.

三、托幼衔接的措施

托幼衔接着眼于托育机构教育的全过程，并在大托班后期再集中进行专门的入园教育和组织工作。

（一）全面的入园准备

在托育机构教育过程中，要做好身体、心理方面的全面的入园准备。全面的入园准备要做到全过程、全方位的教育。具体包括：（1）培养幼儿应有的生活自理能力，如自己喝水、吃饭，自己脱裤子、大小便，自己上床睡觉、穿脱鞋子，自己搬椅子和收拾玩具等。（2）培养幼儿良好的品行和文明习惯。要求孩子学会讲“早上好”“再见”“谢谢”等礼貌用语；教会幼儿团结友爱，与人友好相处；见到生人不害怕、不哭闹；不拣、不吃地上的脏东西，不坐地玩，手脏及时洗干净等。（3）发展幼儿的动作和语言。在游戏活动、自由活动中，有计划地发展大肌肉动作和某些小肌肉的精细动作，培养动作的灵敏性和协调性。注意丰富词汇，发展口语表达能力和交往能力。（4）发展幼儿的认知能力。①

（二）大托班后期的入园准备

在大托班后期，可以开展一些有针对性的入园准备。比如：（1）启发幼儿入园的愿望。在教育中，让幼儿懂得自己长大了，不久要上幼儿园了。要学会自己的事情自己做，要学好本领，遵守纪律。由此激发孩子的上进心和求知欲。（2）熟悉幼儿园的环境和认识老师。可以带领大托班的幼儿到幼儿园参观，向幼儿逐一介绍大班、中班、小班的活动室及班上的老师，参观各班的环境布置、自然角及玩具，并引导孩子向幼儿园的哥哥、姐姐和老师问好。组织幼儿尽情玩耍和操作适合他们的室外活动器具。通过这些活动，可以让孩子们对幼儿园留下一个美好的印象。（3）参加幼儿园小班的半日活动。组织幼儿到小班活动室参加他们的半日活动，和小班幼儿一起玩玩具、上课、做游戏，感受幼儿园里快乐的生活。（4）向幼儿园教师介绍幼儿的情况。主动向小班教师详细介绍每个孩子的情况，包括适应能力、自理能力和文明习惯、智力发展、口语表达能力以及兴趣、爱好、个性等，使小班教师对幼儿有较全面的了解，以便更好地与托育机构的教育相衔接，顺利开展幼儿园阶段的教育。②（5）取得家长的支持和配合。首先，可为2～3岁幼儿和家长提供亲子互动课程。一系列活动可以促进2～3岁婴幼儿五大能区的发展，而且活动中教师与婴幼儿的互动、教师与家长的互动、家长与家长的互动对家长的育儿观念起到良好的引导作用，让家长学会使用变通的方法，将理念和实践延伸到

① 唐水芬．做好托幼衔接工作［J］．幼儿教育，1994（Z1）：69.
② 同①.

家庭教育中，从而帮助 2 ～ 3 岁婴幼儿顺利度过托幼衔接阶段。[①]

案　例

托幼衔接，共同成长

为了让早教园的宝宝进一步熟悉了解幼儿园生活，近距离感受幼儿园的环境、作息时间、学习方式等与宝宝以往的生活环境的不同，减少对幼儿园的陌生感、神秘感，2022 年 6 月 9 日上午，柴桑区中心幼儿园接待了哈奇幼幼托育早教园的宝宝来园参观。

宝宝们第一次来到幼儿园，非常兴奋，对于幼儿园的环境感觉很新奇，在老师的带领下，参观小 7 班、小 8 班，宝宝们走进活动室，观看小班的哥哥姐姐上课，体验幼儿园集体教学的乐趣。随后，参观园所大环境，宝宝们来到操场上，看到大型玩具、攀爬网、龙船、动物摇椅等活动设备，兴奋极了，迫不及待地体验玩耍的快乐。

资料来源：托幼衔接，共同成长：哈奇幼幼托育早教园的宝宝到九江市柴桑区中心幼儿园参观. 九江新闻网，2021-06-09.

本章小结

1. 托育机构的特性

托育机构主要是为 3 岁以下婴幼儿提供照护服务的机构，是保障和改善民生的社会

① 许晓慧. 幼儿园托幼衔接工作的现状和问题分析 [J]. 教育界，2021 (33)：79-80.

服务机构，所以托育机构从根本上来说是服务性机构，并不是我国国民教育体系中的一部分。

2. 托育机构的类型

从我国目前托育机构发展现状和趋势来看，托育机构形式多元，主要包括单位服务、托幼一体服务、社区服务、社会服务、家庭服务等。

3. 托育机构的任务

托育机构的首要任务就是为家庭提供照料、看护服务，解决“幼无所托”的问题；其次是承担保育、教育责任，促进婴幼儿心理成长；再次是为家庭提供科学育儿指导，提高家庭育儿水平。

4. 家庭教育及作用

家庭教育是指父母或者其他监护人为促进未成年人全面健康成长，对其实施的道德品质、身体素质、生活技能、文化修养、行为习惯等方面的培育、引导和影响。家庭和家庭教育对婴幼儿成长具有重要作用。家庭是婴幼儿教育的主体；家庭为婴幼儿身心健康发展提供必要条件和可能性；家庭教育是整个教育工程的起点；家庭教育对婴幼儿发展影响持久。

5. 托育机构与家庭合作的内容

托育机构与家庭合作的内容主要是指托育机构作为合作发起者，为提升家庭教育所做出的努力。具体包括：提高家长科学育儿认知，为家庭教育提供方法指导，帮助家长为婴幼儿创设良好的环境。

6. 托幼机构与家庭合作的策略

比较常见且较为实用的合作策略有：进行入户指导，开展亲子活动，开设家长课堂，创建家长区域，开展节日活动，进行接送交流，设置家长专栏，创建信息交流平台。

7. 社区教育及作用

社区教育就是在一个地区内，以社区内的学校为中心，借助学校的以及该社区中其他文化机构的人力、物力，向社区内的全体居民进行文化知识、科学技术和道德修养的广泛教育活动。社区教育同时也为社区的文化、福利建设和社区发展服务。社区与社区教育的作用：社区能够扩充托育机构的教育资源，能够为托育机构提供业务指导；社区教育有利于婴幼儿和谐整体性发展，有利于婴幼儿教育走向开放，有利于婴幼儿教育本地化。

8. 托育机构与社区合作的内容

托育机构与社区的合作主要是以托育机构为中心，发挥托育机构的主体作用，充分利用所在社区的各种可利用的教育资源开展保教活动，促进婴幼儿身心健康发展，并为社区发展提供服务。为此，托育机构开发利用社区资源，提高婴幼儿教育质量；托育机构发挥自身优势，为社区婴幼儿教育提供专业服务。

9. 托育机构与社区合作的策略

托育机构可以整合社区资源融入婴幼儿生活，托育机构可以取得具有托育服务功能的机构支持，托育机构可以为社区提供智力服务，托育机构积极促成互动联络机构。

10. 托幼衔接的意义

托幼衔接有利于缓解幼儿的分离焦虑，有利于提高幼儿的学习能力，有利于培养幼儿的独立性。

11. 托幼衔接的内容

托幼衔接的内容包括：帮助幼儿做好心理调适，帮助幼儿做好生活适应，帮助幼儿做好能力准备。

12. 托幼衔接的措施

一是全面的入园准备：培养幼儿应有的生活自理能力，培养幼儿良好的品行和文明习惯，发展幼儿的动作和语言，发展幼儿的认识能力。二是大托班后期的入园准备：启发幼儿入园的愿望，熟悉幼儿园的环境和认识老师，参加幼儿园小班的半日活动，向幼儿园教师介绍幼儿的情况，取得家长的支持和配合。

知识应用

一、选择题

1. 婴幼儿照护是以（　　）为主，（　　）为补充。

A. 家庭；社区　　B. 家庭；托育

C. 托育；家庭　　D. 托育；社区

2. 托育机构是（　　）机构。

A. 教育性　　B. 服务性

C. 国民教育　　D. 管理性

3. 托育机构形式多元，包括（　　）。

A. 单位服务　　B. 托幼一体服务

C. 家庭服务　　D. 社会服务

E. 以上都是

4. 家庭教育以（　　）为根本任务。

A. 立德树人　　B. 教育

C. 养育　　D. 照护

二、判断题

1. 托育机构是婴幼儿教育的主体。（　　）

2. 托育机构只要做好婴幼儿照护就可以了。（　　）

3. 托育机构的教育可以完全取代家庭教育。（　　）

4. 社区资源贫乏的时候，没有合作的必要。（　　）

5. 托幼衔接是为了丰富托育机构的服务项目。（　　）

三、简答题

1. 请简述托育机构的任务。

2. 请简述家庭与家庭教育的地位与作用。

3. 请简述托育机构与家庭合作的策略有哪些。

4. 请简述社区与社区教育的作用。

5. 请简述托幼衔接要做好哪些方面的工作。

四、讨论题

1. 访谈一位幼儿家长，了解他的需求以及较喜欢的合作共育方式。

2. 调研你所在的社区，看看哪些资源可供托育机构利用。

参考文献

［1］ 国家卫生健康委．托育机构管理规范（试行)[Z]，2019-10-08.

［2］ 国家卫生健康委．托育机构设置标准（试行)[Z]，2019-10-08.

［3］ 国家卫生健康委．托育机构保育指导大纲（试行)[Z]，2021-01-12.

［4］ 国家卫生健康委．托育机构婴幼儿喂养与营养指南（试行）[Z]，2021-12-28.

［5］ 国务院办公厅．国务院办公厅关于促进 3 岁以下婴幼儿照护服务发展的指导意见 [Z]，2019-04-17.

［6］ 全国妇联、教育部等九部门．全国家庭教育指导大纲（修订）[Z]，2019-05-14.

［7］ 中华人民共和国人力资源和社会保障部．国家职业技能标准（保育师 2021 年版)[Z]，2021-12-02.

［8］ B H 阿瓦涅索娃．学龄前儿童 [M]．北京：教育科学出版社，1983.

［9］ B H 亚德什科，Φ A 索欣．学前教育学 [M]．北京：人民教育出版社，1981.

［10］ 曹莉．学前教育学 [M]．长沙：湖南师范大学出版社，2017.

［11］ 陈鹤琴．家庭教育 [M]．北京：商务印书馆，2019.

［12］ 陈文华．中外学前教育史 [M]．北京：科学出版社，2011.

［13］ 但菲．0 ～ 3 岁婴儿的保育与教育 [M]．北京：高等教育出版社，2013.

［14］ 冯晓霞．新《纲要》与幼儿教师的专业成长 [M] // 教育部基础教育司．幼儿园教育指导纲要（试行）解读．南京：江苏教育出版社，2002.

［15］ 黄人颂．学前教育学 [M]．北京：北京师范大学出版社，2011.

［16］ 黄爽，等．学前教育学 [M]．上海：华东师范大学出版社，2016.

［17］ 经济合作与发展组织教育团队．儿童早期教育与保育质量工具箱Ⅲ [M]．北京：北京师范大学出版社，2015.

［18］ 侯莉敏．幼儿保育与教育学 [M]．北京：北京师范大学出版社，2018.

［19］ 大卫·怀特布莱德，彭尼·科尔特曼．高质量的幼儿教育：儿童早期的教与学［M］．上海：华东师范大学出版社，2019.

［20］ 福禄培尔．幼儿园教育学［M］．武汉：长江少年儿童出版社，2014.

［21］ 洪秀敏．中国教育改革开放40年　学前教育卷［M］．北京：北京师范大学出版社，2019.

［22］ 洪秀敏．0～3岁婴幼儿发展与照护［M］．北京：中国人民大学出版社，2022.

［23］ 经济合作与发展组织教育团队．儿童早期教育与保育质量工具箱［M］．北京：北京师范大学出版社，2015.

［24］ 卡罗尔·科普尔．0～3岁婴幼儿发展适宜性实践［M］．北京：中国轻工业出版社，2020.

［25］ 李生兰．学前教育学［M］．上海：华东师范大学出版社，2013.

［26］ 李生兰．幼儿园与家庭、社区合作共育的研究［M］．上海：华东师范大学出版社，2013.

［27］ 李贵希，王燕．学前儿童家庭与社区教育［M］．北京：北京师范大学出版社，2015.

［28］ 李季湄．幼儿教育学基础［M］．北京：北京师范大学出版社，2013.

［29］ 梁志燊．学前教育学［M］．北京：北京师范大学出版社，2014.

［30］ 刘晓东，卢乐珍，等．学前教育学［M］．南京：江苏教育出版社，2009.

［31］ 刘焱．学前教育原理［M］．大连：辽宁师范大学出版社，2011.

［32］ 刘焱．儿童游戏通论［M］．北京：北京师范大学出版社，2004.

［33］ 卢乐珍．幼儿教育学［M］．北京：人民教育出版社，2006.

［34］ 马克斯·范梅南．教育的情调［M］．北京：教育科学出版社，2019.

［35］ 玛丽·简·马圭尔－方．与0～3岁婴幼儿一起学习：支持主动的意义建构者［M］．北京：中国轻工业出版社，2020.

［36］ 蒙台梭利．蒙台梭利幼儿教育科学方法［M］．北京：人民教育出版社，1993.

［37］ 夏莹．婴儿教育学［M］．上海：复旦大学出版社，2011.

［38］ 姚伟．学前教育学［M］．长春：东北师范大学出版社，2012.

［39］ 詹姆斯·约翰森，詹姆斯·克里斯蒂，弗朗西斯·华德．游戏、儿童发展与早期教育［M］．南京：南京师范大学出版社，2013.

［40］ 张兰香．0～3岁婴儿保育与教育［M］．北京：北京师范大学出版社，2017.

［41］ 张雪门．幼稚园教材研究：幼稚教育新论［M］．北京：商务出版社，2014.

［42］ 赵祥麟，王承绪，杜威教育论著选．上海：华东师范大学出版社，1981.

［43］ 朱宗顺，陈文华．学前教育学［M］．北京：北京师范大学出版社，2019.

附录　0岁～6岁儿童发育行为评估量表

ICS 13.100
C 56

WS

中　华　人　民　共　和　国　卫　生　行　业　标　准

WS/T 580—2017

0 岁～6 岁儿童发育行为评估量表

Developmental scale for children aged 0-6 years

2017-10-12 发布　　2018-04-01 实施

中华人民共和国国家卫生和计划生育委员会发布

前 言

本标准按照 GB/T 1.1—2009 给出的规则起草。

本标准起草单位：首都儿科研究所、北京妇幼保健院、中国科学院心理研究所。

本标准主要起草人：陈博文、金春华、李瑞莉、张悦、张丽丽、李娜、高振敏、张家健、王建红、王晓燕、政晓果、高海涛、宋文红、梁卫兰、张峰、施建农、金星明、杨玉凤、静进、梁爱民、王惠珊、麻宏伟、章岚、王惠梅、张唯敏、高雪婷、杜其云、杨瑞华、王贺茹、卢慧敏、许琪、杨慧敏、王利红、肖峰、刘馨、辛倩倩、尹德卢、殷涛。

0岁～6岁儿童发育行为评估量表

1　范围

本标准规定了0岁～6岁（未满7周岁）儿童发育行为评估量表的评估内容、测查方法、发育商参考范围以及量表的使用。

本标准适用于0岁～6岁（未满7周岁）儿童发育行为水平的评估，是评估儿童发育行为水平的诊断量表。

2　术语和定义

下列术语和定义适用于本文件。

2.1

能区 attribute

量表测定的领域，本量表包括大运动、精细动作、语言、适应能力和社会行为五个能区。其中大运动能区指身体的姿势、头的平衡，以及坐、爬、立、走、跑、跳的能力；精细动作能区指使用手指的能力；语言能区指理解语言和语言的表达能力；适应能力能区指儿童对其周围自然环境和社会需要作出反应和适应的能力；社会行为能区指对周围人们的交往能力和生活自理能力。

2.2

智力年龄 mental age；MA

智龄

心理年龄

反映儿童智力水平高低的指标。

注：在编制的量表中，按年龄分组编制测查项目，若被试者通过3岁的测查项目，就表示他使用该量表测查的智力年龄为3岁。

2.3

发育商 development quotient；DQ

用来衡量儿童心智发展水平的核心指标之一，是在大运动、精细动作、认知、情绪和社会性发展等方面对儿童发育情况进行衡量。计算见式（1）：

$$发育商 = \frac{智龄}{实际年龄} \times 100 \tag{1}$$

3 评估内容

包括大运动、精细动作、语言、适应能力和社会行为5个能区，用于测查儿童发育行为状况，评估其发育程度。每个月龄组8～10个测查项目，共计261个测查项目。见附录A。

4 测查方法

4.1 测查工具

4.1.1 评估量表

0岁～6岁儿童发育行为评估量表，见附录A。

4.1.2 辅助工具

主试者使用与测查量表配套的标准化测查工具箱，以及诊查床、围栏床、小桌、小椅、楼梯等测查工具。

4.2 测查程序

4.2.1 计算实际月龄

4.2.1.1 首先根据被试者的测查日期和出生日期计算出被试者是几岁几月零几日，再把岁和日换算为月，以月龄为单位，月龄保留一位小数。

4.2.1.2 日换算成月为30天=1.0个月，岁换算成月为1岁=12.0个月。

4.2.2 标记主测月龄

与实际月龄最接近的月龄段为主测月龄，在主测月龄前用△标记，主测月龄介于量表两个月龄段之间的，视较小月龄为主测月龄。早产儿也按照实际月龄进行标记，无需矫正月龄。

4.2.3 测查启动与结束

4.2.3.1 主测月龄为启动月龄，先测查主测月龄的项目，无论主测月龄的某一能区的项目是否通过，需分别向前和向后再测查2个月龄，共5个月龄的项目。

4.2.3.2 向前测查该能区的连续2个月龄的项目均通过，则该能区的向前测查结束；

若该能区向前连续2个月龄的项目有任何一项未通过，需继续往前测查，直到该能区向前的连续2个月龄的项目均通过为止。

4.2.3.3　然后从主测月龄向后测连续2个月龄的项目，若向后测查的该能区的连续2个月龄的项目均不能通过，则该能区的向后测查结束；若该能区向后连续2个月龄的项目有任何一项通过，需继续往后测查，直到该能区向后的连续两个月龄的项目均不通过为止。

4.2.3.4　所有能区均应按照4.2.3.1～4.2.3.3的要求进行测查。

4.2.4　记录方式

测查通过的项目用○表示；不通过的项目用×表示。

4.3　操作方法和测查通过要求

量表的操作方法和测查通过要求见附录B。

4.4　结果计算

4.4.1　各能区计分

4.4.1.1　1月龄～12月龄

每个能区1.0分，若只有一个测查项目，则该测查项目为1.0分；若有两个测查项目则各为0.5分。

4.4.1.2　15月龄～36月龄

每个能区3.0分，若只有一个测查项目，则该测查项目为3.0分；若有两个测查项目则各为1.5分。

4.4.1.3　42月龄～84月龄

每个能区6.0分，若只有一个测查项目，则该测查项目为6.0分；若有两个测查项目则各为3.0分。

4.4.2　计算智龄

4.4.2.1　把连续通过的测查项目读至最高分（连续两个月龄通过则不再往前继续测，默认前面的全部通过），不通过的项目不计算，通过的项目（含默认通过的项目）分数逐项加上，为该能区的智龄。

4.4.2.2　将五个能区所得分数相加，再除以5就是总的智龄，保留一位小数。

4.4.3　计算发育商

发育商计算方法见式（1）。

5　发育商参考范围

发育商参考范围：>130 为优秀；110 ～ 129 为良好；80 ～ 109 为中等；70 ～ 79 为临界偏低；<70 为智力发育障碍。

6　量表的使用

6.1　测查要求

6.1.1　测查环境应安静，光线明亮，4 岁以下儿童允许一位家长陪伴，4 岁及以上的儿童如伴有发育落后、沟通不利或者测查不配合的情况可有家长陪同。

6.1.2　主试者应严格按照操作方法和测查通过要求进行操作，避免被试儿童家长暗示、启发、诱导。

6.1.3　主试者应熟记操作方法和测查通过要求。

6.1.4　主试者的位置应正确，桌面应整洁，测查工具箱内的用具不应让被试儿童看到，用一件取一件，用完后放回。

6.1.5　主试者应经过专业培训获得相关资质才能施测。

6.2　结果解释

6.2.1　应由受过专业培训的主试者结合儿童的综合情况对其发育行为水平予以解释和判断。

6.2.2　主试者应恰当地向家长解释儿童发育行为水平，尤其是对于发育落后的儿童更要慎重。

附录 A
（规范性附录）
0 岁～ 6 岁儿童发育行为评估量表（儿心量表 – Ⅱ）

0 岁～ 6 岁儿童发育行为评估量表见表 A.1、图 A.1、图 A.2 和表 A.2。

表 A.1　0 岁～ 6 岁儿童发育行为评估量表（儿心量表 – Ⅱ）

项目	1 月龄	2 月龄	3 月龄	4 月龄	5 月龄
大运动	□ 1 抬肩坐起头竖直片刻	□ 11 拉腕坐起头竖直短时	□ 21 抱直头稳	□ 30 扶腋可站片刻	□ 40 轻拉腕部即坐起
	□ 2 俯卧头部翘动	□ 12 俯卧头抬离床面	□ 22 俯卧抬头 45°	□ 31 俯卧抬头 90°	□ 41 独坐头身前倾
精细动作	□ 3 触碰手掌紧握拳	□ 13 花铃棒留握片刻	□ 23 花铃棒留握 30s	□ 32 摇动并注视花铃棒	□ 42 抓住近处玩具
	□ 4 手的自然状态	□ 14 拇指轻叩可分开 *	□ 24 两手搭在一起	□ 33 试图抓物	□ 43 玩手
适应能力	□ 5 看黑白靶 *	□ 15 即刻注意大玩具	□ 25 即刻注意胸前玩具	□ 34 目光对视 *	□ 44 注意小丸
	□ 6 眼跟红球过中线	□ 16 眼跟红球上下移动 *	□ 26 眼跟红球 180°	□ 35 高声叫 R	□ 45 拿住一积木注视另一积木
语言	□ 7 自发细小喉音 R	□ 17 发 a、o、e 等母音 R	□ 27 笑出声 R	□ 36 伊语作声 R	□ 46 对人及物发声 R
	□ 8 听声音有反应 *	□ 18 听声音有复杂反应		□ 37 找到声源	
社会行为	□ 9 对发声的人有注视	□ 19 自发微笑 R	□ 28 见人会笑	□ 38 注视镜中人像	□ 47 对镜有游戏反应
	□ 10 眼跟踪走动的人	□ 20 逗引时有反应	□ 29 灵敏模样	□ 39 认亲人 R	□ 48 见食物兴奋 R

续表

项目	6月龄	7月龄	8月龄	9月龄	10月龄
大运动	□ 49 仰卧翻身[R]	□ 59 悬垂落地姿势 *	□ 68 双手扶物可站立	□ 77 拉双手会走	□ 86 保护性支撑 *
	□ 50 会拍桌子	□ 60 独坐直	□ 69 独坐自如	□ 78 会爬	□ 87 自己坐起
精细动作	□ 51 会撕揉纸张	□ 61 耙弄到小丸	□ 70 拇他指捏小丸	□ 79 拇食指捏小丸	□ 88 拇食指动作熟练
	□ 52 耙弄到桌上一积木	□ 62 自取一积木，再取另一块	□ 71 试图取第三块积木	□ 80 从杯中取出积木	
适应能力	□ 53 两手拿住积木	□ 63 积木换手	□ 72 有意识地摇铃	□ 81 积木对敲	□ 89 拿掉扣积木杯玩积木
	□ 54 寻找失落的玩具	□ 64 伸手够远处玩具	□ 73 持续用手追逐玩具	□ 82 拨弄铃舌	□ 90 寻找盒内东西
语言	□ 55 叫名字转头	□ 65 发 da-da、ma-ma 等无所指[R]	□ 74 模仿声音[R]	□ 83 会欢迎[R]	□ 91 模仿发语声[R]
	□ 56 理解手势		□ 75 可用动作手势表达（2/3）[R]	□ 84 会再见[R]	
社会行为	□ 57 自喂食物[R]	□ 66 抱脚玩	□ 76 懂得成人面部表情	□ 85 表示不要[R]	□ 92 懂得常见物及人名称
	□ 58 会躲猫猫	□ 67 能认生人[R]			□ 93 按指令取东西
项目	**11月龄**	**12月龄**	**15月龄**	**18月龄**	**21月龄**
大运动	□ 94 独站片刻	□ 103 独站稳	□ 112 独走自如	□ 120 扔球无方向	□ 128 脚尖走[R]
	□ 95 扶物下蹲取物	□ 104 牵一手可走			□ 129 扶楼梯上楼
精细动作	□ 96 积木放入杯中	□ 105 全掌握笔留笔道	□ 113 自发乱画	□ 121 模仿画道道	□ 130 水晶线穿扣眼
		□ 106 试把小丸投小瓶	□ 114 从瓶中拿到小丸		□ 131 模仿拉拉锁
适应能力	□ 97 打开包积木的方巾	□ 107 盖瓶盖	□ 115 翻书两次	□ 122 积木搭高四块	□ 132 积木搭高 7 ～ 8 块
	□ 98 模仿拍娃娃		□ 116 盖上圆盒	□ 123 正放圆积木入型板	□ 133 知道红色

续表

项目	11 月龄	12 月龄	15 月龄	18 月龄	21 月龄
语言	□ 99 有意识地发一个字音[R]	□ 108 叫爸爸妈妈有所指[R]	□ 117 会指眼耳鼻口手	□ 124 懂得三个投向	□ 134 回答简单问题
	□ 100 懂得“不”[R]	□ 109 向他 / 她要东西知道给	□ 118 说 3 ～ 5 个字[R]	□ 125 说十个字词[R]	□ 135 说 3 ～ 5 个字的句子[R]
社会行为	□ 101 会从杯中喝水[R]	□ 110 穿衣知配合[R]	□ 119 会脱袜子[R]	□ 126 白天能控制大小便[R]	□ 136 能表示个人需要[R]
	□ 102 会摘帽子	□ 111 共同注意[R]		□ 127 会用匙[R]	□ 137 想象性游戏[R]
项目	**24 月龄**	**27 月龄**	**30 月龄**	**33 月龄**	**36 月龄**
大运动	□ 138 双足跳离地面	□ 146 独自上楼	□ 156 独脚站 2s	□ 165 立定跳远	□ 174 双脚交替跳
		□ 147 独自下楼			
精细动作	□ 139 穿过扣眼后拉线	□ 148 模仿画竖道	□ 157 穿扣子 3 ～ 5 个	□ 166 模仿画圆	□ 175 模仿画交叉线
		□ 149 对拉锁	□ 158 模仿搭桥	□ 167 拉拉锁	□ 176 会拧螺丝
适应能力	□ 140 一页页翻书	□ 150 认识大小	□ 159 知道 1 与许多	□ 168 积木搭高 10 块	□ 177 懂得“3”
	□ 141 倒放圆积木入型板	□ 151 正放型板	□ 160 倒放型板	□ 169 连续执行三个命令	□ 178 认识两种颜色
语言	□ 142 说两句以上诗或儿歌	□ 152 说 7 ～ 10 个字的句子	□ 161 说出图片 10 样	□ 170 说出性别	□ 179 说出图片 14 样
	□ 143 说常见物用途（碗笔凳球）	□ 153 理解指令	□ 162 说自己名字	□ 171 分清“里”“外”	□ 180 发音基本清楚

续表

项目	24 月龄	27 月龄	30 月龄	33 月龄	36 月龄
社会行为	□ 144 会打招呼	□ 154 脱单衣或裤[R]	□ 163 来回倒水不洒	□ 172 会穿鞋	□ 181 懂得“饿了、冷了、累了”
	□ 145 问“这是什么？”[R]	□ 155 开始有是非观念	□ 164 女孩扔果皮	□ 173 解扣子	□ 182 扣扣子
项目	**42 月龄**	**48 月龄**	**54 月龄**	**60 月龄**	**66 月龄**
大运动	□ 183 交替上楼	□ 193 独脚站 5s	□ 203 独脚站 10s	□ 213 单脚跳	□ 222 接球
	□ 184 并足从楼梯末级跳下	□ 194 并足从楼梯末级跳下稳	□ 204 足尖对足跟向前走 2m	□ 214 踩踏板	□ 223 足尖对足跟向后走 2m
精细动作	□ 185 拼圆形、正方形	□ 195 模仿画方形	□ 205 折纸边角整齐	□ 215 照图拼椭圆形	□ 224 会写自己的名字
	□ 186 会用剪刀	□ 196 照图组装螺丝	□ 206 筷子夹花生米	□ 216 试剪圆形	□ 225 剪平滑圆形
适应能力	□ 187 懂得“5”	□ 197 找不同（3 个）	□ 207 类同	□ 217 找不同（5 个）	□ 226 树间站人
	□ 188 认识四种颜色	□ 198 图画补缺（3/6）	□ 208 图画补缺（4/6）	□ 218 图画补缺（5/6）	□ 227 十字切苹果
语言	□ 189 会说反义词	□ 199 模仿说复合句	□ 209 会漱口	□ 219 你姓什么？	□ 228 知道自己属相
	□ 190 说出图形（△○□）	□ 200 锅、手机、眼睛的用途	□ 210 会认识数字	□ 220 说出两种圆形的东西	□ 229 倒数数字
社会行为	□ 191 会穿上衣[R]	□ 201 会做集体游戏[R]	□ 211 懂得上午、下午	□ 221 你家住哪里？	□ 230 为什么要走人行横道？
	□ 192 吃饭之前为什么要洗手？	□ 202 分辨男女厕所	□ 212 数手指		□ 231 鸡在水中游

续表

项目	72 月龄	78 月龄	84 月龄
大运动	□ 232 抱肘连续跳	□ 242 踢带绳的球	□ 252 连续踢带绳的球
	□ 233 拍球（2 个）	□ 243 拍球（5 个）	□ 253 交替踩踏板
精细动作	□ 234 拼长方形	□ 244 临摹六边形	□ 254 学翻绳
	□ 235 临摹组合图形	□ 245 试打活结	□ 255 打活结
适应能力	□ 236 找不同（7 个）	□ 246 图形类比	□ 256 数字类比
	□ 237 知道左右	□ 247 面粉的用途	□ 257 什么动物没有脚?
语言	□ 238 描述图画内容	□ 248 归纳图画主题	□ 258 为什么要进行预防接种?
	□ 239 上班、窗、苹果、香蕉（2/3）	□ 249 认识钟表	□ 259 毛衣、裤、鞋共同点
社会行为	□ 240 一年有哪四个季节?	□ 250 懂得星期几	□ 260 紧急电话
	□ 241 认识标识	□ 251 雨中看书	□ 261 猫头鹰抓老鼠

注 1：标注 R 的测查项目表示该项目的表现可以通过询问家长获得。
注 2：标注 * 的测查项目表示该项目如果未通过需要引起注意。
注 3：测查床规格：长 140cm，宽 77cm，高 143cm，栏高 63cm。
注 4：测查用桌子规格：长 120cm，宽 60cm，高 75cm，桌面颜色深绿。
注 5：测查用楼梯规格：上平台：由两梯相对合成的平台，长 50cm × 宽 60cm × 高 50cm（距地面高度）。底座全梯：长 150cm（单梯底座长 75cm）。每一个阶梯面：长 60cm × 宽 25cm × 高 17cm，共 3 阶梯。单侧扶栏：长 90cm，直径 2.5cm，从梯面计算扶栏高 40cm，直径 2.5cm。

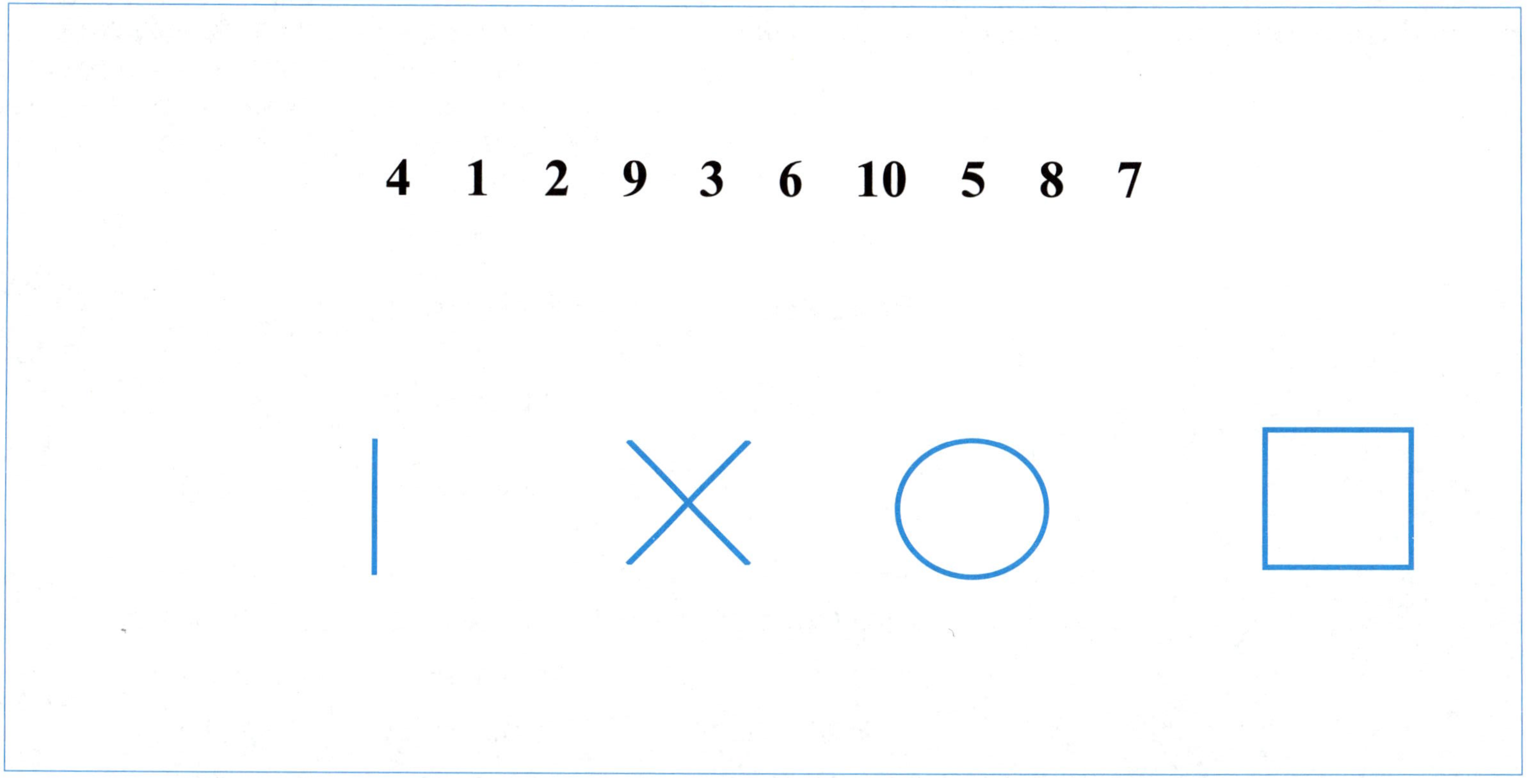

图 A.1　0 岁～6 岁儿童发育行为评估量表（儿心量表－Ⅱ）数字识别和模仿画图测查图

图 A.2　0 岁～6 岁儿童发育行为评估量表（儿心量表－Ⅱ）临摹图形和认识钟表测查图

表 A.2　0 岁～6 岁儿童发育行为评估量表（儿心量表 - Ⅱ）基本信息和结果记录

姓名		性别		民族	
测验日期	年　　月　　日				
出生日期	年　　月　　日				
实足年龄					
项目	智龄（月）		发育商（DQ）		
大运动					
精细动作					
适应能力					
语言					
社会行为					
全量表					

主试者：

附录 B
（规范性附录）
0 岁～ 6 岁儿童发育行为评估量表（儿心量表－Ⅱ）操作方法和测查通过要求

0 岁～ 6 岁儿童发育行为评估量表操作方法和测查通过要求见表 B.1。

表 B.1　0 岁～ 6 岁儿童发育行为评估量表（儿心量表－Ⅱ）操作方法和测查通过要求

测查项目	操作方法	测查通过要求
1. 抬肩坐起头竖直片刻	婴儿仰卧，主试者面向婴儿站立，对婴儿微笑、说话，直到婴儿注视到主试者的脸。这时主试者轻轻握住婴儿双肩（四指并拢置于肩胛骨外侧，食指不能触碰颈部），将婴儿拉坐起来，观察婴儿控制头的能力	婴儿头可竖直保持 2s 或以上
2. 俯卧头部翘动	婴儿俯卧，前臂屈曲支撑，用玩具逗引婴儿抬头，观察其反应	婴儿有头部翘动即可通过
3. 触碰手掌紧握拳	婴儿仰卧，主试者将食指从尺侧放入婴儿手掌中	婴儿能将拳头握紧
4. 手的自然状态	主试者观察婴儿清醒时手的自然状态	双手拇指内收不达掌心，无发紧即通过
5. 看黑白靶 *	婴儿仰卧，主试者将黑白靶拿在距婴儿脸部上方 20cm 处移动，吸引婴儿注意	婴儿眼睛可明确注视黑白靶
6. 眼跟红球过中线	婴儿仰卧，主试者手提红球，在婴儿脸部上方 20cm 处轻轻晃动以引起婴儿注意，然后把红球慢慢移动，从头的一侧沿着弧形，移向中央，再移向头的另一侧，观察婴儿头部和眼睛的活动	当主试者把红球移向中央时，婴儿用眼睛跟踪看着红球转过中线，三试一成
7. 自发细小喉音 R	婴儿仰卧、清醒。注意其发音	观察或询问，小儿能发出任何一种细小柔和的喉音
8. 听声音有反应 *	婴儿仰卧，在其一侧耳上方 10cm ～ 15cm 处轻摇铜铃，观察婴儿的反应。（双侧均做，一侧通过即可）	婴儿听到铃声有一种或多种反应

续表

测查项目	操作方法	测查通过要求
9. 对发声的人有注视	主试者面对婴儿的脸微笑并对其说话。但不能触碰婴儿的面孔或身体	婴儿能注视主试者的脸
10. 眼跟踪走动的人	婴儿横放在床上或斜躺在家长臂弯里，主试者站立（直立位，勿弯腰）逗引婴儿引起其注意后左右走动，观察婴儿眼睛是否追随主试者	眼睛随走动的人转动
11. 拉腕坐起头竖直短时	婴儿仰卧，主试者将拇指置于婴儿掌心，余四指握住腕部轻拉婴儿坐起，观察婴儿控制头部的能力	当把婴儿拉起成坐位时婴儿头可自行竖直，保持 5s 或以上
12. 俯卧头抬离床面	婴儿俯卧，前臂屈曲支撑，用玩具逗引婴儿抬头，观察其反应	婴儿可自行将头抬离床面达 2s 或以上
13. 花铃棒留握片刻	婴儿仰卧，将花铃棒放在婴儿手中	握住花铃棒不松手达 2s 或以上
14. 拇指轻叩可分开 *	主试者分别轻叩婴儿双手手背，观察拇指自然放松的状态	婴儿双手握拳稍紧，拇指稍内收，但经轻叩即可打开
15. 即刻注意大玩具	婴儿仰卧，用娃娃在婴儿脸部上方 20cm 处晃动，观察其反应	可立刻注意到娃娃，三试一成
16. 眼跟红球上下移动 *	婴儿仰卧，主试者提起红球，在婴儿脸部上方 20cm 处轻轻晃动以引起婴儿注意，先慢慢向上移动，然后再从头顶向下颏处移动	婴儿眼睛能上或下跟随红球
17. 发 ɑ、o、e 等母音 R	询问或逗引婴儿发音	能从喉部发出 ɑ、o、e 等元音来
18. 听声音有复杂反应	婴儿仰卧，在其一侧耳上方 10cm ～ 15cm 处轻摇铜铃，观察婴儿的反应。（双侧均做，一侧通过即可）	婴儿听到声音有表情和肢体动作的变化
19. 自发微笑 R	观察或询问婴儿在无外界逗引时是否有自发微笑的情况	婴儿能自发出现微笑，但不一定出声。睡眠时微笑不通过
20. 逗引时有反应	婴儿仰卧，主试者弯腰，对婴儿点头微笑或说话进行逗引，观察其反应。但不能触碰婴儿的面孔或身体	经逗引，婴儿会出现微笑、发声、手脚乱动等一种或多种表现
21. 抱直头稳	竖抱婴儿，观察婴儿控制头部的能力	能将头举正并稳定 10s 或以上
22. 俯卧抬头 45°	婴儿俯卧，前臂屈曲支撑，头正中位，用玩具逗引婴儿抬头，观察其反应	头可自行抬离床面，面部与床面成 45°，持续 5s 或以上
23. 花铃棒留握 30s	婴儿仰卧或侧卧，将花铃棒放入婴儿手中	婴儿能握住花铃棒 30s，不借助床面的支持

续表

测查项目	操作方法	测查通过要求
24. 两手搭在一起	婴儿仰卧，主试者观察婴儿双手是否能够自发搭在一起，或主试者将其两手搭在一起，随即松手，观察婴儿双手状态	婴儿能将双手搭在一起，保持 3s ～ 4s
25. 即刻注意胸前玩具	婴儿仰卧，主试者将娃娃在婴儿身体上方 20cm 处沿中线自下向上移动。当玩具到婴儿乳头连线至下颏之间时，观察婴儿反应	当娃娃移动至婴儿乳头连线至下颌之间时，立即注意即可通过
26. 眼跟红球 180°	婴儿仰卧，主试者手提红球，在婴儿脸部上方 20cm 处轻轻晃动以引起婴儿注意，然后把红球慢慢移动，从头的一侧沿着弧形，移向中央，再移向头的另一侧，观察婴儿头部和眼睛的活动	婴儿用眼及头跟随红球转动 180°，三试一成
27. 笑出声 R	逗引婴儿笑，但不得接触身体	观察或询问，婴儿能发出“咯咯”笑声
28. 见人会笑	主试者面对婴儿，不做出接近性的社交行为或动作，观察婴儿在无人逗引时的表情	婴儿见到人自行笑起来
29. 灵敏模样	主试者观察婴儿在不经逗引的情况下，对周围人和环境的反应	婴儿不经逗引可观察周围环境，眼会东张西望
30. 扶腋可站片刻	主试者扶婴儿腋下，置于立位后放松手的支持，观察其反应	婴儿可用自己双腿支持大部分体重达 2s 或以上
31. 俯卧抬头 90°	婴儿俯卧，前臂屈曲支撑，头正中位，用玩具逗引婴儿抬头，观察其反应	头可自行抬离床面，面部与床面成 90°，持续 5s 或以上
32. 摇动并注视花铃棒	抱坐，将花铃棒放入婴儿手中，鼓励婴儿摇动	婴儿能注视花铃棒，并摇动数下
33. 试图抓物	婴儿仰卧，将花铃棒拿到婴儿可及的范围内，观察婴儿反应，但不能触碰婴儿	婴儿手臂试图抬起或有手抓动作即可通过
34. 目光对视 *	主试者或母亲对婴儿说话，观察婴儿是否与人对视	婴儿能与成人对视，并保持 5s 或以上
35. 高声叫 R	观察或询问婴儿在高兴或不满时的发音	会高声叫（非高调尖叫）
36. 伊语作声 R	观察婴儿安静时的发音	观察或询问，婴儿会类似自言自语，无音节、无意义
37. 找到声源	抱坐，主试者在婴儿耳后上方 15cm 处轻摇铜铃，观察其反应	可回头找到声源，一侧耳通过即可
38. 注视镜中人像	将无边镜子横放在婴儿面前约 20cm 处，主试者或母亲可在镜中逗引婴儿，观察婴儿反应	婴儿可经逗引或自发注视镜中人像

续表

测查项目	操作方法	测查通过要求
39. 认亲人 R	观察婴儿在看到母亲或其他亲人或听到亲人声音后的表情变化	观察或询问，在见到母亲或其他亲人时，婴儿会变得高兴起来
40. 轻拉腕部即坐起	婴儿仰卧，主试者握住腕部，轻拉到坐的位置	婴儿自己能主动用力坐起，拉坐过程中无头部后滞现象
41. 独坐头身前倾	将婴儿以坐姿置于床上	独坐保持 5s 或以上，头身向前倾
42. 抓住近处玩具	抱坐，婴儿手置于桌上。玩具（如花铃棒）放在距离婴儿手掌一侧 2.5cm 处，鼓励婴儿取玩具	婴儿可用一手或双手抓住玩具
43. 玩手	观察婴儿能否把双手放在一起互相玩弄	婴儿会自发将双手抱到一起玩
44. 注意小丸	桌面上放一小丸，主试者指点小丸或把小丸动来动去，以引起婴儿注意	婴儿明确地注意到小丸
45. 拿住一积木注视另一积木	抱坐，婴儿手置于桌上，主试者先放一块积木在婴儿手中，再放另一块积木于桌上婴儿可及范围内，适当逗引，观察婴儿对第二块积木的反应	婴儿拿着放在手中的第一块积木，当第二块积木靠近时，目光明确地注视第二块积木
46. 对人及物发声 R	观察或询问婴儿看到熟悉的人或玩具时的发音	观察或询问，婴儿会发出像说话般的声音，如伊伊呀呀、ma、pa、ba 等辅元结合音
47. 对镜有游戏反应	将无边镜子竖放在婴儿面前约 20cm 处，主试者及家长影像不能在镜内出现，观察婴儿反应	对镜中自己的影像有面部表情变化或伴有肢体动作
48. 见食物兴奋 R	观察婴儿看到奶瓶、饼干、水等食物时的反应	观察或询问，当婴儿看到奶瓶或母亲乳房时，表现出高兴要吃的样子
49. 仰卧翻身 R	婴儿仰卧，用玩具逗引其翻身	观察或询问，婴儿可从仰卧自行翻到俯卧位
50. 会拍桌子	抱坐，主试者示范拍打桌面，鼓励婴儿照样做	婴儿经示范后或自发拍打桌面，并拍响
51. 会撕揉纸张	将一张 28g 粉色打字纸放入婴儿手中，使婴儿能抓住纸，观察婴儿反应	能用双手反复揉搓纸张两次或以上，或将纸撕破
52. 耙弄到桌上一积木	抱坐，放一积木在婴儿容易够到的桌面上，观察婴儿反应	婴儿伸出手触碰到积木并抓握到
53. 两手拿住积木	抱坐，先后递给婴儿两块积木，婴儿自己拿或被动放在手中均可	婴儿一手拿一块积木，保持在手里 10s 或以上

续表

测查项目	操作方法	测查通过要求
54. 寻找失落的玩具	以红球逗引婴儿注意，红球位置应与婴儿双眼在同一水平线上。主试者手提红球，当婴儿注意到红球后，立即松手使红球落地，此时主试者的手保持原姿势，观察婴儿反应	红球落地后，婴儿立即低下头寻找红球
55. 叫名字转头	主试者或家长在婴儿背后呼唤其名字，观察其反应	婴儿会转头寻找呼唤的人
56. 理解手势	主试者或妈妈（带养人）伸手表示要抱，不得出声提示，观察婴儿反应	婴儿理解并将手伸向主试者或妈妈（带养人），二试一成
57. 自喂食物 R	观察或询问婴儿拿到一块饼干或其他能拿住的食物时，能否送至口中并咀嚼	能将饼干送入口中并咀嚼，有张嘴咬的动作而不是吸吮
58. 会躲猫猫	主试者把自己的脸藏在一张中心有孔的A4纸后面（孔直径0.5cm），呼唤婴儿名字，婴儿听到声音，观望时，主试者沿纸边在纸的同一侧反复出现两次并逗引说“喵、喵”，第三次呼唤婴儿名字后从纸孔观察婴儿表情	第三次呼唤婴儿时，婴儿视线再次转向主试者刚才露脸的方向
59. 悬垂落地姿势 *	扶腋下使婴儿呈悬空位，足离床面20cm～30cm，立位瞬时落下，观察脚落地瞬时的姿势	婴儿能全脚掌着地
60. 独坐直	将婴儿以坐姿置于床上	独坐时背直，无须手支撑床面，保持1min或以上
61. 耙弄到小丸	抱坐，将一小丸放在桌上，鼓励婴儿取	婴儿用所有手指弯曲做耙弄、搔抓动作，最后成功地用全掌抓到小丸
62. 自取一积木，再取另一块	抱坐，出示一积木给婴儿，抓住后，再出示另一块，观察其反应	婴儿主动伸手去抓桌上的积木，第一块积木握住并保留在手中后，又成功地用另一只手抓住第二块积木
63. 积木换手	抱坐，出示一积木给婴儿，婴儿拿住后，再向拿积木的手前出示另一块积木，观察其反应	婴儿将第一块积木传到另一只手后，再去拿第二块积木
64. 伸手够远处玩具	抱坐，将一玩具放于婴儿手恰好够不到的桌面上，观察其反应	欠身取，并能拿到玩具
65. 发 da-da、ma-ma 无所指 R	观察婴儿在清醒状态时的发声情况	观察或询问，婴儿会发 da-da、ma-ma 的双唇音，但无所指
66. 抱脚玩	婴儿仰卧，观察其是否会自发或在主试者协助下将脚放入手中后玩脚	婴儿能抱住脚玩或吸吮

续表

测查项目	操作方法	测查通过要求
67. 能认生人 R	观察或询问婴儿对陌生人的反应	婴儿有拒抱、哭、不高兴或惊奇等表现
68. 双手扶物可站立	将婴儿置于床上，协助婴儿双手抓握栏杆，胸部不靠栏杆，呈站立姿势观察	双手扶栏杆支撑全身重量，保持站立位 5s 或以上
69. 独坐自如	婴儿坐位，用玩具逗引，婴儿上身可自由转动取物，或轻轻将婴儿肩头向对侧推，观察其侧平衡	独坐时无须手支撑，上身可自由转动取物或侧推后回正保持平衡不倒
70. 拇他指捏小丸	抱坐，将一小丸放在桌上，鼓励婴儿取	婴儿会用拇他指捏起小丸
71. 试图取第三块积木	连续出示两块积木后婴儿均能拿到，再出示第三块积木鼓励婴儿取	有要取第三块积木的表现，不一定能取到，前两块仍保留在手中
72. 有意识地摇铃	主试者示范摇铃，鼓励婴儿照样做	婴儿能够有意识地摇铃
73. 持续用手追逐玩具	以玩具逗引婴儿来取，将要取到时，主试者将玩具移动到稍远的地方，观察其反应	婴儿持续追逐玩具，力图拿到，但不一定取到
74. 模仿声音 R	观察或询问婴儿是否会模仿咳嗽、弄舌的声音	观察或询问，婴儿能模仿发出类似声音
75. 可用动作手势表达（2/3）R	主试者询问家长，婴儿是否常有主动伸手表示要抱，摊开手表示没有，咂咂嘴表示好吃等动作手势	三问中，有两项表现即可通过
76. 懂得成人面部表情	主试者或家长对婴儿训斥或赞许，观察其反应	婴儿表现出委屈或兴奋等反应
77. 拉双手会走	站立位，主试者牵婴儿双手，牵手时不过多给力，鼓励婴儿向前行走	婴儿可自己用力，较协调地移动双腿，向前行走三步或以上
78. 会爬	婴儿俯卧，用玩具逗引婴儿爬	婴儿能将腹部抬离床面，四点支撑向前爬行（膝手爬）
79. 拇食指捏小丸	抱坐，将一小丸放在桌上，鼓励婴儿取	婴儿会用拇食指捏起小丸
80. 从杯中取出积木	主试者在婴儿注视下将积木放入杯中，鼓励婴儿取出	婴儿能自行将积木取出，不能倒出
81. 积木对敲	主试者出示两块积木，示范积木对敲后，让婴儿一手拿一块，鼓励其照样做	婴儿能把双手合到中线，互敲积木，对击可不十分准确
82. 拨弄铃舌	主试者轻摇铜铃以引起婴儿注意，然后将铜铃递给婴儿，观察其对铜铃的反应	婴儿有意识寻找并拨弄或拿捏铃舌

续表

测查项目	操作方法	测查通过要求
83. 会欢迎 R	主试者只说欢迎，不做手势示范，鼓励婴儿以手势表示	观察或询问，婴儿能够做出欢迎的手势
84. 会再见 R	主试者只说再见，不做手势示范，鼓励婴儿以手势表示	观察或询问，婴儿能够做出再见的手势
85. 表示不要 R	观察或询问婴儿对不感兴趣的物品的反应	观察或询问，婴儿对不要之物有摇头或推开的动作
86. 保护性支撑 *	主试者站立在床或桌边，由婴儿背后扶持其腋下抱起，然后快速做俯冲动作，观察婴儿反应	婴儿出现双手张开，向前伸臂，类似保护自己的动作
87. 自己坐起	将婴儿置于俯卧位，用玩具逗引，观察婴儿能否坐起	无须协助，婴儿能较协调地从俯卧位坐起，并坐稳
88. 拇食指动作熟练	抱坐，将一小丸放在桌上，鼓励婴儿取	婴儿会用拇食指的指端协调、熟练且迅速地对捏起小丸
89. 拿掉扣积木杯玩积木	积木放在桌上，在婴儿注视下用杯子盖住积木，杯子的把手对着婴儿，鼓励婴儿取积木	婴儿能主动拿掉杯子，取出藏在杯子里面的积木
90. 寻找盒内东西	在婴儿面前摇响装有硬币的盒，然后避开婴儿将硬币取出，给婴儿空盒，观察其反应	婴儿能明确地寻找盒内的硬币
91. 模仿发语声 R	观察或询问婴儿是否会模仿“妈妈”“爸爸”“拿”“走”等语音	观察或询问，婴儿能模仿发语声
92. 懂得常见物及人名称	主试者问婴儿“妈妈在哪里？”“灯在哪里？”“阿姨在哪里？”，观察其反应	婴儿会用眼睛注视或指出 2 种或以上的人或物
93. 按指令取东西	将娃娃、球和杯子并排放在婴儿双手可及的桌面上，鼓励婴儿按指令取其中的一件。（每样东西交替问两次，不能连续问）	婴儿能理解指令并成功拿对其中一种或一种以上物品
94. 独站片刻	将婴儿置于立位，待婴儿站稳后松开双手，观察其站立情况	婴儿能独自站立 2s 或以上
95. 扶物下蹲取物	婴儿手扶围栏站立，不得倚靠。将玩具放在其脚边，鼓励婴儿下蹲取物	一手扶栏杆蹲下，用另一只手捡玩具，并能再站起来
96. 积木放入杯中	主试者示范将积木放入杯中，鼓励婴儿照样做	婴儿能有意识地将积木放入杯中并撒开手
97. 打开包积木的方巾	在婴儿注视下用方巾包起一积木，然后打开，再包上，鼓励婴儿找	婴儿有意识地打开包积木的方巾，寻找积木，成功将积木拿到手

续表

测查项目	操作方法	测查通过要求
98. 模仿拍娃娃	主试者示范拍娃娃，鼓励婴儿照样做	婴儿学大人样子轻拍娃娃
99. 有意识地发一个字音 R	观察或询问婴儿有意识的发音情况	观察或询问，有意识并正确地发出相应的字音，如爸、妈、拿、走、姨、奶、汪汪等
100. 懂得“不” R	婴儿取一玩具玩时，主试者说“不动”“不拿”，不要做手势，观察或询问其反应	观察或询问，婴儿会停止拿取玩具的动作
101. 会从杯中喝水 R	观察或询问婴儿能否从成人拿的杯子里喝到水	观察或询问，婴儿能从杯中喝到水
102. 会摘帽子	主试者将帽子戴在婴儿头上，观察其能否摘下帽子	婴儿能用单手或双手摘下帽子
103. 独站稳	将小儿置于立位，待小儿站稳后松开双手，观察其站立情况	独自站立 10s 或以上，允许身体轻微晃动
104. 牵一手可走	主试者牵小儿一只手行走，不要用力，观察其行走情况	小儿自己迈步，牵一手能协调地移动双腿，至少向前迈三步以上
105. 全掌握笔留笔道	主试者示范用笔在纸上画道，鼓励小儿模仿	小儿握笔在纸上留下笔道即可
106. 试把小丸投小瓶	出示一小丸及 30ml 广口试剂瓶，主试者拿瓶，示范并指点将小丸放入瓶内，鼓励小儿照样做	小儿捏住小丸试着往瓶内投放，但不一定成功
107. 盖瓶盖	瓶盖翻放在桌上，主试者示范将瓶盖盖在瓶上，鼓励小儿照样做	小儿会将瓶盖翻正后盖在瓶上
108. 叫爸爸妈妈有所指 R	观察或询问小儿见到妈妈、爸爸时，是否会有意识并准确地叫出	小儿会主动地称呼爸爸或妈妈
109. 向他 / 她要东西知道给	将一玩具放入小儿手中，然后主试者或家长对小儿说“把某某东西给我”，不要伸手去拿，观察小儿反应	经要求，小儿把玩具主动递给主试者或家长，并主动松手
110. 穿衣知配合 R	观察或询问成人给小儿穿衣时的配合情况	穿衣时小儿合作，会有伸手、伸腿等配合动作，不一定穿进去
111. 共同注意 R	观察或询问，对家长指示的某一场景或过程，小儿能否与家长一起关注	小儿有共同注意过程
112. 独走自如	观察小儿走路的情况	小儿行走自如，不左右摇摆，会控制步速，不惯性前冲

续表

测查项目	操作方法	测查通过要求
113. 自发乱画	主试者出示纸和笔，鼓励小儿画画	小儿能用笔在纸上自行乱画
114. 从瓶中拿到小丸	出示装有小丸的 30ml 广口试剂瓶，递给小儿，说“阿姨想要豆豆（小丸）怎么办?”或“把豆豆给妈妈”。鼓励小儿将小丸取出，但不能说倒出	小儿能将小丸拿出或倒出
115. 翻书两次	主试者示范翻书，鼓励小儿照样做	做出翻书动作两次或以上
116. 盖上圆盒	主试者示范将圆盒盖好，鼓励小儿照样做	小儿会将圆盒盖上，并盖严
117. 会指眼耳口鼻手	主试者问小儿“眼在哪儿?”“耳在哪儿?”“鼻子在哪儿?”等，观察其反应	能正确指出 3 个或 3 个以上身体部位
118. 说 3 ～ 5 个字 R	观察或询问小儿有意识讲话的情况	有意识地说 3 ～ 5 个字（妈、爸除外）
119. 会脱袜子 R	观察或询问小儿脱袜子的方法	观察或询问，小儿能正确且有意识地脱下袜子
120. 扔球无方向	主试者示范过肩扔球，鼓励小儿照样做	小儿举手过肩扔球，可无方向
121. 模仿画道道	主试者示范用蜡笔画出一无方向道道，鼓励小儿模仿	小儿能画出道道，起止自如，方向不限
122. 积木搭高四块	示范搭高两块积木，推倒后一块一块出示积木，鼓励小儿搭高	小儿搭高四块积木或以上，三试一成
123. 正放圆积木入型板	在型板圆孔下方放一圆积木，圆孔靠近小儿身体。主试者对小儿说“这是小朋友的家（指型板面而不是圆孔），请帮这个小朋友（指圆积木）找到自己的家”，不示范	不经指点，能正确将圆积木一次性放入孔内
124. 懂得三个投向	请小儿把三块积木分别递给妈妈、阿姨、放在桌子上，妈妈阿姨不能伸手要	小儿会正确地将积木送到要求的地方
125. 说十个字词 R	观察或询问小儿有意识讲话的情况并记录	有意识说 10 个或以上单字或词（爸、妈除外）
126. 白天能控制大小便 R	观察或询问小儿大小便控制情况，或询问白天是否尿湿裤子	经人提醒或主动示意大小便，白天基本不尿湿裤子
127. 会用匙 R	观察或询问小儿是否会自己用匙	小儿能自己用匙吃饭，允许少量遗洒
128. 脚尖走 R	主试者示范用脚尖行走，鼓励小儿照样做	小儿能用脚尖连续行走三步以上，脚跟不得着地
129. 扶楼梯上楼	在楼梯上放一玩具，鼓励小儿上楼去取	小儿能扶楼梯扶手，熟练地上三阶以上台阶

续表

测查项目	操作方法	测查通过要求
130. 水晶线穿扣眼	主试者示范用水晶线穿过扣眼，鼓励小儿照样做	小儿能将水晶线穿过扣眼 0.5cm 以上
131. 模仿拉拉锁	示范拉拉锁，拉上、拉下各一次。主试者固定拉锁两端，鼓励小儿照样做	小儿能双手配合将锁头来回移动，超过全拉锁的一半
132. 积木搭高 7 ～ 8 块	示范搭高两块积木，推倒后一块一块出示积木，鼓励小儿搭高	小儿搭高 7 ～ 8 块积木，三试一成
133. 知道红色	出示红、黄、蓝、绿四色图片，问小儿“哪个是红色?”	小儿能在四色图片中正确指出红色
134. 回答简单问题	主试者问“这是什么（球）?”“那是谁（带小儿者）?”“爸爸干什么去了（上班）?”	小儿均能正确回答
135. 说 3 ～ 5 个字的句子 R	观察或询问小儿有意识说话的情况	小儿能有意识地说出 3 ～ 5 个字的句子，有主谓语
136. 能表示个人需要 R	观察或询问小儿是否会明确表示自己的需要	小儿会说出三种或以上的需要，如“吃饭、喝水、玩汽车、上街”等，可伴手势
137. 想象性游戏 R	观察或询问小儿是否有想象性游戏，如假装给娃娃或动物玩具喂饭、盖被子、打针等	小儿有想象性游戏
138. 双足跳离地面	主试者示范双足同时离地跳起，鼓励小儿照样做	小儿会双足同时跳离地面，同时落地，两次以上
139. 穿过扣眼后拉线	主试者示范用水晶线穿过扣眼，并将线拉出，鼓励小儿照样做	小儿能将水晶线穿过扣眼，并能将线拉出
140. 一页页翻书	主试者示范一页页翻书，鼓励小儿照样做	小儿会用手捻书页，每次一页，连续翻书三页或以上
141. 倒放圆积木入型板	在小儿能正放圆积木入型板的基础上，将型板倒转 180°。圆积木仍在原处，主试者对小儿说“这是小朋友的家（指型板），请帮这个小朋友（指圆积木）找到自己的家”，不示范	型板倒转后，小儿能正确将圆积木一次性放入圆孔内
142. 说两句以上诗或儿歌	鼓励小儿说唐诗或儿歌	小儿能自发或稍经提示开头后完整说出两句或以上唐诗或儿歌
143. 说常见物用途（碗笔凳球）	主试者分别提问小儿碗、笔、板凳、球的用途	小儿会说出三种或以上物品的用途
144. 会打招呼	示范或不示范小儿见人打招呼	小儿会自发或模仿说“你好”“再见”等

续表

测查项目	操作方法	测查通过要求
145. 问“这是什么？”R	观察或询问，小儿在见到某物时，是否能自发提问“这是什么？”	小儿会自发提出问题，主动问“这是什么？”
146. 独自上楼	鼓励小儿不扶扶手上楼梯，可示范	不扶扶手，稳定地上楼梯三阶或以上
147. 独自下楼	鼓励小儿不扶扶手下楼梯，可示范	不扶扶手，稳定地下楼梯三阶或以上
148. 模仿画竖道	主试者与小儿同向，示范画一垂直线，注意测查纸张放正，鼓励小儿模仿	小儿能画竖线，长度 >2.5cm，所画线与垂直线的夹角应 <30°
149. 对拉锁	出示打开的拉锁，示范将拉锁对好，鼓励小儿照样做	小儿能将拉锁头部分或全部插进锁孔
150. 认识大小	主试者向小儿出示大小圆片，请小儿把大的给妈妈或阿姨	小儿会正确把大的给妈妈或阿姨，三试二成
151. 正放型板	将圆、方、三角形三块积木放在与型板相应的孔旁，主试者对小儿说“这是小朋友的家（指型板），请帮这些小朋友（指三块积木）找到自己的家”，不示范。放置三角形积木方向要与型板一致	小儿能一次性正确放入相应孔内，仅等腰三角形可提示
152. 说 7 ～ 10 个字的句子	主试者说一句话“星期天妈妈带我去公园”，可重复一遍，鼓励小儿复述	小儿能复述出 7 个字及以上，不影响句意表达
153. 理解指令	主试者对小儿说“请举举你的手”和“请抬抬你的脚”，可重复指令一遍，但不能有示范的动作，观察小儿反应	小儿能按指令做出举手或抬脚动作
154. 脱单衣或裤 R	观察或询问小儿是否会自己脱上衣或裤子	小儿不用帮忙，自己脱掉单衣或单裤
155. 开始有是非观念	主试者问小儿“打人对不对？”，观察小儿的反应或回答	小儿摇头或说出不对
156. 独脚站 2s	主试者示范用独脚站立，鼓励小儿照样做	小儿不扶任何物体可单脚站立 2s 或以上
157. 穿扣子 3 ～ 5 个	主试者示范连续穿扣 3 ～ 5 个，鼓励小儿照样做	小儿能较熟练穿扣并拉过线 3 个或以上
158. 模仿搭桥	示范用下面二块，上面一块共三块积木搭成有孔的桥，并保留模型，鼓励小儿照样做。主试者不得提示桥孔	小儿能搭出有孔的桥

续表

测查项目	操作方法	测查通过要求
159. 知道 1 与许多	一块和数块积木分放两边，请小儿指出哪边是多的，再指另一边问“这是几个？”	小儿先正确指出哪一边多，后回答“是 1 个”
160. 倒放型板	在小儿正放三块积木入型板的基础上，将型板倒转 180°，三块积木仍在原处，主试者对小儿说“这是小朋友的家（指型板），请帮这些小朋友（指三块积木）找到自己的家”，不示范	小儿能一次性正确放入翻转后型板的相应孔内，仅等腰三角形可提示
161. 说出图片 10 样	出示图片，依次指给小儿看，鼓励其说出图片名称	小儿能正确说出 10 样及以上。记录 1. 北极熊 2. 树叶 3. 小鸡 4. 青蛙 5. 螳螂 6. 猕猴桃 7. 树 8. 房子 9. 雨伞 10. 壶 11. 铅笔 12. 钥匙 13. 打印机 14. 刀 15. 电脑 16. 管钳 17. 轮船 18. 毛笔和砚台 19. 国旗 20. 脚 21. 嘴唇 22. 步枪 23. 雪花 24. 中国结
162. 说自己名字	主试者问小儿“你叫什么名字？”	小儿能正确回答自己的大名
163. 来回倒水不洒	在一个无把儿的杯中注入 1/3 杯水，主试者示范将水倒入另一杯中，来回各倒一次，鼓励小儿照样做	小儿会将水来回倒两次，不洒水
164. 女孩扔果皮	出示图片，问小儿“乱扔垃圾是不对的，你看这个小女孩吃完的果皮应该扔哪儿？”，鼓励小儿回答	小儿能正确回答或指出应该扔垃圾筐
165. 立定跳远	主试者示范跳过 16 开白纸（20cm 宽），鼓励小儿照样做	小儿双足同时离地跳起跃过纸，不得踩到纸
166. 模仿画圆	主试者示范画一圆形，鼓励小儿模仿	小儿所画圆二头相交，为闭合圆形，不能明显成角
167. 拉拉锁	出示打开的拉锁，示范将拉锁对好并拉上，鼓励小儿照样做	小儿能将拉锁头全部插进锁孔，并有拉的意识
168. 积木搭高 10 块	示范搭高二块积木，推倒后一块一块出示积木，鼓励小儿搭高。允许试三次	小儿能搭高积木 10 块。三试一成
169. 连续执行三个命令	嘱小儿做三件事擦桌子、摇铃、把门打开，可再重复命令一遍。小儿开始做后，不能再提醒或给予暗示	小儿会做每件事情，没有遗忘任何一项，但顺序可颠倒
170. 说出性别	主试者问小儿性别，若是女孩问“你是女孩还是男孩？”；若是男孩问“你是男孩还是女孩？”	小儿能正确说出自己的性别

续表

测查项目	操作方法	测查通过要求
171. 分清“里”“外”	主试者将一小丸放入30毫升广口试剂瓶内问“小丸是在瓶里？还是在瓶外？”	小儿会正确说出是在里边
172. 会穿鞋	主试者将小儿鞋脱下，鞋尖对着小儿，鼓励其穿上	小儿会穿进鞋并将鞋提上，不要求分左右
173. 解扣子	出示娃娃，鼓励小儿解扣子，主试者应辅助小儿固定娃娃衣服	小儿会自己解开某一个扣子
174. 双脚交替跳	主试者示范以高抬腿姿势原地交替跳起，鼓励小儿照样做	小儿可双足交替跳起，双脚离地5cm
175. 模仿画交叉线	主试者与小儿同向示范画交叉线，鼓励小儿模仿	小儿能画出两直线并相交成角，直线线条较连续
176. 会拧螺丝	主试者出示螺丝、螺母，嘱其拧上。如小儿不会，可示范	小儿能双手配合将螺丝、螺母组装起来
177. 懂得“3”	主试者出示三块积木，问小儿“这是几块？”	小儿能正确说出“三块”
178. 认识两种颜色	出示红、黄、蓝、绿四色图片，先从非红色开始问，避免顺口溜出，请小儿说出各为何种颜色	能正确说出两种或以上颜色
179. 说出图片14样	出示图片，依次指给小儿看，鼓励其说出图片名称	小儿能正确说出14样及以上。记录1. 北极熊 2. 树叶 3. 小鸡 4. 青蛙 5. 螳螂 6. 猕猴桃 7. 树 8. 房子 9. 雨伞 10. 壶 11. 铅笔 12. 钥匙 13. 打印机 14. 刀 15. 电脑 16. 管钳 17. 轮船 18. 毛笔和砚台 19. 国旗 20. 脚 21. 嘴唇 22. 步枪 23. 雪花 24. 中国结
180. 发音基本清楚	观察小儿在说话时的发音情况	小儿会发清楚大多数语音，不影响交流
181. 懂得“饿了、冷了、累了”	主试者依次问“饿了怎么办？冷了怎么办？累了怎么办？”	小儿能正确回答两问或以上吃饭、穿衣、休息等
182. 扣扣子	出示娃娃，鼓励小儿扣扣子，主试者应辅助小儿固定娃娃衣服	小儿能自己扣上娃娃的某一个扣子
183. 交替上楼	主试者示范不扶扶手，双足交替上楼，鼓励小儿照样做	小儿上台阶交替用脚，一步一台阶，可交替上楼三阶或以上
184. 并足从楼梯末级跳下	主试者示范站在楼梯末级，双足并拢跳至地面，鼓励小儿照样做	小儿双足并拢跳至地面，双足落地后两脚间距离小于10cm

续表

测查项目	操作方法	测查通过要求
185. 拼圆形、正方形	主试者让小儿用 4 块塑料板拼圆形，用 2 块等边三角形板拼正方形，共限时 2min	两个图形均要拼对
186. 会用剪刀	主试者示范用打印纸剪一直线，鼓励小儿照样做	小儿能够剪出直线，长度大于 10cm，与主剪方向角度小于 15°
187. 懂得“5”	主试者出示五块积木，问小儿“这是几块？”	小儿能正确说出“五块”
188. 认识四种颜色	主试者出示红、黄、蓝、绿四色图片，先从非红色开始问，避免顺口溜出，请小儿说出各为何种颜色	四种颜色全部答对
189. 会说反义词	主试者分别问（1）火是热的，冰呢？（2）大象的鼻子是长的，小兔的尾巴呢？（3）头发是黑的，牙齿呢？（4）木头是硬的，棉花呢？	四题中答对两个或以上
190. 说出图形（△○□）	主试者依次出示积木△○□，问小儿“这是什么形状？”	小儿能正确回答三个图形的名称
191. 会穿上衣 R	观察小儿是否会穿上衣	小儿无须大人帮忙，会穿上衣并将扣子扣好或拉锁拉好
192. 吃饭之前为什么要洗手？	主试者问小儿“吃饭之前为什么要洗手？”	小儿能回答出原因“为避免生病”等
193. 独脚站 5s	主试者示范用独脚站立，鼓励小儿照样做	小儿独脚站立 5s 或以上，身体稳定
194. 并足从楼梯末级跳下稳	主试者示范站在楼梯末级，双足并拢跳至地面，鼓励小儿照样做	小儿双足并拢跳至地面，双足落地后两脚间距离小于 5cm，并站稳
195. 模仿画方形	主试者示范画一正方形，鼓励小儿模仿	小儿能基本模仿画出，所画图形允许稍有倾斜，有一个角可以 <45°
196. 照图组装螺丝	主试者出示组装好的螺丝图片 5s 后收起，将分开的螺丝、平垫和螺母交给小儿，请小儿凭记忆组装。主试者可针对落下的零件提示“还有呢？”	小儿无须提示或稍经提示后自行将螺丝、平垫、螺母按顺序组装起来
197. 找不同（3 个）	出示找不同图画，主试者问小儿两张图画有什么不同之处？小熊示教，限时 2min	能找到包括示教内容的 3 处不同或以上
198. 图画补缺（3/6）	出示补缺图片，主试者问小儿各图中缺什么？第一幅图示教	要求说对包括示教内容的三幅图或以上

续表

测查项目	操作方法	测查通过要求
199. 模仿说复合句	主试者说一句话“妈妈叫我一定不要和小朋友打架”，可重复一遍，鼓励小儿复述	小儿能够复述较完整的复合句，偶尔漏字 / 错字
200. 锅、手机、眼睛的用途	主试者问（1）锅是做什么用的？（2）手机是干什么用的？（3）眼睛有什么作用？	三问均正确
201. 会做集体游戏 R	观察或询问小儿能否做集体游戏	小儿能主动参加集体游戏，并能遵守游戏规则
202. 分辨男女厕所	出示男女厕所标识图片，问小儿应该进哪个厕所，并提问“为什么”	小儿能正确识别标志并用语言表达出性别意义
203. 独脚站 10s	主试者示范用独脚站立，鼓励小儿照样做	小儿独脚站立 10s 或以上，身体稳定
204. 足尖对足跟向前走 2m	主试者示范，脚跟对脚尖向前走直线，鼓励小儿照样做	小儿能脚跟对脚尖向前走 2m（六步），允许身体有小幅晃动
205. 折纸边角整齐	主试者示范用一长方形纸横竖对齐各折一次，鼓励小儿照样做	小儿折纸基本呈长方形，折纸边差距 <1cm，纸边夹角 < 15°
206. 筷子夹花生米	主试者鼓励小儿用筷子夹花生米，从桌子上夹到盒子里，连做三遍	小儿熟练地夹起三次以上，过程中无掉落
207. 类同	主试者给小儿一个圆形扣子，然后出示第一组模板（包括圆形、方形、三角形），问：“你手里的东西和我这些东西哪些是一类的？为什么？”然后收起，再出示第二组模板（包括方形钮扣、三角形、方形），提问同上	两问均答对
208. 图画补缺（4/6）	出示补缺图片，主试者问小儿各图中缺什么，第一幅图示教	要求说对包括示教内容的四幅图或以上
209. 会漱口	观察小儿是否会漱口	小儿能灵活左右漱口并将水吐出
210. 会认识数字	主试者出示图片，随意指出 10 以内数字，让小儿认	小儿全部正确答出
211. 懂得上午、下午	如在上午测试，主试者问（1）现在是上午还是下午？（2）太阳落山是在下午还是上午？如在下午测试，则主试者问（1）现在是下午还是上午？（2）太阳升起是在上午还是下午？	两问均回答正确
212. 数手指	主试者问小儿一只手有几个手指，如答对，再问两只手有几个手指	小儿会心算出两手有十个手指

续表

测查项目	操作方法	测查通过要求
213. 单脚跳	主试者示范原地单脚跳，鼓励小儿照样做	小儿能单脚连续跳 3 次或以上，可伸开双臂保持平衡，允许小儿在一脚范围内跳动
214. 踩踏板	主试者示范在一级台阶上以同一只脚上下台阶，鼓励小儿照样做	小儿以同一只脚能稳当并较熟练地完成 3 组，可稍有停顿
215. 照图拼椭圆形	将事先画好的椭圆形放在小儿面前，嘱其将 6 块塑料片按图分别放进去，不予提醒，限时 2min	小儿全部拼对
216. 试剪圆形	主试者给小儿出示一张已画好圆形（直径 7.5cm）的 1/2 A4 打印纸，鼓励小儿将圆形剪下（附原图）	小儿能剪出大致圆形，允许出角
217. 找不同 5 个	出示找不同图画，主试者问小儿两张图画有什么不同之处，小熊示教。限时 2min	能找到包括示教内容的 5 处不同或以上
218. 图画补缺（5/6）	出示补缺图片，主试者问小儿各图中缺什么，第一幅图示教	要求说对包括示教内容的五幅图或以上
219. 你姓什么？	主试者问小儿“你姓什么？”	小儿正确回答出姓，连名带姓不能通过
220. 说出两种圆形的东西	主试者让小儿说出两种圆形的东西	小儿能说出两种或以上圆形的东西
221. 你家住哪里？	主试者问小儿“你家住在哪里？”，或追问“你再说详细些，我怎么送你回家呢？”	小儿说出的住址可使他人较容易找到
222. 接球	主试者示范用双手而非前胸接球，然后与小儿相距一米，将球拍给小儿，鼓励小儿用手接住球	小儿用手接住球，三次中接住一次即可，用双臂或用前胸接球不通过
223. 足尖对足跟向后走 2m	主试者示范，脚跟对脚尖向后走直线，鼓励小儿照样做	小儿能脚跟对脚尖向后走 2m（六步），允许身体有小幅晃动
224. 会写自己的名字	主试者让小儿写出自己的名字	小儿能正确写出自己的名字
225. 剪平滑圆形	主试者给小儿出示一张已画好圆形（直径 7.5cm）的 1/2 A4 打印纸，鼓励小儿将圆形剪下（附原图）	小儿能剪出平滑的圆形，无成角、毛边
226. 树间站人	主试者问小儿“两棵树之间站一个人，一排三棵树之间站几个人？”	小儿回答“两个人”
227. 十字切苹果	主试者问小儿“将一个苹果十字切开是几块？”，如小儿不理解，主试者可用手势比画提示	不经提示或仅在主试者手势比画提示后答“四块”

续表

测查项目	操作方法	测查通过要求
228. 知道自己属相	主试者问小儿“你是属什么的？”	小儿能正确说出自己的属相
229. 倒数数字	主试者先示教“你会倒着数数吗？ 1、2、3 倒数就是 3、2、1，现在请你从 24 开始倒数，24、23、22、21……”，鼓励小儿完成倒数	小儿能较流利地正确数出 13～1
230. 人为什么要走人行横道？	主试者问小儿：“过马路为什么要走人行横道？”	小儿能正确回答。为了安全，如怕被汽车撞了等
231. 鸡在水中游	出示鸡在水中游图画，主试者问小儿画得对不对，如回答“不对”，问哪里画错了	小儿能正确回答鸡不能在水里游泳
232. 抱肘连续跳	主试者示范原地抱肘单脚跳，鼓励小儿照样做	小儿抱肘单脚原地连续跳 3 次或以上，基本在原地跳动
233. 拍球 2 个	主试者示范拍球，鼓励小儿照样做（向下扔落地的第一下不算拍球）。允许试三次	小儿连续拍球 2 个或以上
234. 拼长方形	主试者让小儿用 2 块非等边三角形板拼长方形，出示时要求短边相对，限时 2min	小儿拼对长方形
235. 临摹组合图形	主试者出示正方形和圆形的组合图形，鼓励小儿临摹	小儿能画出，无转向
236. 找不同（7 个）	出示找不同图画，主试者问小儿两张图画有什么不同之处？小熊示教。限时 2min	能找到包括示教内容的 7 处不同或以上
237. 知道左右	主试者让小儿用左手摸右耳朵，右手摸左耳朵，右手摸右腿	小儿全部做对
238. 描述图画内容	主试者出示三幅连环画，然后对小儿说：“这三幅图连起来讲了一个故事，请你给我讲一讲故事的内容是什么，小猴子为什么哭了？”若小儿回答第一问后不再答，可再追问“小猴子为什么哭了？”	能分别描述每张图画的基本内容
239. 上班，窗，苹果、香蕉（2/3）	主试者问（1）人为什么要上班？ （2）房子为什么要有窗户？ （3）苹果和香蕉有什么共同点？	答对两题或以上。 （1）挣钱或建设国家；（2）透光或通风；（3）水果
240. 一年有哪四个季节？	主试者问小儿一年有哪四个季节	春、夏、秋、冬，顺序可以颠倒
241. 认识标识	依次出示两组标识图片，问“哪一个是代表危险的标志？为什么？”	两组图均正确指出危险的标志，并说对理由
242. 踢带绳的球	主试者示范用一手提绳，将球停稳，以内踝及足弓内侧来踢球，鼓励小儿照样做。如小儿用足外侧踢，可示范更正一次姿势	小儿连续用足内踝踢球 2 个或以上

续表

测查项目	操作方法	测查通过要求
243. 拍球（5 个）	主试者示范拍球，鼓励小儿照样做（向下扔落地的第一下不算拍球）。允许试三次	小儿连续拍球 5 个或以上
244. 临摹六边形	主试者出示六边形图形，鼓励小儿临摹	小儿可临摹出六边形，6 个角均画得好，连接线平直
245. 试打活结	出示一双筷子和一根绳，主试者示范用绳将筷子以活结方式捆上，鼓励小儿照样做。小儿打结时主试者应辅助固定筷子	经示范后，小儿能用活结将筷子捆上
246. 图形类比	主试者出示图形，问右边的 4 幅图中哪一幅放在左边空白处合适。第一题示教	小儿能指对包括第一题在内的三道题或以上
247. 面粉的用途	主试者问小儿“面粉能做哪些东西？”	小儿能回答两种或以上
248. 归纳图画主题	主试者出示三幅连环画，然后对小儿说：“这三幅图连起来讲了一个故事，请你给我讲一讲故事的内容是什么，小猴子为什么哭了？”若小儿回答第一问后不再答，可再追问“小猴子为什么哭了？”	能明确理解故事的主题
249. 认识钟表	主试者请小儿看钟表图辨认时间	小儿能辨认两张图或以上所表示的时间
250. 懂得星期几	主试者先告诉小儿今天是星期几，然后提问“请告诉我后天是星期几？明天是星期几？”	小儿均能正确说出
251. 雨中看书	出示雨中看书图片，主试者问小儿画得对不对，如回答“不对”，问哪里画错了	小儿能正确回答下雨了，不能在雨里看书，会淋湿、生病、书湿了
252. 连续踢带绳的球	主试者示范用一手提绳，将球停稳，以内踝及足弓内侧来踢球，鼓励小儿照样做。如小儿用足外侧踢，可示范更正一次姿势	小儿用足内踝踢球 3 个或以上，踢一下落地一下
253. 交替踩踏板	主试者示范在一级台阶上交替换脚上下共 3 组（示范时主试者要边喊口号边示范），请小儿照样做，若小儿不会两脚交替可提醒小儿“换脚”	小儿能稳当并较熟练地两脚交替完成 3 组，可稍有停顿
254. 学翻绳	主试者示范将一根绳子做翻绳最初级模式，鼓励小儿跟着做	小儿能跟着主试者一步一步，或在主试者示范后自行做到中指挑绳
255. 打活结	出示一双筷子和一根绳，鼓励其用绳将筷子以活结方式捆上，小儿打结时主试者应辅助固定筷子	无须示范，小儿能用活结将筷子捆上

续表

测查项目	操作方法	测查通过要求
256. 数字类比	主试者出示图形，问下边的4幅图中哪一幅放在上边空白处合适。第一题示教	小儿能指对包括第一题在内的三道题或以上
257. 什么动物没有脚？	主试者问小儿“什么动物没有脚？”(脚定义为走路用的)	小儿回答蛇、鱼等两类或以上没有脚的动物
258. 为什么要进行预防接种	主试者问小儿“小朋友为什么要打预防针？”	小儿能表达出预防生病/感冒或打预防针可以不生病等
259. 毛衣、裤、鞋共同点？	主试者问小儿“毛衣、长裤和鞋有什么共同之处？”	小儿回答都是穿的、能保暖
260. 紧急电话	主试者分别问小儿火警、匪警（找警察帮助）、急救电话是多少	小儿能正确回答出两种或以上电话号码
261. 猫头鹰抓老鼠	出示猫头鹰抓老鼠图片，主试者问小儿画得对不对，如回答“不对”，问哪里画错了	小儿能正确回答猫头鹰白天睡觉，不会在白天出来抓老鼠
注1：标注 R 的测查项目表示该项目的表现可以通过询问家长获得。 注2：标注 * 的测查项目表示该项目如果未通过需要引起注意。		